XINSHIDAI
DAXUESHENG
WENMING
XIUSHEN
JIAOYU

本书为2017年度教育部人文社会科学研究
高校思想政治工作专项任务项目的研究成果（项目批准号17JDSZ1019）

新时代大学生文明修身教育

方年根 著

化学工业出版社

·北京·

内 容 简 介

大学生文明修身教育是高校践行社会主义核心价值观的关键。大学生文明修身教育的本质是引领大学生崇德修身、向上向善。本书阐明了新时代大学生文明修身教育的重要意义，分析了新时代大学生文明修身教育的发展现状，指明了新时代大学生文明修身教育的目标导向，提出了新时代大学生文明修身教育的重要内容，规划了新时代大学生文明修身教育的实践路径，对于高校开展新时代大学生文明修身教育和青年教师师德师风教育具有理论参考意义和实践指导价值。

图书在版编目（CIP）数据

新时代大学生文明修身教育/方年根著. —北京：化学工业出版社，2021.1
ISBN 978-7-122-37947-4

Ⅰ.①新… Ⅱ.①方… Ⅲ.①大学生-品德教育-研究-中国 Ⅳ.①G641.6

中国版本图书馆 CIP 数据核字（2020）第 210296 号

责任编辑：张　蕾　　　　　　　　文字编辑：李　曦
责任校对：赵懿桐　　　　　　　　装帧设计：史利平

出版发行：化学工业出版社（北京市东城区青年湖南街13号　邮政编码100011）
印　　装：北京盛通商印快线网络科技有限公司
710mm×1000mm　1/16　印张12¼　字数208千字　2021年1月北京第1版第1次印刷

购书咨询：010-64518888　　　　　　售后服务：010-64518899
网　　址：http://www.cip.com.cn
凡购买本书，如有缺损质量问题，本社销售中心负责调换。

定　　价：49.80元　　　　　　　　　　　　　　　　版权所有　违者必究

序 言

文明修身育新人

在党的十九大报告中,习近平总书记明确提出"培养担当民族复兴大任的时代新人"这一重大时代命题。这一重大命题具有丰富的新时代内涵,既是指大力培养新时代的好干部,又是指培养一切积极投身到社会主义伟大事业当中的建设者和劳动者,但重点是指培养青少年成长为社会主义的建设者和接班人。这是我国教育事业特别是思想政治教育应该担负起的时代责任和根本任务。

培养担当民族复兴大任的时代新人,既需要继承和发扬中国共产党近百年来的优秀传统,又需要把握中国特色社会主义进入新时代的鲜明特征。这个鲜明特征集中体现在"新时代"这个核心概念上。中国特色社会主义进入新时代之新,不在于形成了多少新名词、概括了多少个新概念、提出了多少新口号,而在于我们站到了新的历史起点上。一方面,新中国成立70多年,特别是改革开放40多年来,经济社会取得了举世瞩目的伟大成就,积累了丰富的实践经验,这是我们建设社会主义现代化强国的新基础和新条件。另一方面,在前进的道路上,我们面临着前所未有的新问题和新挑战,比如发展不平衡、不充分的一些突出问题尚未解决,生态环境保护任重道远,民生领域还有不少短板,城乡区域发展和收入分配差距依然较大,社会矛盾和问题交织叠加,意识形态领域斗争依然复杂,党的建设方面还存在不少薄弱环节等。这些新问题和新挑战,恰恰是我们进入新时代、踏上新征程的出发点,也是我们党开展各项工作的着重点。站在这样的发展新起点,通过有效解决新问题,成功应对新挑战,实现中华民族伟大复兴,恰恰是时代新人应该肩负起的时代重任。

肩负起这样的时代重任,需要培育有理想、有本领、有担当的新时代大学生,需要加强新时代大学生的文明修身教育。围绕"培养什么人、怎样培养人、为谁培养人"这个教育的根本问题,加强对新时代大学生文明修身教育问题的研究,引导大学生增强文明修身之知、涵养文明修身之情、砥砺文明修身之志、实践文明修身之行,进而培养担当民族复兴大任的时代新人,是广大理论工作者和教育工作者的重要使命。青年学者方年根教授所著《新时代大学生文明修身教育》一书,在深入开展调查研究的基础上,努力探讨加强大学生文明修身教育的有效途径和方法,是推进高校思想政治教育研究的一种积极尝试。

作者通过对30所高校、13000余名学生的广泛调研,积累了丰富的第一手资料,对于全面把握新时代大学生文明修身教育的规律性具有较高的参考价值;提出了引领大学生修好奔流不息的进取之德、源头活水的创新之德、海纳百川的包容之德、泽被万物的奉献之德等主要目标;阐述了文明修身教育中的理想教育、创新教育、包容教育、职业教育、法纪教育、爱国教育、责任教育、奋斗教育等重点内容;探讨了文明修身教育的实践路径,如抓住课堂主渠道、优化育人主环境、突出寝室主载体、发挥文化主作用、坚持实践主途径等。总的来看,作者撰写的这部作品,提供了较为全面的调研材料,提出了不少富有新意的思想观点,探讨了一些值得关注的重大问题,具有一定的理论价值和现实意义。当然,新时代大学生文明修身教育问题的研究,既是一个系统工程,也是一个不断深化的过程,作者难以对所有问题做出全面的阐述和研究,书中的有些思想认识尚待进一步深入探讨。

希望该书的出版,能够为学界开展大学生文明修身教育研究起到积极作用,也希望作者持续深化这一研究,再接再厉、百尺竿头更进一步,取得更多高质量的研究成果,为培育时代新人、共圆伟大梦想贡献思想智慧。

郝清杰

(中国高等教育学会副秘书长、研究员)

2020年5月25日于北京

目 录

第一章　导论 …………………………………………………………… 001
　　一、大学生文明修身教育问题的提出 ………………………………… 001
　　二、大学生文明修身教育的研究述评 ………………………………… 002
　　三、大学生文明修身教育的研究内容 ………………………………… 003
　　四、大学生文明修身教育的研究思路 ………………………………… 004
　　五、大学生文明修身教育的研究方法 ………………………………… 005

第二章　新时代大学生文明修身教育的重要意义 …………………… 006
　　一、促进学生自身发展 ………………………………………………… 006
　　二、实现高校德育目标 ………………………………………………… 007
　　三、推进和谐社会建设 ………………………………………………… 008
　　四、助力实现伟大梦想 ………………………………………………… 009

第三章　新时代大学生文明修身教育的发展现状 …………………… 011
　　一、新时代大学生文明修身教育问卷调查的概况 …………………… 011
　　二、新时代大学生文明修身教育的主流积极向上 …………………… 013
　　三、新时代大学生文明修身教育存在的主要问题 …………………… 030
　　四、影响新时代大学生文明修身教育的主要原因 …………………… 037
　　五、加强新时代大学生文明修身教育的对策建议 …………………… 038

第四章　新时代大学生文明修身教育的目标导向 …………… 042

一、引领大学生修好水滴石穿的柔韧之德 …………… 042
二、引领大学生修好奔流不息的进取之德 …………… 043
三、引领大学生修好源头活水的创新之德 …………… 043
四、引领大学生修好海纳百川的包容之德 …………… 044
五、引领大学生修好甘心处下的谦虚之德 …………… 044
六、引领大学生修好因地制宜的自律之德 …………… 045
七、引领大学生修好泽被万物的奉献之德 …………… 045
八、引领大学生修好流水不腐的清廉之德 …………… 046

第五章　新时代大学生文明修身教育的重点内容 …………… 047

一、理想教育：做一个志存高远的人 …………… 047
二、卓越教育：做一个自强不息的人 …………… 050
三、创新教育：做一个推陈出新的人 …………… 057
四、包容教育：做一个友善宽容的人 …………… 059
五、职业教育：做一个敬业奉献的人 …………… 063
六、法纪教育：做一个心存敬畏的人 …………… 068
七、爱国教育：做一个精忠报国的人 …………… 071
八、廉洁教育：做一个严于律己的人 …………… 075
九、责任教育：做一个敢于担当的人 …………… 078
十、奋斗教育：做一个奋发有为的人 …………… 083

第六章　新时代大学生文明修身教育的实践路径 …………… 088

一、抓住课堂主渠道 …………… 089
二、优化育人主环境 …………… 094
三、突出寝室主载体 …………… 100
四、发挥文化主作用 …………… 103
五、坚持实践主途径 …………… 107
六、利用网络主媒体 …………… 111
七、尊重学生主体性 …………… 114
八、落实教育主制度 …………… 119

附录　新时代大学生文明修身教育状况问卷调查数据 …………… 125
　　一、问卷调查综合统计数据 ……………………………………… 125
　　二、问卷调查分类交叉分析数据 ………………………………… 136

参考文献 ……………………………………………………………… 182

后记 …………………………………………………………………… 185

第一章 导论

一、大学生文明修身教育问题的提出

"文明"一词在现代汉语中指一种社会进步状态,与"野蛮"一词相对立。党的十八大报告中提出了"五位一体"总体布局,从而形成了"物质文明、政治文明、精神文明、社会文明、生态文明"五大文明推进的格局。"修身"一词在现代汉语中指的是提高自己的品德修养。且在《大学》中,中国古人提出要"修身、齐家、治国、平天下","修身"居首,其重要意义不言而喻。"文明修身"作为一个专有名词,是20世纪90年代出现的,它是文化工作者和思想政治工作者继承我国传统文化成果,根据社会主义精神文明建设的实际与需要提出来的概念。这一概念,既蕴含了我国传统文化要素,又体现了当今社会的文明要求,还反映了社会主义市场经济体制下人们自我教育、自我规范、自我完善、自我发展的愿望。

中国特色社会主义进入新时代是党的十九大做出的重大政治论断。从"伟大事业"的角度看,这是承前启后、继往开来、在新的历史条件下继续夺取中国特色社会主义伟大胜利的时代。从"奋斗目标"的角度看,这是决胜全面建成小康社会、进而全面建设社会主义现代化强国的时代。从"人民期待"的角度看,这是全国各族人民团结奋斗、不断创造美好生活、逐步实现全体人民共同富裕的时代。从"历史使命"的角度看,这是全体中华儿女勠力同心、奋力实现中华民族伟大复兴中国梦的时代。从"世界意义"的角度看,这是我国日益走近世界舞台中央、不断为人类做出更大贡献的时代。

新时代是奋斗者的时代,也是全体中华儿女奋力实现中国梦的伟大时代。青年兴则国兴,青年强则国强。大学生是青年当中的优秀群体,是祖国的希望和民族的未来,也是党的希望和未来。大学生文明修身教育是高校践行社会主义核心价值观的关键。大学生文明修身教育是否具有针对性和实效性，不仅关系到大学生自身能否全面发展，而且关系到中华民族能否"奋斗共圆中国梦"。从连续多年的全国大学生思想政治状况滚动调查可知，尽管大学生文明修身教育的主流是积极健康向上的，但是现实也真真切切地告诉我们，大学生在文明修身方面确实还存在不少问题，突出表现为生活图安逸、沉迷于网络、抗挫能力不强、学习不够刻苦、人生缺乏长远志向等。

大学生文明修身教育的本质是引领大学生崇德修身、向上向善。2014年5月，习近平总书记在北京大学师生座谈会上发表重要讲话，对青年修德问题提出了明确要求，鲜明阐述了"德"的范畴和"修德"的要求。他指出，"核心价值观，其实就是一种德，既是个人的德，也是一种大德，就是国家的德、社会的德。""修德，既要立意高远，又要立足平实。要立志报效祖国、服务人民，这是大德，养大德者方可成大业。同时，还得从做好小事、管好小节开始起步，'见善则迁，有过则改'，踏踏实实修好公德、私德，学会劳动、学会勤俭、学会感恩、学会助人、学会谦让、学会宽容、学会自省、学会自律。"这一重要论述，既体现了党对青年一代的一贯要求，又富有很强的现实针对性和战略指导性，为新时代大学生文明修身教育提供了根本遵循，具有重大的理论和现实指导意义。

因此，围绕"培养什么人、怎样培养人、为谁培养人"这个根本问题，加强对新时代大学生文明修身教育问题研究，引导大学生增强文明修身之知、涵养文明修身之情、砥砺文明修身之志、实践文明修身之行，培养担当民族复兴大任的时代新人，是新时代赋予广大理论工作者和教育工作者的重要使命。

二、大学生文明修身教育的研究述评

大学生文明修身教育属于德育范畴，是加强和改进大学生思想政治教育的重要内容与有力途径。国内学术界有关大学生文明修身教育的研究成果不多，主要阐述了大学生文明修身教育的现状、意义、内容、方法与途径。在修身教育的现状方面，大都肯定大学生文明修身的主流是积极向上的，同时也客观提出大学生在文明修身教育方面存在的问题和不足；在修身教育的意义方面，大都论述大学生通过文明修身来达到知行合一，完善个人人格，提高思想道德水平；在修身教育的内容方面，大都注重加强中国传统文化的传承作用，通过汲取中华优秀传统文化的精髓来提高自身道德修养；在修身教育的方法与途径方面，主要围绕开展活动的方式和策略等方面进行分析。

国外对大学生文明修身教育没有专门的著作和特定的研究平台。从相关文献来看，主要强调德育，是以宗教价值观为基础，结合法制教育进行，并伴随着伦理学、管理学、心理学等发展起来的。尤其看重良好的社会公共秩序的养成、注重学生个性的培养和关注学生在生活中受到的感染。综合国外对大学生德育的研究现状，主要有三种观点：一是大学生虽然已经是成年人，但缺乏社会阅历，其思想认识、社会经验等存在明显不足，难免出现任性、自制力不足等问题，因此对大学生日常行为应加以引导与规范；二是充分尊重学生个体的自由权和民主权，通过让学生在日常学习生活中进行自觉锻炼，从而形成具有鲜明特色的个人行为习惯和生活方式；三是尊重与引导相结合，既要充分尊重学生的个人特性，又要对不文明行为习惯加以积极引导与有效管理，提供必要的咨询服务，开展相关的校园文化活动。

总之，上述这些国内外的研究成果为本书提供了理论指导与实践启迪，但在以下几个方面仍有继续深入探讨的空间：一是目前对大学生文明修身教育的现状把握不够全面，缺乏有代表性与说服力的样本调查数据分析；二是对大学生文明修身教育的目标导向、重要内容和实践路径研究的整体性和系统性不足，有待进一步深入；三是当前大学生文明修身教育的针对性与实效性不够强的问题亟待解决，其中一个重要原因是由于顶层设计和理论指导不足，而目前用马克思主义青年观中国化最新成果来指导大学生文明修身教育的研究很少。为此，开展新时代大学生文明修身教育研究，既体现理论创新价值，又具有较强的实践指向。

三、大学生文明修身教育的研究内容

1. 开展新时代大学生文明修身教育的现状研究

科学设计好大学生文明修身教育现状调查问卷，在全国按东南西北中5个区域各选择5所本科院校和1所高职院校共计30所高校、13000余名学生，开展大学生文明修身教育现状问卷调查，并通过网络平台统计与交叉分析，把握大学生文明修身教育的基本规律，梳理大学生文明修身教育存在的突出问题，分析影响大学生文明修身教育成效的主要原因，提出加强和改进大学生文明修身教育的有效对策，形成新时代大学生文明修身教育现状调查研究报告。

2. 开展新时代大学生文明修身教育的理论研究

一是明晰大学生文明修身教育的目的。在以往的大学生文明修身教育实践中，存在注重"严私德"教育、忽视"守公德""修大德"教育的现象。这种教育方式，立意不够高远，有悖教育初心，影响教育的针对性与实效性，正如古人所说的"取法乎上，仅得其中；取法乎中，仅得其下"。对照党对青年成长发展提出的殷切希望和要求，大学生文明修身教育应当立足教育大学生立志、指导大学生成才和引领大学生报国，重点解决好"为何修"的问题。

二是丰富新时代大学生文明修身教育的内容。紧密结合党对青年成长发展提出的殷切希望和要求，立足大学生文明修身教育现状，借鉴"上善若水、厚德载物"等中国特色修德话语，提出大学生文明修身教育的目标导向，引领与指导大学生重点修好水滴石穿的柔韧之德、奔流不息的进取之德、源头活水的创新之德、海纳百川的包容之德、甘心处下的谦虚之德、因地制宜的自律之德、泽被万物的奉献之德与流水不腐的清廉之德。试图有针对性地从理想教育、卓越教育、创新教育、包容教育、职业教育、法纪教育、爱国教育、廉洁教育、责任教育、奋斗教育十个方面来丰富大学生文明修身教育的内容。这样的内容安排，既有"明大德"和"守公德"，又有"严私德"，从根本上保障了立意高远与立足平实"两条腿走路"，实现了"取法乎上"的目标，避免了把"大德""公德"教育与践行完全公民个别化和价值观教育出现以"私德"为出发点和归宿点的偏向，重点解决好"修什么"的问题。

三是完善大学生文明修身教育的路径。立足"把大学生培育成为德才兼备、全面发展的人才"，试图从学校师德引领修身、社会公德约束修身、家庭美德熏陶修身、职业道德塑造修身四个方面来研究大学生文明修身教育的路径。具体从抓住课堂主渠道、优化育人主环境、抓住寝室主载体、发挥文化主作用、坚持实践主途径、利用网络主媒体、尊重学生主人翁、落实教育主制度等方面来进行路径设计，有利于重点解决好"如何修"的问题。

四、大学生文明修身教育的研究思路

开展大学生文明修身教育有关文献梳理，全面把握目前学界有关大学生文明修身教育的研究动态；开展大学生文明修身教育实证研究，全面把握新时代大学生文明修身教育现状；探寻马克思主义青年观中国化最新成果融入大学生文明修身教育的理论，为加强和改进新时代大学生文明修身教育，解决教育的针对性、实效性和吸引力、感染力不够强的问题，促进高校落实"立德树人"根本任务提供理论指导与实践启示。

具体分三个阶段来完成研究工作。一是理论研究阶段，系统梳理党关于青年成长发展的重要论述，全面把握学界有关大学生文明修身教育的研究现状，为新时代大学生文明修身教育提供顶层设计、理论指导和参考借鉴。二是现状研究阶段，在全国高校抽样开展大学生文明修身教育状况问卷调查，把握主流与发展趋势，分析存在的主要问题和原因，提出有效应对策略与举措，形成新时代大学生文明修身教育状况调查研究报告。三是专著撰写阶段，在原有研究和实证调研基础上，积极借鉴现有学术研究成果，完成本书的撰写并公开出版。

五、大学生文明修身教育的研究方法

通过文献分析法、问卷调查法、逻辑推理法等研究方法来综合开展新时代大学生文明修身教育研究，为同行开展继续研究提供学术积累，为相关部门开展青年工作提供决策参考，为高校开展大学生文明修身教育和青年教师修德（师德师风、医德医风）教育提供理论指导与实践参考。

一是文献分析法。全面梳理马克思主义青年观中国化最新成果和国内外有关大学生文明修身教育的文献，归纳学界对大学生文明修身教育问题的研究现状，总结成功经验，分析问题和不足，明确研究方向。

二是问卷调查法。没有调查就没有发言权。只有全面把握新时代大学生文明修身教育的现状，找出大学生文明修身教育存在的问题与不足，分析影响大学生文明修身教育的主要原因，才能有针对性地开展教育引导，实现教育大学生立志、指导大学生成才、引领大学生报国的目标。

三是逻辑推理法。大学生文明修身教育的本质是引领大学生崇德修身、向上向善，从党对青年一代成长发展提出的殷切希望和要求，逻辑推理出新时代大学生文明修身教育的主要目标、重点内容与实践路径。

第二章
新时代大学生文明修身教育的重要意义

加强新时代大学生文明修身教育，是加强高校思想政治教育特别是道德素质教育的重要内容和有效路径，对于促进学生自身发展、实现高校德育目标、推进和谐社会建设、助力实现伟大梦想都具有十分重要的意义。加强大学生文明修身教育的根本出发点，是引领大学生修德，促进大学生崇德修身、向上向善。总的来说，新时代大学生文明修身教育应当立足教育大学生立志、指导大学生成才和引领大学生报国，重点解决好"为何修"的问题。

一、促进学生自身发展

大学生是青年当中的优秀代表，大学生修德问题事关大学生价值观的形成与发展。价值观是一个人认定事物、辨别是非的一种思维或取向，是个人思想品德的重要反映。"核心价值观，其实就是一种德，既是个人的德，也是一种大德，就是国家的德、社会的德。""青年的价值取向决定了未来整个社会的价值取向，而青年又处在价值观形成和确立的时期，抓好这一时期的价值观养成十分重要。"青年阶段是个体从不成熟到成熟的过渡阶段，在心理上具有思维逐渐达到成熟水平、独立自主性日益增强、个性趋于定型、价值观与道德观形成并趋于成熟等特点。如果在这个阶段不重视价值观的教育引导，非常容易出现思想上迷茫、价值观扭曲甚至误入歧途的状况。在当前经济全球化、信息网络化、思想多元化的大背景下，西方发达国家凭借其强大的科技与经济实力，以各种方式向我国推行其文化霸权与文化殖民主义。同时，国内转型期各种矛盾与各种社会思潮的涌现，加上后现代文化的传入与大众文化的博兴，容易导致一部分大学生在理想信念、价值观和社会责任感方面出现问题。

部分大学生缺乏正确的世界观、人生观和价值观,强调以自我利益为中心,缺乏社会责任意识,缺失敬业奉献精神,做人不够老实、做事不够扎实,人生目标上追求功利,个人生活上贪图安逸,不愿到基层艰苦地区去受教育、长才干、做贡献。因此,要高度关注大学生的价值观培育问题,倡导学校师德引领、社会公德约束、家庭美德熏陶、职业道德塑造,促进大学生"德智体美劳"全面发展,使其成为德才兼备的表率和大家学习的楷模。开展文明修身教育作为大学生提高文明素养和道德品格的重要途径,可以帮助大学生养成良好的文明行为习惯,提升大学生的自觉自为意识、文明素养和道德水平,帮助大学生构建高尚的精神家园,促进大学生"德智体美劳"全面发展,进而引导大学生成为具有较高道德素养的社会主义合格建设者和可靠接班人,促进大学生成为有理想、有本领、有担当的时代新人。

二、实现高校德育目标

高校的根本任务是人才培养,人才培养的关键在于质量。要确保人才培养的质量,就必须始终坚持"育人为本、德育为先"。"才为德之资,德为才之帅"。一个大学生如果不修德或修不好德,那他就可能迷失奋斗目标和前进方向,就会不思进取、虚度年华,就会无所事事、碌碌无为,对学习工作不感兴趣,对国家社会漠不关心,碰到困难挫折就会畏缩不前,碰到疑问困惑不能做出正确判断,为人不诚实,做事不扎实。修德对一个青年来说至关重要,它是青年健康成长、全面成才和走向成功的前提与保障。"修德是一项基本功,因为修不好德,就没有强劲的动力,很难求得真学问;修不好德,就没有坚定的立场,很难做出正确的决断选择;修不好德,就没有明确的方向,很难沉下心来扎扎实实干事、踏踏实实做人。"一个大学生如果把德修好了,那么即使身处逆境亦能帮助他扬起前进的船帆,即使遇到险阻亦能召唤他鼓起生活的勇气,即使遭遇不幸亦能促使他保持崇高的心灵,从而让他牢固树立"四个自信"、专业自信和个人自信。

《中国普通高等学校德育大纲》明确提出,高等学校的德育目标是:使学生热爱社会主义祖国,拥护党的领导和党的基本路线,确立献身于中国特色社会主义事业的政治方向;努力学习马克思主义,逐步树立科学世界观、方法论,走与实践相结合、与工农相结合的道路;努力为人民服务,具有艰苦奋斗的精神和强烈的使命感、责任感;自觉地遵纪守法,具有良好的道德品质和健康的心理素质;勤奋学习,勇于探索,努力掌握现代科学文化知识。并从中培养一批具有共产主义觉悟的先进分子。从文明修身教育的实践来看，既包括世界观、人生观和价值观的引领，也包括日常学习、工作和生活中行为习惯的养成，特别是从操作层面看，文明修身教育是看得见、摸得着的实践活动，其活动的目标指向与高等学校的德育目标高度契合。由于文明修身教育的"实"，使其成为高校德育目标实现的有效载体和途径。因此，高校应高度重视大学生文明修身教育，强化大学生的基础文明养成，提升大学生的文明素养和道德水平。

三、推进和谐社会建设

文明修身教育是国家稳定、社会进步和家庭和谐的重要基础。个人的道德水平和文明素养，不只是决定个人的生活和行为习惯，也会在潜移默化中对周围人产生影响，进而影响整个社会和国家的文明状况。大学生是未来社会的中坚力量，他们的文明素养水平就是整个国家和社会未来的文明程度和水平，关系着国家的进步和社会的和谐。大学生思想道德素养和法制意识不足也要求高校加强文明修身教育，帮助大学生提升思想道德修养和法制意识，养成文明行为习惯，提高人才培养质量，促进和谐社会建设，这也是高校落实立德树人根本任务义不容辞的责任和义务。

社会主义和谐社会是人类孜孜以求的一种美好社会。党的十六大和十六届三中全会、四中全会，从全面建设小康社会、开创中国特色社会主义事业新局面的全局出发，明确提出构建和谐社会的战略任务，并将其作为加强党的执政能力建设的重要内容。党的十六大报告第一次将"社会更加和谐"作为重要目标提出。党的十六届六中全会明确提出了构建社会主义和谐社会的指导思想，必须坚持以马克思列宁主义、毛泽东思想、邓小平理论和"三个代表"重要思想为指导，坚持党的基本路线、基本纲领、基本经验，坚持以科学发展观统领经济社会发展全局，按照民主法治、公平正义、诚信友爱、充满活力、安定有序、人与自然和谐相处的总要求，以解决人民群众最关心、最直接、最现实的利益问题为重点，着力发展社会事业、促进社会公平正义、建设和谐文化、完善社会管理、增强社会创造活力，走共同富裕道路，推动社会建设与经济建设、政治建设、文化建设协调发展。因此，高校要切实坚持以学生为本的教育理念，把文明修身教育内化为大学生自觉要求，调动学生的主动意识和内在需求，引导学生自觉践行社会主义核心价值观，在大学生群体中弘扬和培育社会主义核心价值观，真正使大学生群体成为我国社会主义和谐社会建设的重要参与者、积极践行者和忠实守护者。

四、助力实现伟大梦想

实现中华民族伟大复兴，就是中华民族近代以来最伟大的梦想。现在，我们比历史上任何时期都更接近实现中华民族伟大复兴的目标，比历史上任何时期都更有信心、更有能力实现这个目标。行百里者半九十，距离实现中华民族伟大复兴的目标越近，我们越不能懈怠，越要加倍努力，越要动员广大青年为之奋斗。实现中华民族伟大复兴中国梦，是全体中华儿女的共同心愿，更需青年一代承前启后、继往开来、不懈奋斗。我们有理由相信，实现国家富强、民族振兴、人民幸福的中国梦终将在青年一代的接力奋斗中变为现实。由此可见，在新时代背景下，要实现中华民族伟大复兴的中国梦，就必须在党的坚强领导下，不断激发广大青年的激情斗志，充分发挥广大青年的聪明才智，使广大青年与中华民族伟大复兴中国梦同心同德、同心同向、同心同行，努力成为"顶天立地有本事"的社会主义合格建设者与可靠接班人。

"中国梦"以其宏阔和深远衔接了历史与未来、理论与实践、理想与行动，必然成为当代大学生的人生指南，也为我们今天的大学生文明修身教育工作提供了明确的指导和生动的内容。"中国梦"的历史性特征召唤着加强大学生使命感教育。历史带给今人的教益，源于对它进行理性认识。中国的图强历史、复兴之路，也是中华民族先进分子寻找真理之路、爱国奋进之路、青春励志之路。这是历史的启迪，也是时代的召唤。我们有责任引导大学生树立一种自觉，感悟历史、鉴古知今，掌握马克思主义唯物史观，以强烈的历史使命感和社会责任感，自觉融入民族复兴的伟大进程。"中国梦"的时代性特征需要与大学生价值观整合。如果说使命感和责任感教育尚具有相当的理想和理性的成分，那么当代大学生的价值观整合就是一个现实性很强的问题。虽然两者在"价值理性"上是共同的，但在"工具理性"上却面临着由时代特征所带来的不同问题。中国梦以其强大的方法论意义给我们以启迪，其构建的目标、内涵、途径所形成的价值认同，带来了价值构建的明确方向和空间。引导青年大学生从感性走向理性，从对"中国梦"的广泛认同，走向"四个自信"。这样既保持了与使命感教育"价值理性"的统一，又突出了"工具理性"的特色；既明确体现学校施教的责任，又能激发受教育者的主观能动性。"中国梦"的民族性特征要求大学生树立正确的文化观。文化观的核心问题，是对民族传统价值观的认同、继承及时代性（创新）的价值判断。青年大学生要担负起文化传承创新的历史责任，就必须树立正确的文化观。历史也反复证明，以马克思主义为指导，立足于中国现实，用唯物史观和科学方法论对传统文化进行批判继承、综合创新的文化观才是科学、进步的文化观，这也是实现"中国梦"的题中应有之义。所以，我们在大学生文明修身教育中，要以"中国梦"为生动素材，加强对大学生进行使命感、价值观和文化观教育，引领他们健康成长、全面成才和走向成功，最终成为实现伟大梦想的中坚力量。

第三章
新时代大学生文明修身教育的发展现状

做好高校学生思想政治工作,要因事而化、因时而进、因势而新。面对大学生群体出现的思想认识多元化、价值判断复杂化、发展诉求多样化趋势,特别是一些错误思潮和观点可能对学生思想行为产生的负面影响,增强大学生思想政治教育的针对性、实效性刻不容缓。没有调查就没有发言权。只有开展实证调查研究,全面把握大学生文明修身教育现状,才能在加强和改进新时代大学生文明修身教育工作中增强针对性、实效性和提升吸引力、感召力。为此,本课题组于2018年3月在全国高校中抽样开展了专题问卷调查。经问卷星平台自动统计和数据交叉分析,总体上反映了新时代大学生文明修身教育状况。

一、新时代大学生文明修身教育问卷调查的概况

(一)调查背景

《礼记·大学》中有言"修身齐家治国平天下",可见"修身"与"齐家""治国""平天下"密切相关,其重要意义不言而喻。青年兴则国家兴,青年强则国家强。新时代大学生是青年中的优秀群体,是民族的希望与国家的未来,也是党的希望与未来。新时代大学生的素质如何,直接关系到个人成长、国家富强、民族振兴和人民幸福。因此,高校必须始终坚持"立德树人"这一根本任务,围绕"培养什么人"这个教育的首要问题,切实加强新时代大学生文明修身教育,努力把大学生培养成为德才兼备、全面发展的时代新人。那么,全国高校大学生文明修身教育的发展现状到底如何?存在哪些突出问题?如何解决这些问题?带着这些疑问我们课题组开展了专项调查。

（二）调查概况

1. 问卷调查范围和人数

2018年3月，课题组以网络问卷的形式在全国东西南北中五个地区的30所高校中开展了新时代大学生文明修身教育状况调查，共有13090名学生参与问卷调查。本次问卷调查，课题组主要通过与各地相关中医药院校学工部部长取得联系，通过他们把网络问卷发放到相关高校，明确要求每个地区至少确保本科高校5所、高职高专1所。为确保问卷调查的科学性和针对性，课题组在设计问卷时一方面设计了不回答完全部问题不能提交的程序，确保了13090份问卷的有效率达到100%；另一方面提前谋划了被调查人员的个人相关信息，具体包括个人性别、政治面貌、个人身份、个人年级、学科专业、学校类别、学校属性、学校地域、家庭条件、父母职业十个自变量，便于开展后期交叉分析研究，从而相对准确地把握大学生文明修身教育状况。

2. 问卷样本构成情况

按个人性别划分，男生4878人，占样本总数的37.27%，女生8212人，占样本总数的62.73%。按政治面貌划分，共青团员10000人，占样本总数的76.39%，入党积极分子2266人，占样本总数的17.31%，中共党员403人，占样本总数的3.08%，非党员团员421人，占样本总数的3.22%。按个人身份划分，班级学生干部3673人，占样本总数的28.06%，校级学生干部2095人，占样本总数的16%，非学生干部7322人，占样本总数的55.94%。按个人年级划分，大一学生7742人，占样本总数的59.14%，大二学生3351人，占样本总数的25.6%，大三学生1594人，占样本总数的12.18%，大四学生288人，占样本总数的2.2%，大五学生33人，占样本总数的0.25%，研究生82人，占样本总数的0.63%。按学科专业划分，哲学105人，占样本总数的0.8%，经济学1236人，占样本总数的9.44%，法学207人，占样本总数的1.58%，教育学357人，占样本总数的2.73%，文学730人，占样本总数的5.58%，历史学25人，占样本总数的0.19%，理学1662人，占样本总数的12.7%，工学2686人，占样本总数的20.52%，农学221人，占样本总数的1.69%，医学3716人，占样本总数的28.39%，军事学23人，占样本总数的0.18%，管理学1414人，占样本总数的10.8%，艺术学708人，占样本总数的5.41%。按学校类别划分，部属院校546人，占样本总数的4.17%，省属本科院校8057人，占样本总数的61.55%，市属本科院校996人，占样本总数的7.61%，高职高专院校3491人，占样本总数的26.67%。按学校属性划分，中医药院校5127人，占样本总数的39.17%，师范院校1341人，占样本总数的10.24%，艺术院校347人，占样本总数的2.65%，其他院校6275人，占样本总数的47.94%。按学校地域划分，东部院校2593人，占样本总数的19.81%，南部院校3118人，占样本总数的23.82%，西部院校2518人，占样本总数的19.24%，北部院校2570人，占样本总数的19.63%，中部院校2291人，占样本总数的17.5%。按家庭条件划分，家庭条件优越148人，占样本总数的1.13%，家庭条件良好1469人，占样本总数的11.22%，家庭条件一般7212人，占样本总数的55.1%，家庭条件贫困4261人，占样本总数的32.55%。按父母职业划分，父母为农民6540人，占样本总数的49.96%，父母为工人2274人，占样本总数的17.37%，父母为教师428人，占样本总数的3.27%，父母为干部323人，占样本总数的2.47%，父母为商人902人，占样本总数的6.89%，父母为医生184人，占样本总数的1.41%，父母为艺术家28人，占样本总数的0.21%，父母为其他职业2411人，占样本总数的18.42%。

本书以下数据分析均以此样本为准，可能存在数据不够全面等问题，特此说明。

二、新时代大学生文明修身教育的主流积极向上

（一）全国高校普遍重视大学生文明修身教育

调查显示，在问及自己所在院校是否重视大学生文明修身教育问题时，认为"非常重视"和"比较重视"的占83.89%（详见表3-1）。这充分反映了党中央国务院做出加强和改进大学生思想政治教育的工作部署，特别是在2016年12月全国高校思想政治工作会议召开之后，全国各高校坚决贯彻执行、积极推进落实，结合学校自身特点，从"文明尚礼，崇德修身"主题教育活动、大力倡导健康文明的生活方式、着力营造校园文明修身的浓厚氛围和精心选树和培育文明修身先进典型等方面开展了一系列大学生文明修身教育活动，着力培养大学生的文明习惯、认知能力、家国情怀、公民责任和理想志向，在大学生中产生了较大的积极影响，取得了明显的工作成效。

表 3-1 你所在的院校重视大学生文明修身教育吗

选项	小计/人	比例
A. 非常重视	4489	34.29%
B. 比较重视	6493	49.60%
C. 不太重视	1192	9.11%
D. 不重视	212	1.62%
E. 不知道	704	5.38%
总计	13090	100%

（二）大学生普遍认同开展文明修身教育

调查显示，一是大学生普遍赞同开展大学生文明修身教育活动，在问及"你对高校开展大学生文明修身教育活动的态度"时，选择"非常赞同"和"基本赞同"的占 95.61%（详见表 3-2）。二是大学生普遍认同开展文明修身教育的必要性，在问及"你认为当代大学生有必要加强个人文明修身吗"时，选择"非常必要"和"有必要"的占 96.99%（详见表 3-3）。三是大学生普遍认同文明修身教育的实效性，在问及"你所在院校开展的大学生文明修身教育活动对你有作用吗"时，选择"非常有作用""有点作用"的占 87.38%（详见表 3-4）。四是大学生普遍愿意参加文明修身教育活动，在问及"你愿意参加学校组织的大学生文明修身教育活动吗"时，选择"非常愿意"和"基本愿意"的占 90.5%（详见表 3-5）。五是大学生普遍对文明修身教育活动有兴趣，在问及"你对自己所在院校开展的大学生文明修身教育活动的兴趣评价"时，选择"很感兴趣"和"较感兴趣"的占 81.3%（详见表 3-6）。六是大学生普遍对自己文明修身表现充满自信，在问及"请你对照'品德好、品行优、品位高'的标准来衡量一下自己的文明修身水平"时，选择"完全达标"和"基本达标"的占 92.38%（详见表 3-7）。七是大学生对文明寝室建设赞同率稳定在较高水平，在问及"你对学校开展文明寝室建设活动的态度"时，持"非常赞同"与"基本赞同"态度的占 86.65%（详见表 3-8）。从以上几组数据可以看出，新时代大学生普遍认同开展文明修身教育，并在文明修身教育中得到了成长和发展。

表 3-2 你对高校开展大学生文明修身教育活动的态度

选项	小计/人	比例
A. 非常赞同	7397	56.51%
B. 基本赞同	5118	39.10%

续表

选项	小计/人	比例
C. 不太赞同	228	1.74%
D. 不赞同	76	0.58%
E. 不知道	271	2.07%
总计	13090	100%

表 3-3　你认为当代大学生有必要加强个人文明修身吗

选项	小计/人	比例
A. 非常必要	7393	56.48%
B. 有必要	5303	40.51%
C. 没有必要	161	1.23%
D. 不知道	233	1.78%
总计	13090	100%

表 3-4　你所在院校开展的大学生文明修身教育活动对你有作用吗

选项	小计/人	比例
A. 非常有作用	4392	33.55%
B. 有点作用	7046	53.83%
C. 没有作用	798	6.10%
D. 不知道	854	6.52%
总计	13090	100%

表 3-5　你愿意参加学校组织的大学生文明修身教育活动吗

选项	小计/人	比例
A. 非常愿意	5852	44.71%
B. 基本愿意	5994	45.79%
C. 不太愿意	682	5.21%
D. 不愿意	159	1.21%
E. 无所谓	403	3.08%
总计	13090	100%

表 3-6 你对自己所在院校开展的大学生文明修身教育活动的兴趣评价

选项	小计/人	比例
A. 很感兴趣	3637	27.78%
B. 较感兴趣	7006	53.52%
C. 不感兴趣	1725	13.18%
D. 有点反感	155	1.18%
E. 不知道	567	4.33%
总计	13090	100%

表 3-7 请你对照"品德好、品行优、品位高"的标准来衡量一下自己的文明修身水平

选项	小计/人	比例
A. 完全达标	2960	22.61%
B. 基本达标	9133	69.77%
C. 未达标	586	4.48%
D. 不知道	411	3.14%
总计	13090	100%

表 3-8 你对学校开展文明寝室建设活动的态度

选项	小计/人	比例
A. 非常赞同:寝室应当保持整洁	7091	54.17%
B. 基本赞同:老是检查评比让人有点厌烦	4252	32.48%
C. 不太赞同:有点影响个人生活	1084	8.28%
D. 不赞同:寝室卫生好坏纯属个人事务	401	3.06%
E. 无所谓	262	2.00%
总计	13090	100%

（三）大学生对文明修身教育的认同存在差异

总的来说，新时代大学生在文明修身教育方面的主流是积极向上的，全国高校普遍重视大学生文明修身教育，大学生普遍认同开展文明修身教育，充分展现了新时代大学生的个人自信和良好风貌。同时，依托问卷星网络平台交叉分析，发现不同类别的大学生在文明修身问题上存在认同差异，现简要举例说明如下。

1. 基于个人性别交叉分析

调查显示，在加强大学生文明修身教育必要性问题上存在差异，呈现男生比女

生低的现象，男生认为"非常必要"和"有必要"的占95.33%，女生认为"非常必要"和"有必要"的占97.98%（详见表3-9）；在对待高校开展大学生文明修身教育活动态度上，呈现男生的赞同率比女生低的现象，男生选择"非常赞同"和"基本赞同"的占93.81%，女生选择"非常赞同"和"基本赞同"的占96.68%（详见表3-10）；在对待寝室使用违章电器的态度上，主张"在寝室禁止使用违章电器"的比例男生要比女生高，男生占42.46%，女生占36.85%（详见表3-11）；在校园里看到学生有不文明行为时的态度上，选择"勇于制止或提醒"的比例男生要比女生高很多，男生占30.24%，女生占18.7%（详见表3-12）；在个人最喜欢哪种修德教育形式问题上，男女生总体大同小异，但是在"父母在日常生活中引领修德教育"这个选择的比例上，男生总体要比女生低，男生占21.71%，女生占31.56%（详见表3-13）；在关于当代大学生文明修身教育最需要修好哪几种"德"的问题上，男生在八个选项中前三位选择是进取之德65.91%、柔韧之德65.21%、谦虚之德64.8%，女生的前三位选择是自律之德78.91%、谦虚之德76.89%、柔韧之德73.34%（详见表3-14），由此也可以看出，在修德问题上男生更加注重"进取之德"，而女生更加注重"自律之德"；等等。

表3-9 你认为当代大学生有必要加强个人文明修身吗

性别	A. 非常必要	B. 有必要	C. 没有必要	D. 不知道	小计
A. 男	2829(58.00%)	1821(37.33%)	91(1.87%)	137(2.81%)	4878
B. 女	4564(55.58%)	3482(42.40%)	70(0.85%)	96(1.17%)	8212

表3-10 你对高校开展大学生文明修身教育活动的态度

性别	A. 非常赞同	B. 基本赞同	C. 不太赞同	D. 不赞同	E. 不知道	小计
A. 男	2797(57.34%)	1779(36.47%)	125(2.56%)	41(0.84%)	136(2.79%)	4878
B. 女	4600(56.02%)	3339(40.66%)	103(1.25%)	35(0.43%)	135(1.64%)	8212

表3-11 你对大学生在寝室使用违章电器的态度

性别	A. 为了安全应该禁止使用违章电器	B. 电吹风等电器应当可以使用	C. 不应该禁止使用违章电器	D. 无所谓	小计
A. 男	2071(42.46%)	2184(44.77%)	409(8.38%)	214(4.39%)	4878
B. 女	3026(36.85%)	4556(55.48%)	440(5.36%)	190(2.31%)	8212

表 3-12　如果你在校园里看到学生有不文明行为时的态度

性别	A. 勇于制止或提醒	B. 有制止的想法但没有行动	C. 自省自警自励	D. 事不关己高高挂起	小计
A. 男	1475(30.24%)	1469(30.11%)	1699(34.83%)	235(4.82%)	4878
B. 女	1536(18.70%)	3108(37.85%)	3356(40.87%)	212(2.58%)	8212

表 3-13　你最喜欢下列哪种修德教育形式

性别	A. 教师在专业课程中融入修德教育	B. 辅导员通过大会来开展修德教育	C. 参加大会聆听先进榜样事迹报告	D. 通过网络平台浏览学习修德知识	E. 父母在日常生活中引领修德教育	F. 学校严明规章制度促进修德教育	小计
A. 男	1829(37.49%)	539(11.05%)	562(11.52%)	597(12.24%)	1059(21.71%)	292(5.99%)	4878
B. 女	2899(35.30%)	515(6.27%)	731(8.90%)	973(11.85%)	2592(31.56%)	502(6.11%)	8212

表 3-14　你认为当代大学生文明修身教育最需要修好以下哪几种"德"

性别	A. 柔韧之德:理想信念	B. 进取之德:追求卓越	C. 创新之德:勇于创新	D. 谦虚之德:不骄不躁	E. 包容之德:爱国爱人	F. 自律之德:自我约束	G. 奉献之德:敬业奉献	H. 清廉之德:清正廉洁	小计
A. 男	3181(65.21%)	3215(65.91%)	3152(64.62%)	3161(64.80%)	2935(60.17%)	3111(63.78%)	2566(52.60%)	2362(48.42%)	4878
B. 女	6023(73.34%)	5928(72.19%)	6016(73.26%)	6314(76.89%)	5871(71.49%)	6480(78.91%)	5229(63.68%)	4794(58.38%)	8212

2. 基于政治面貌交叉分析

调查显示，不同政治面貌的学生对高校开展文明修身教育活动的态度上存在差异，基本上呈现入党积极分子、共青团员、中共党员、非党员团员的赞同率依次递减的现象，即入党积极分子96.33%最高，然后依次是共青团员95.64%、中共党员95.28%、非党员团员学生91.21%（详见表3-15），这与我们平时认为的党员学生的赞同率理论上应该最高的判断存在一定的反差；在问及对自己所在院校开展的大学生文明修身教育活动的兴趣评价时，选择"很感兴趣"和"较感兴趣"的共青团员、入党积极分子、中共党员分别占81.39%、81.68%和83.13%，同比非党员团员学生75.53%要高出6个多百分点，而选择"不感兴趣"和"有点反感"的共青团员占14.38%、入党积极分子占14.39%、中共党员占11.41%、非党员团员学生占16.63%（详见表3-16），这与我们平时的感觉与判断基本吻合，即非党员团员学生同比共青团员、入党积极分子和中共党员学生在参与文明修身教育活动的兴趣上要相对淡一些，参与相关活动的积极性上要相对弱一些；等等。

表 3-15　你对高校开展大学生文明修身教育活动的态度

政治面貌	A. 非常赞同	B. 基本赞同	C. 不太赞同	D. 不赞同	E. 不知道	小计
A. 共青团员	5648(56.48%)	3916(39.16%)	175(1.75%)	49(0.49%)	212(2.12%)	10000
B. 入党积极分子	1272(56.13%)	911(40.20%)	38(1.68%)	13(0.57%)	32(1.41%)	2266
C. 中共党员	263(65.26%)	121(30.02%)	6(1.49%)	4(0.99%)	9(2.23%)	403
D. 非党员团员	214(50.83%)	170(40.38%)	9(2.14%)	10(2.38%)	18(4.28%)	421

表 3-16　你对自己所在院校开展的大学生文明修身教育活动的兴趣评价

政治面貌	A. 很感兴趣	B. 较感兴趣	C. 不感兴趣	D. 有点反感	E. 不知道	小计
A. 共青团员	2800(28.00%)	5339(53.39%)	1315(13.15%)	123(1.23%)	423(4.23%)	10000
B. 入党积极分子	611(26.96%)	1240(54.72%)	307(13.55%)	19(0.84%)	89(3.93%)	2266
C. 中共党员	114(28.29%)	221(54.84%)	42(10.42%)	4(0.99%)	22(5.46%)	403
D. 非党员团员	112(26.60%)	206(48.93%)	61(14.49%)	9(2.14%)	33(7.84%)	421

3. 基于个人身份交叉分析

调查显示，在问及所在院校学生是否重视个人文明修身时，在基本认识与判断上总体呈现班级学生干部、校级学生干部和非学生干部递减现象，选择"非常重视"和"比较重视"之和的分别为 82.47%、80.95% 和 79.39%（详见表 3-17）；在问及对自己所在院校开展的大学生文明修身教育活动的兴趣评价时，总体呈现班级学生干部、校级学生干部和非学生干部递减现象，选择"很感兴趣"和"较感兴趣"之和的分别为 84.56%、83.82% 和 78.95%（详见表 3-18），这个里面有一个现象值得关注，那就是校级学生干部本应比班级学生干部的认识要更加理性、更加全面一些，但是调查显示出来的情况却恰恰与此相反，值得我们深思；在问及对照"品德好、品行优、品位高"的标准来衡量一下自己的文明修身水平时，总体呈现班级学生干部、校级学生干部、非学生干部递减现象以及学生干部同比非学生干部高的现象，选择"完全达到"和"基本达到"之和的分别为 93.96%、93.89% 和 91.16%（详见表 3-19）；等等。

表 3-17　你认为你所在院校的学生注重个人文明修身吗

个人身份	A. 非常重视	B. 比较重视	C. 不太重视	D. 不重视	E. 不知道	小计
A. 班级学生干部	1205(32.81%)	1824(49.66%)	454(12.36%)	67(1.82%)	123(3.35%)	3673
B. 校级学生干部	661(31.55%)	1035(49.40%)	285(13.60%)	38(1.81%)	76(3.63%)	2095
C. 非学生干部	2112(28.84%)	3701(50.55%)	928(12.67%)	163(2.23%)	418(5.71%)	7322

表 3-18　你对自己所在院校开展的大学生文明修身教育活动的兴趣评价

个人身份	A. 很感兴趣	B. 较感兴趣	C. 不感兴趣	D. 有点反感	E. 不知道	小计
A. 班级学生干部	1117(30.41%)	1989(54.15%)	396(10.78%)	37(1.01%)	134(3.65%)	3673
B. 校级学生干部	625(29.83%)	1131(53.99%)	244(11.65%)	28(1.34%)	67(3.20%)	2095
C. 非学生干部	1895(25.88%)	3886(53.07%)	1085(14.82%)	90(1.23%)	366(5.00%)	7322

表 3-19　请你对照"品德好、品行优、品位高"的标准来衡量一下自己的文明修身水平

个人身份	A. 完全达标	B. 基本达标	C. 未达标	D. 不知道	小计
A. 班级学生干部	931(25.35%)	2520(68.61%)	144(3.92%)	78(2.12%)	3673
B. 校级学生干部	522(24.92%)	1445(68.97%)	72(3.44%)	56(2.67%)	2095
C. 非学生干部	1507(20.58%)	5168(70.58%)	370(5.05%)	277(3.78%)	7322

4. 基于个人年级交叉分析

调查显示，在问及所在院校开展的大学生文明修身教育对自己是否有作用时，基本呈现年级越高、作用越小的反相关性，即大一学生 89.61%、大二学生 84.37%、大三学生 85.39%、大四学生 78.48%、大五学生 75.75%、研究生 75.61%（详见表 3-20）；个人年级不同对大学生是否有必要加强个人文明修身的认识存在差异，基本呈现低年级学生同比高年级学生要高的规律性，即随着年级增长认为大学生加强个人文明修身的必要性呈下降趋势，但到了毕业班阶段却出现逆增长现象，大一学生 97.41%、大二学生 96.47%、大三学生 96.80%、大四学生 98.27%、大五学生 84.84%、研究生 82.93%（详见表 3-21）；在问及对高校开展大学生文明修身教育活动的态度时，总体呈现年级增长与赞同率呈反相关性现象，即选择"非常赞同"和"基本赞同"之和的大一学生占 96.07%、大二学生占 95.08%、大三学生占 95.6%、大四学生占 94.45%、大五学生占 87.88%、研究生占 80.49%（详见表 3-22）；等等。

表 3-20　你所在院校开展的大学生文明修身教育活动对你有作用吗

个人年级	A. 非常有作用	B. 有点作用	C. 没有作用	D. 不知道	小计
A. 大一	2827(36.52%)	4110(53.09%)	398(5.14%)	407(5.26%)	7742
B. 大二	977(29.16%)	1850(55.21%)	251(7.49%)	273(8.15%)	3351
C. 大三	489(30.68%)	872(54.71%)	113(7.09%)	120(7.53%)	1594
D. 大四	63(21.88%)	163(56.60%)	25(8.68%)	37(12.85%)	288
E. 大五	11(33.33%)	14(42.42%)	4(12.12%)	4(12.12%)	33
F. 研究生	25(30.49%)	37(45.12%)	7(8.54%)	13(15.85%)	82

表 3-21　你认为当代大学生有必要加强个人文明修身吗

个人年级	A. 非常必要	B. 有必要	C. 没有必要	D. 不知道	小计
A. 大一	4484(57.92%)	3057(39.49%)	78(1.01%)	123(1.59%)	7742
B. 大二	1803(53.80%)	1430(42.67%)	50(1.49%)	68(2.03%)	3351
C. 大三	904(56.71%)	639(40.09%)	23(1.44%)	28(1.76%)	1594
D. 大四	149(51.74%)	134(46.53%)	3(1.04%)	2(0.69%)	288
E. 大五	13(39.39%)	15(45.45%)	2(6.06%)	3(9.09%)	33
F. 研究生	40(48.78%)	28(34.15%)	5(6.10%)	9(10.98%)	82

表 3-22　你对高校开展大学生文明修身教育活动的态度

个人年级	A. 非常赞同	B. 基本赞同	C. 不太赞同	D. 不赞同	E. 不知道	小计
A. 大一	4478(57.84%)	2960(38.23%)	122(1.58%)	36(0.46%)	146(1.89%)	7742
B. 大二	1770(52.82%)	1416(42.26%)	65(1.94%)	23(0.69%)	77(2.30%)	3351
C. 大三	930(58.34%)	594(37.26%)	25(1.57%)	14(0.88%)	31(1.94%)	1594
D. 大四	156(54.17%)	116(40.28%)	11(3.82%)	0(0%)	5(1.74%)	288
E. 大五	18(54.55%)	11(33.33%)	1(3.03%)	0(0%)	3(9.09%)	33
F. 研究生	45(54.88%)	21(25.61%)	4(4.88%)	3(3.66%)	9(10.98%)	82

5. 基于学校类别交叉分析

学校类别不同对大学生文明修身教育的重视有所差异，按重视程度从高到低排列，分别是高职高专院校84.85%、部属院校84.62%、省属本科院校83.69%、市属本科院校81.82%（详见表3-23），从这组数据可以看出，对大学生文明修身教育的重视程度总体上与学校的级别呈正相关性，即学校级别越高，其对大学生文明修身教育的重视程度也越高；在问及所在院校学生是否注重文明修身时，按注重程度从高到低排列，依次为部属院校82.24%、省属本科院校81.07%、高职高专院校80.15%、市属本科院校76.2%（详见表3-24），从这组数据来看，基本呈现学生对文明修身教育的重视程度与学校级别呈正相关性，但是也表现出高职高专院校比市属本科院校高的现象；在问及对自己所在院校开展的大学生文明修身教育活动的满意度时，按满意度从高到低排列，依次为高职高专院校83.38%、部属院校80.77%、省属本科院校78.96%、市属本科院校77.61%（详见表3-25），既部分呈现满意度与学校层次正相关性的一面，又呈现高职高专院校满意度在不同类别院校中位居最高的特殊一面；等等。

表 3-23 你所在的院校重视大学生文明修身教育吗

学校类别	A. 非常重视	B. 比较重视	C. 不太重视	D. 不重视	E. 不知道	小计
A. 部属院校	205(37.55%)	257(47.07%)	50(9.16%)	7(1.28%)	27(4.95%)	546
B. 省属本科院校	2513(31.19%)	4230(52.50%)	795(9.87%)	108(1.34%)	411(5.10%)	8057
C. 市属本科院校	309(31.02%)	506(50.80%)	82(8.23%)	24(2.41%)	75(7.53%)	996
D. 高职高专院校	1462(41.88%)	1500(42.97%)	265(7.59%)	73(2.09%)	191(5.47%)	3491

表 3-24 你认为你所在院校的学生注重个人文明修身吗

学校类别	A. 非常重视	B. 比较重视	C. 不太重视	D. 不重视	E. 不知道	小计
A. 部属院校	189(34.62%)	260(47.62%)	64(11.72%)	9(1.65%)	24(4.40%)	546
B. 省属本科院校	2224(27.60%)	4308(53.47%)	1043(12.95%)	124(1.54%)	358(4.44%)	8057
C. 市属本科院校	278(27.91%)	481(48.29%)	142(14.26%)	26(2.61%)	69(6.93%)	996
D. 高职高专院校	1287(36.87%)	1511(43.28%)	418(11.97%)	109(3.12%)	166(4.76%)	3491

表 3-25 你对自己所在院校开展的大学生文明修身教育活动的满意度评价

学校类别	A. 非常满意	B. 比较满意	C. 不太满意	D. 不满意	E. 不知道	小计
A. 部属院校	165(30.22%)	276(50.55%)	50(9.16%)	13(2.38%)	42(7.69%)	546
B. 省属本科院校	1930(23.95%)	4432(55.01%)	910(11.29%)	161(2.00%)	624(7.74%)	8057
C. 市属本科院校	264(26.51%)	509(51.10%)	108(10.84%)	23(2.31%)	92(9.24%)	996
D. 高职高专院校	1208(34.6%)	1703(48.78%)	296(8.48%)	74(2.12%)	210(6.02%)	3491

6. 基于学校属性交叉分析

调查显示，在大学生文明修身教育的重视程度上呈现出学校属性上的差异，按重视程度从高到低排列，依次为中医药院校85.11%、其他院校83.49%、师范院校81.73%、艺术院校81.56%（详见表3-26）；在问及当代大学生的整体文明修身素养如何时，按认为"很好"和"较好"的比例高低排列，依次为师范院校61.22%、其他院校59.7%、艺术院校57.92%、中医药院校57.71%（详见表3-27）；在问及所在院校学生是否注重个人文明修身时，按照重视程度从高到低排列，依次为中医药院校82.19%、艺术院校80.69%、其他院校79.41%、师范院校79.12%（详见表3-28）；在问及当代大学生是否有必要加强个人文明修身时，按照必要性从高到低排列，依次为中医药院校98.30%、其他院校96.40%、师范院校95.98%、艺术院校92.21%（详见表3-29）；在问及大学生在学习意识方面常见的不文明行为时，中医药院校、师范院校和其他院校都是"上课玩手机吃东西"

这个选项比例最高，分别为75.62％、71.14％和72.54％，唯独艺术院校"迟到早退旷课"这个选项比例最高，占66.28％（详见表3-30）；等等。

表 3-26 你所在的院校重视大学生文明修身教育吗

学校属性	A. 非常重视	B. 比较重视	C. 不太重视	D. 不重视	E. 不知道	小计
A. 中医药院校	1647(32.12％)	2717(52.99％)	444(8.66％)	61(1.19％)	258(5.03％)	5127
B. 师范院校	426(31.77％)	670(49.96％)	127(9.47％)	33(2.46％)	85(6.34％)	1341
C. 艺术院校	127(36.60％)	156(44.96％)	34(9.80％)	8(2.31％)	22(6.34％)	347
D. 其他院校	2289(36.48％)	2950(47.01％)	587(9.35％)	110(1.75％)	339(5.40％)	6275

表 3-27 你认为当代大学生的整体文明修身素养如何

学校属性	A. 很好	B. 较好	C. 一般	D. 不好	E. 不知道	小计
A. 中医药院校	602(11.74％)	2357(45.97％)	1982(38.66％)	120(2.34％)	66(1.29％)	5127
B. 师范院校	230(17.15％)	591(44.07％)	448(33.41％)	34(2.54％)	38(2.83％)	1341
C. 艺术院校	71(20.46％)	130(37.46％)	123(35.45％)	12(3.46％)	11(3.17％)	347
D. 其他院校	1171(18.66％)	2575(41.04％)	2161(34.44％)	235(3.75％)	133(2.12％)	6275

表 3-28 你认为你所在院校的学生注重个人文明修身吗

学校属性	A. 非常重视	B. 比较重视	C. 不太重视	D. 不重视	E. 不知道	小计
A. 中医药院校	1455(28.38％)	2759(53.81％)	626(12.21％)	73(1.42％)	214(4.17％)	5127
B. 师范院校	387(28.86％)	674(50.26％)	159(11.86％)	33(2.46％)	88(6.56％)	1341
C. 艺术院校	124(35.73％)	156(44.96％)	33(9.51％)	8(2.31％)	26(7.49％)	347
D. 其他院校	2012(32.06％)	2971(47.35％)	849(13.53％)	154(2.45％)	289(4.61％)	6275

表 3-29 你认为当代大学生有必要加强个人文明修身吗

学校属性	A. 非常必要	B. 有必要	C. 没有必要	D. 不知道	小计
A. 中医药院校	2910(56.76％)	2130(41.54％)	37(0.72％)	50(0.98％)	5127
B. 师范院校	719(53.62％)	568(42.36％)	18(1.34％)	36(2.68％)	1341
C. 艺术院校	185(53.31％)	135(38.90％)	17(4.90％)	10(2.88％)	347
D. 其他院校	3579(57.04％)	2470(39.36％)	89(1.42％)	137(2.18％)	6275

表 3-30 你认为大学生在学习意识方面常见的不文明行为

学校属性	A. 迟到早退旷课	B. 上课玩手机吃东西	C. 考前抱佛脚	D. 沉迷网络游戏	小计
A. 中医药院校	3490(68.07％)	3877(75.62％)	3215(62.71％)	3588(69.98％)	5127
B. 师范院校	938(69.95％)	954(71.14％)	784(58.46％)	874(65.18％)	1341
C. 艺术院校	230(66.28％)	219(63.11％)	185(53.31％)	215(61.96％)	347
D. 其他院校	4414(70.34％)	4552(72.54％)	3324(52.97％)	4163(66.34％)	6275

7. 基于学校地域交叉分析

调查显示，在对当代大学生整体文明修身素养水平的评价上呈现出差异，按评价"很好"和"较好"之和所占比例从高到低排列，依次为北部院校63.5%、东部院校59.93%、中部院校58.10%、南部院校57.28%、西部院校56.55%（详见表3-31）；在问及所在院校是否注重大学生文明修身教育时，按"非常重视"和"比较重视"之和所占比例从高到低排列，依次为东部院校85.19%、南部院校84.42%、西部院校84.20%、北部院校83.08%、中部院校82.32%（详见表3-32）；在问及所在院校学生是否注重个人文明修身时，按"不太重视"和"不重视"之和所占比例从高到低排列，依次为西部院校16.76%、中部院校15.76%、南部院校13.99%、北部院校13.89%、东部院校13.84%（详见表3-33）；在问及对所在院校开展的大学生文明修身教育活动的兴趣评价时，按"很感兴趣"和"较感兴趣"之和所占比例从高到低排列，依次为北部院校83.11%、西部院校82.40%、南部院校81.34%、东部院校80.57%、中部院校78.87%（详见表3-34）；等等。鉴于本次抽样调查中不同地域参与问卷调查的学生人数相对比较均衡，所以这个数据上的差异还是能够间接说明一些问题，比如调查数据的高低不同可能与所在地域的经济文化等不同有一定关联性。

表 3-31　你认为当代大学生的整体文明修身素养如何

学校地域	A. 很好	B. 较好	C. 一般	D. 不好	E. 不知道	小计
A. 东部院校	465(17.93%)	1089(42.00%)	906(34.94%)	75(2.89%)	58(2.24%)	2593
B. 南部院校	383(12.28%)	1403(45.00%)	1200(38.49%)	94(3.01%)	38(1.22%)	3118
C. 西部院校	338(13.42%)	1086(43.13%)	970(38.52%)	85(3.38%)	39(1.55%)	2518
D. 北部院校	630(24.51%)	1002(38.99%)	796(30.97%)	81(3.15%)	61(2.37%)	2570
E. 中部院校	258(11.26%)	1073(46.84%)	842(36.75%)	66(2.88%)	52(2.27%)	2291

表 3-32　你所在的院校重视大学生文明修身教育吗

学校地域	A. 非常重视	B. 比较重视	C. 不太重视	D. 不重视	E. 不知道	小计
A. 东部院校	950(36.64%)	1259(48.55%)	206(7.94%)	33(1.27%)	145(5.59%)	2593
B. 南部院校	1002(32.14%)	1630(52.28%)	290(9.3%)	33(1.06%)	163(5.23%)	3118
C. 西部院校	844(33.52%)	1276(50.68%)	251(9.97%)	45(1.79%)	102(4.05%)	2518
D. 北部院校	1066(41.48%)	1069(41.6%)	219(8.52%)	57(2.22%)	159(6.19%)	2570
E. 中部院校	627(27.37%)	1259(54.95%)	226(9.86%)	44(1.92%)	135(5.89%)	2291

表 3-33　你所在院校的学生注重个人文明修身吗

学校地域	A. 非常重视	B. 比较重视	C. 不太重视	D. 不重视	E. 不知道	小计
A. 东部院校	834(32.16%)	1278(49.29%)	311(11.99%)	48(1.85%)	122(4.70%)	2593
B. 南部院校	871(27.93%)	1663(53.34%)	390(12.51%)	46(1.48%)	148(4.75%)	3118
C. 西部院校	712(28.28%)	1285(51.03%)	361(14.34%)	61(2.42%)	99(3.93%)	2518
D. 北部院校	996(38.75%)	1088(42.33%)	295(11.48%)	62(2.41%)	129(5.02%)	2570
E. 中部院校	565(24.66%)	1246(54.39%)	310(13.53%)	51(2.23%)	119(5.19%)	2291

表 3-34　你对自己所在院校开展的大学生文明修身教育活动的兴趣评价

学校地域	A. 很感兴趣	B. 较感兴趣	C. 不感兴趣	D. 有点反感	E. 不知道	小计
A. 东部院校	762(29.39%)	1327(51.18%)	360(13.88%)	27(1.04%)	117(4.51%)	2593
B. 南部院校	781(25.05%)	1755(56.29%)	427(13.69%)	33(1.06%)	122(3.91%)	3118
C. 西部院校	653(25.93%)	1422(56.47%)	322(12.79%)	32(1.27%)	89(3.53%)	2518
D. 北部院校	942(36.65%)	1194(46.46%)	283(11.01%)	39(1.52%)	112(4.36%)	2570
E. 中部院校	499(21.78%)	1308(57.09%)	333(14.54%)	24(1.05%)	127(5.54%)	2291

8. 基于学科专业交叉分析

调查显示，在问及当代大学生加强个人文明修身的必要性时，不同学科专业的学生存在认识上的差异，按照选择"非常必要"和"有必要"之和所占比例从高到低排列，分别是医学 98.25%、理学 98.01%、法学 97.58%、文学 97.4%、农学 97.28%、教育学 97.19%、管理学 97.17%、工学 96.53%、艺术学 95.2%、经济学 95.07%、历史学 84%、哲学 83.81%、军事学 69.56%（详见表 3-35）；在问及当代大学生的整体文明修身素养如何时，按照选择"很好"和"较好"之和所占比例从高到低排列，依次是军事学 69.56%、哲学 62.86%、艺术学 62.57%、经济学 61.81%、理学 61.55%、工学 60.43%、历史学 60%、教育学 59.67%、医学 57.78%、管理学 57.43%、文学 53.97%、法学 50.24%、农学 48.42%（详见表 3-36）；在问及个人的思想道德素养主要得益于哪种途径时，认为"学校师德引领"的从高到低排列分别是医学 74.41%、文学 73.84%、教育学 73.39%、历史学 72%、经济学 71.76%、管理学 71.29%、理学 70.76%、工学 69.21%、法学 67.63%、艺术学 67.23%、哲学 64.76%、农学 62.44%、军事学 47.83%；认为"社会公德约束"的从高到低排列分别是农学 75.11%、文学 72.6%、医学 72.5%、经常学 71.93%、法学 71.5%、管理学 70.51%、历史学 68.00%、理学 67.99%、工学 67.27%、教育学 66.67%、艺术学 61.86%、军事学 60.87%、哲学 52.38%，认为"家庭美德熏陶"的从高到低排列分别是法学 83.09%、医学 80.36%、文学 80.27%、管理学 79.99%、教育学 77.87%、经济学 76.7%、理学 76.35%、历史学 76%、农学 74.66%、工学 71.63%、艺术学 70.2%、军事学 52.17%、哲学 44.76%（详见表 3-37）。可见在大学生文明修身教育过程中，家庭教育的重要性既不言而喻又不可替代。

表 3-35 你认为当代大学生有必要加强个人文明修身吗

学科专业	A. 非常必要	B. 有必要	C. 没有必要	D. 不知道	小计
A. 哲学	62(59.05%)	26(24.76%)	8(7.62%)	9(8.57%)	105
B. 经济学	660(53.40%)	515(41.67%)	24(1.94%)	37(2.99%)	1236
C. 法学	121(58.45%)	81(39.13%)	2(0.97%)	3(1.45%)	207
D. 教育学	216(60.50%)	131(36.69%)	6(1.68%)	4(1.12%)	357
E. 文学	403(55.21%)	308(42.19%)	7(0.96%)	12(1.64%)	730
F. 历史学	15(60.00%)	6(24.00%)	3(12.00%)	1(4.00%)	25
G. 理学	952(57.28%)	677(40.73%)	15(0.90%)	18(1.08%)	1662
H. 工学	1508(56.14%)	1085(40.39%)	39(1.45%)	54(2.01%)	2686
I. 农学	118(53.39%)	97(43.89%)	4(1.81%)	2(0.90%)	221
J. 医学	2147(57.78%)	1504(40.47%)	23(0.62%)	42(1.13%)	3716
K. 军事学	9(39.13%)	7(30.43%)	3(13.04%)	4(17.39%)	23
L. 管理学	789(55.80%)	585(41.37%)	13(0.92%)	27(1.91%)	1414
M. 艺术学	393(55.51%)	281(39.69%)	14(1.98%)	20(2.82%)	708

表 3-36 你认为当代大学生的整体文明修身素养如何

学科专业	A. 很好	B. 较好	C. 一般	D. 不好	E. 不知道	小计
A. 哲学	41(39.05%)	25(23.81%)	23(21.90%)	7(6.67%)	9(8.57%)	105
B. 经济学	201(16.26%)	563(45.55%)	400(32.36%)	32(2.59%)	40(3.24%)	1236
C. 法学	16(7.73%)	88(42.51%)	90(43.48%)	10(4.83%)	3(1.45%)	207
D. 教育学	71(19.89%)	142(39.78%)	131(36.69%)	8(2.24%)	5(1.40%)	357
E. 文学	80(10.96%)	314(43.01%)	298(40.82%)	21(2.88%)	17(2.33%)	730
F. 历史学	4(16.00%)	11(44.00%)	6(24.00%)	2(8.00%)	2(8.00%)	25
G. 理学	306(18.41%)	717(43.14%)	572(34.42%)	42(2.53%)	25(1.50%)	1662
H. 工学	514(19.14%)	1109(41.29%)	898(33.43%)	117(4.36%)	48(1.79%)	2686
I. 农学	23(10.41%)	84(38.01%)	104(47.06%)	9(4.07%)	1(0.45%)	221
J. 医学	445(11.98%)	1702(45.80%)	1435(38.62%)	86(2.31%)	48(1.29%)	3716
K. 军事学	9(39.13%)	7(30.43%)	1(4.35%)	2(8.70%)	4(17.39%)	23
L. 管理学	206(14.57%)	606(42.86%)	534(37.77%)	41(2.90%)	27(1.91%)	1414
M. 艺术学	158(22.32%)	285(40.25%)	222(31.36%)	24(3.39%)	19(2.68%)	708

表 3-37　你个人的思想道德素养主要得益于下列哪种途径

学科专业	A. 学校师德引领	B. 社会公德约束	C. 家庭美德熏陶	D. 职业道德塑造	小计
A. 哲学	68(64.76%)	55(52.38%)	47(44.76%)	29(27.62%)	105
B. 经济学	887(71.76%)	889(71.93%)	948(76.70%)	597(48.30%)	1236
C. 法学	140(67.63%)	148(71.50%)	172(83.09%)	74(35.75%)	207
D. 教育学	262(73.39%)	238(66.67%)	278(77.87%)	157(43.98%)	357
E. 文学	539(73.84%)	530(72.60%)	586(80.27%)	345(47.26%)	730
F. 历史学	18(72.00%)	17(68.00%)	19(76.00%)	11(44.00%)	25
G. 理学	1176(70.76%)	1130(67.99%)	1269(76.35%)	741(44.58%)	1662
H. 工学	1859(69.21%)	1807(67.27%)	1924(71.63%)	1116(41.55%)	2686
I. 农学	138(62.44%)	166(75.11%)	165(74.66%)	92(41.63%)	221
J. 医学	2765(74.41%)	2694(72.50%)	2986(80.36%)	1895(51.00%)	3716
K. 军事学	11(47.83%)	14(60.87%)	12(52.17%)	11(47.83%)	23
L. 管理学	1008(71.29%)	997(70.51%)	1131(79.99%)	637(45.05%)	1414
M. 艺术学	476(67.23%)	438(61.86%)	497(70.20%)	295(41.67%)	708

9. 基于家庭条件交叉分析

调查显示，在关于所在院校开展的大学生文明修身教育活动对自己是否有作用问题上，按照选择"非常有作用"和"有点作用"的比例之和从高到低排列，分别为家庭条件良好的 89.51%、一般的 87.53%、贫困的 86.51%、优越的 83.79%（详见表 3-38）；在问及对照"品德好、品行优、品位高"的标准来衡量一下自己的文明修身水平时，按照选择"完全达标"和"基本达标"的比例之和从高到低排列，分别为家庭条件良好的 95.51%、优越的 93.92%、一般的 92.68%、贫困的 90.76%（详见表 3-39）；在关于当代大学生的整体文明修身素养评价上，按照选择"很好"和"较好"的比例之和从高到低排列，分别为家庭条件优越的 68.92%、良好的 63.85%、一般的 58.74%、贫困的 57.52%（详见表 3-40），总体呈现出家庭条件与评价呈正相关性，即家庭条件越好，评价也越高；在问及当代大学生加强个人文明修身的必要性时，按照选择"非常必要"和"有必要"的比例之和从高到低排列，分别为家庭条件良好的 98.16%、一般的 97.58%、贫困的 95.87%、优越的 89.19%（详见表 3-41），基本呈现出家庭条件优越的和贫困的两极化现象，即家庭条件良好的和一般的认为加强大学生文明修身的必要性强，家庭条件优越的和贫困的认为加强大学生文明修身的必要性弱；等等。

表 3-38　你所在院校开展的大学生文明修身教育活动对你有作用吗

家庭条件	A. 非常有作用	B. 有点作用	C. 没有作用	D. 不知道	小计
A. 优越	93(62.84%)	31(20.95%)	13(8.78%)	11(7.43%)	148
B. 良好	533(36.28%)	782(53.23%)	77(5.24%)	77(5.24%)	1469
C. 一般	2161(29.96%)	4152(57.57%)	431(5.98%)	468(6.49%)	7212
D. 贫困	1605(37.67%)	2081(48.84%)	277(6.50%)	298(6.99%)	4261

表 3-39　请你对照"品德好、品行优、品位高"的标准来衡量一下自己的文明修身水平

家庭条件	A. 完全达标	B. 基本达标	C. 未达标	D. 不知道	小计
A. 优越	94(63.51%)	45(30.41%)	2(1.35%)	7(4.73%)	148
B. 良好	417(28.39%)	986(67.12%)	40(2.72%)	26(1.77%)	1469
C. 一般	1392(19.30%)	5292(73.38%)	319(4.42%)	209(2.90%)	7212
D. 贫困	1057(24.81%)	2810(65.95%)	225(5.28%)	169(3.97%)	4261

表 3-40　你认为当代大学生的整体文明修身素养如何

家庭条件	A. 很好	B. 较好	C. 一般	D. 不好	E. 不知道	小计
A. 优越	79(53.38%)	23(15.54%)	27(18.24%)	11(7.43%)	8(5.41%)	148
B. 良好	290(19.74%)	648(44.11%)	478(32.54%)	32(2.18%)	21(1.43%)	1469
C. 一般	931(12.91%)	3305(45.83%)	2713(37.62%)	160(2.22%)	103(1.43%)	7212
D. 贫困	774(18.16%)	1677(39.36%)	1496(35.11%)	198(4.65%)	116(2.72%)	4261

表 3-41　你认为当代大学生有必要加强个人文明修身吗

家庭条件	A. 非常必要	B. 有必要	C. 没有必要	D. 不知道	小计
A. 优越	100(67.57%)	32(21.62%)	8(5.41%)	8(5.41%)	148
B. 良好	892(60.72%)	550(37.44%)	12(0.82%)	15(1.02%)	1469
C. 一般	3879(53.79%)	3158(43.79%)	74(1.03%)	101(1.40%)	7212
D. 贫困	2522(59.19%)	1563(36.68%)	67(1.57%)	109(2.56%)	4261

10. 基于父母职业交叉分析

调查显示，总体上来看，父母职业状况与孩子对文明修身教育的认识有一定关联性，父母为农民、工人、教师、医生的，孩子对文明修身教育兴趣性、必要性和是非感都相对较强，而父母为干部、艺术家的孩子对文明修身教育兴趣性、必要性和是非感都相对较弱。在对自己所在院校开展的大学生文明修身教育活动的兴趣评价上，按选择"很感兴趣"和"较感兴趣"的比例之和从高到低排列，分别为父母

职业为农民 83.45%、教师 82.01%、工人 80.65%、医生 78.8%、商人 78.49%、其他 78.47%、干部 73.99%、艺术家 57.14%（详见表 3-42）；在问及当代大学生加强个人文明修身的必要性时，按照选择"非常必要"和"有必要"的比例之和从高到低排列，分别为农民 97.63%、工人 97.31%、医生 97.29%、商人 97.23%、其他 95.77%、教师 95.56%、干部 93.5%、艺术家 78.57%（详见表 3-43）；在问及对大学生身上存在的奇装异服、不雅行为等不文明现象的态度时，按照选择"非常厌恶"和"有点厌恶"的比例之和从高到低排列，分别为医生 74.46%、农民 73.62%、商人 71.29%、工人 70.36%、教师 70.33%、干部 70.28%、其他 68.14%、艺术家 46.43%（详见表 3-44）；等等。

表 3-42 你对自己所在院校开展的大学生文明修身教育活动的兴趣评价

父母职业	A. 很感兴趣	B. 较感兴趣	C. 不感兴趣	D. 有点反感	E. 不知道	小计
A. 农民	1840(28.13%)	3618(55.32%)	765(11.70%)	67(1.02%)	250(3.82%)	6540
B. 工人	606(26.65%)	1228(54.00%)	322(14.16%)	35(1.54%)	83(3.65%)	2274
C. 教师	117(27.34%)	234(54.67%)	59(13.79%)	5(1.17%)	13(3.04%)	428
D. 干部	95(29.41%)	144(44.58%)	62(19.20%)	6(1.86%)	16(4.95%)	323
E. 商人	248(27.49%)	460(51.00%)	138(15.30%)	12(1.33%)	44(4.88%)	902
F. 医生	50(27.17%)	95(51.63%)	29(15.76%)	1(0.54%)	9(4.89%)	184
G. 艺术家	10(35.71%)	6(21.43%)	5(17.86%)	2(7.14%)	5(17.86%)	28
H. 其他	671(27.83%)	1221(50.64%)	345(14.31%)	27(1.12%)	147(6.10%)	2411

表 3-43 你认为当代大学生有必要加强个人文明修身吗

父母职业	A. 非常必要	B. 有必要	C. 没有必要	D. 不知道	小计
A. 农民	3775(57.72%)	2610(39.91%)	60(0.92%)	95(1.45%)	6540
B. 工人	1246(54.79%)	967(42.52%)	32(1.41%)	29(1.28%)	2274
C. 教师	242(56.54%)	167(39.02%)	10(2.34%)	9(2.10%)	428
D. 干部	177(54.80%)	125(38.70%)	12(3.72%)	9(2.79%)	323
E. 商人	501(55.54%)	376(41.69%)	13(1.44%)	12(1.33%)	902
F. 医生	108(58.70%)	71(38.59%)	1(0.54%)	4(2.17%)	184
G. 艺术家	15(53.57%)	7(25.00%)	1(3.57%)	5(17.86%)	28
H. 其他	1329(55.12%)	980(40.65%)	32(1.33%)	70(2.90%)	2411

表 3-44　你对大学生身上存在的奇装异服、不雅行为等不文明现象的态度

父母职业	A. 非常厌恶	B. 有点厌恶	C. 可以理解	D. 无所谓	小计
A. 农民	1607(24.57%)	3208(49.05%)	1380(21.10%)	345(5.28%)	6540
B. 工人	492(21.64%)	1108(48.72%)	534(23.48%)	140(6.16%)	2274
C. 教师	79(18.46%)	222(51.87%)	101(23.60%)	26(6.07%)	428
D. 干部	82(25.39%)	145(44.89%)	77(23.84%)	19(5.88%)	323
E. 商人	208(23.06%)	435(48.23%)	212(23.50%)	47(5.21%)	902
F. 医生	52(28.26%)	85(46.20%)	36(19.57%)	11(5.98%)	184
G. 艺术家	7(25.00%)	6(21.43%)	8(28.57%)	7(25.00%)	28
H. 其他	516(21.40%)	1127(46.74%)	574(23.81%)	194(8.05%)	2411

从上述这几组交叉分析数据反映出来的大学生对文明修身教育的认同存在差异的问题，尽管数据反映比较直观，但是客观上讲，有些差异可能跟抽样调查时相应样本量不完全对等，甚至样本量相差甚远有一定关联，在一定程度上也对问卷调查结果的科学性、准确性产生一些影响。诚然，我们也不能因为这种样本数量不完全对等带来的不足和影响，而以偏概全来否认调查结果的有效性，毕竟从调查数据上反映出来的大学生文明修身教育方面存在的主要问题，都值得我们大家进一步深入思考和分析研究。

三、新时代大学生文明修身教育存在的主要问题

1. 高校大学生文明修身教育活动的针对性与实效性有待增强

调查显示，83.89%的高校都非常重视或比较重视大学生文明修身教育，先后开展了系列大学生文明修身教育活动。但是调查发现，广大学生普遍认为当代大学生的整体文明修身素养不高，认为"很好"与"较好"之和的只占59.03%，认为"一般""不好"之和的占39.07%，还有表示"不知道"的占1.89%（详见表3-45）。另外，大学生对开展的文明修身教育活动的兴趣评价不够高，认为"很感兴趣"与"较感兴趣"之和的只占81.30%，认为"不感兴趣"和"有点反感"之和的占14.36%（详见表3-46）。由此可见，高校大学生文明修身教育活动的针对性与实效性有待加强。

表 3-45　你认为当代大学生的整体文明修身素养如何

选项	小计/人	比例
A. 很好	2074	15.84%
B. 较好	5653	43.19%
C. 一般	4714	36.01%
D. 不好	401	3.06%
E. 不知道	248	1.89%
总计	13090	100%

表 3-46　你对自己所在院校开展的大学生文明修身教育活动的兴趣评价

选项	小计/人	比例
A. 很感兴趣	3637	27.78%
B. 较感兴趣	7006	53.52%
C. 不感兴趣	1725	13.18%
D. 有点反感	155	1.18%
E. 不知道	567	4.33%
总计	13090	100%

2. 大学生自我评价与实际表现存在较大反差

调查显示，按照"品德好、品行优、品位高"的高标准严要求来衡量自己的文明修身水平时，认为自己"完全达标"和"基本达标"的大学生占 92.38%（详见表 3-47）。但是，当问及"你认为当代大学生的整体文明修身素养如何"时，选择"很好"与"较好"的只占 59.03%，选择"一般"的占 36.01%，选择"不好"的占 3.06%，选择"不知道"的占 1.89%（详见表 3-45）。由此可见，大学生自我评价与实际表现呈现较大反差，也折射了当代大学生在文明修身问题上过于自信，对自己认识和评价不够客观公正。

表 3-47　请你对照"品德好、品行优、品位高"的标准来衡量一下自己的文明修身水平

选项	小计/人	比例
A. 完全达标	2960	22.61%
B. 基本达标	9133	69.77%
C. 未达标	586	4.48%
D. 不知道	411	3.14%
总计	13090	100%

3. 大学生在文明修身方面存在不少突出问题

调查显示，大学生在文明修身方面存在不少问题，大学生不文明行为已经屡见不鲜、司空见惯，有的甚至还比较严重，具体表现在公德意识、尊重意识、仪容意识、诚信意识、法纪意识、学习意识、安全意识的缺失以及面对不文明现象时"事不关己高高挂起"的态度。例如：在公德意识方面，公共场合大声喧哗73.02%、购物就餐夹塞拥挤64.97%、乱丢垃圾随地吐痰59.45%、自修教室占位占座58.61%、需静场所手机声响55.83%、如厕之后一走了之51.8%、争先乘坐公共交通工具42.17%、不懂得谦让老弱病残40.66%（详见表3-48）。在尊重意识方面，遇事不满语言粗俗71.55%、对待他人不懂尊重65.26%、见了师长不会问候60.28%、情侣恋爱过分亲昵54.44%（详见表3-49）。在仪容意识方面，课桌文化屡见不鲜64.14%、不切实际过度消费62.51%、不分场合穿着随便51.65%、衣着打扮奇形怪异44.13%（详见表3-50）。在诚信意识方面，考试作弊五花八门67.91%、对待朋友缺乏真诚61.6%、约定之后不讲信用60.06%、抄袭论文学术不端55.94%（详见表3-51）。在法纪意识方面，课堂纪律熟视无睹68.43%、网络交流随心所欲61.63%、宿舍规定置若罔闻57.53%、交通规则随意违反49.56%、旅游景点乱涂乱画42.73%（详见表3-52）。在学习意识方面，上课玩手机吃东西73.35%、迟到早退旷课69.30%、沉迷网络游戏67.53%、考前抱佛脚57.36%（详见表3-53）。在安全意识方面，在寝室使用违章电器与明火63.12%、漠视学校安全教育53.32%、不遵守交通规则51.08%、乱购乱放实验所需危化物品48.19%、回家或抵校不及时报告42.9%（详见表3-54）。在面对校园不文明行为时，选择"勇于制止或提醒"的只占23%，选择"有制止的想法但没有行动"的占34.97%，选择"自省自警自励"的占38.62%，选择"事不关己高高挂起"的占3.41%（详见表3-55）。

表3-48 你认为大学生在公德意识方面常见的不文明行为

选项	小计/人	比例
A. 购物就餐夹塞拥挤	8505	64.97%
B. 公共场合大声喧哗	9558	73.02%
C. 乱丢垃圾随地吐痰	7782	59.45%
D. 如厕之后一走了之	6781	51.80%
E. 需静场所手机声响	7308	55.83%
F. 争先乘坐公共交通工具	5520	42.17%

续表

选项	小计/人	比例
G. 不懂得谦让老弱病残	5322	40.66%
H. 自修教室占位占座	7672	58.61%
样本总计	13090	—

表 3-49　你认为大学生在尊重意识方面常见的不文明行为

选项	小计/人	比例
A. 见了师长不会问候	7891	60.28%
B. 对待他人不懂尊重	8542	65.26%
C. 遇事不满语言粗俗	9366	71.55%
D. 情侣恋爱过分亲昵	7126	54.44%
样本总计	13090	—

表 3-50　你认为大学生在仪容意识方面常见的不文明行为

选项	小计/人	比例
A. 衣着打扮奇形怪异	5776	44.13%
B. 不分场合穿着随便	6761	51.65%
C. "课桌文化"屡见不鲜	8396	64.14%
D. 不切实际过度消费	8182	62.51%
样本总计	13090	—

表 3-51　你认为大学生在诚信意识方面常见的不文明行为

选项	小计/人	比例
A. 考试作弊五花八门	8890	67.91%
B. 对待朋友缺乏真诚	8064	61.60%
C. 约定之后不讲信用	7862	60.06%
D. 抄袭论文学术不端	7322	55.94%
总计	13090	—

表 3-52　你认为大学生在法纪意识方面常见的不文明行为

选项	小计/人	比例
A. 课堂纪律熟视无睹	8957	68.43%
B. 宿舍规定置若罔闻	7531	57.53%

续表

选项	小计/人	比例
C. 交通规则随意违反	6488	49.56%
D. 网络交流随心所欲	8068	61.63%
E. 旅游景点乱涂乱画	5593	42.73%
总计	13090	—

表 3-53　你认为大学生在学习意识方面常见的不文明行为

选项	小计/人	比例
A. 迟到早退旷课	9072	69.30%
B. 上课玩手机吃东西	9602	73.35%
C. 考前抱佛脚	7508	57.36%
D. 沉迷网络游戏	8840	67.53%
总计	13090	—

表 3-54　你认为大学生在安全意识方面常见的不文明行为

选项	小计/人	比例
A. 在寝室使用违章电器与明火	8262	63.12%
B. 不遵守交通规则	6686	51.08%
C. 回家或抵校不及时报告	5615	42.90%
D. 乱购乱放实验所需危化物品	6308	48.19%
E. 漠视学校安全教育	6979	53.32%
总计	13090	—

表 3-55　如果你在校园里看到学生有不文明行为时的态度

选项	小计/人	比例
A. 勇于制止或提醒	3011	23.00%
B. 有制止的想法但没有行动	4577	34.97%
C. 自省自警自励	5055	38.62%
D. 事不关己高高挂起	447	3.41%
总计	13090	100%

4. 家庭环境、社会环境和应试教育制度影响了大学生文明修身素养

调查显示，在问及"你认为影响大学生文明修身素养的因素有哪些"时，位居前三位的分别是"家庭环境：独生子女的过分溺爱"占 68.87%，"社会环境：公民素质不高的负面影响"占 64.58%,"应试教育:评价学生素质看分数"占 60.19%(详见表 3-56)。由此可见,尽管影响大学生文明修身素养的因素很多,但家庭环境、社会环境和应试教育制度已成为影响大学生文明修身素养的三大重要因素。从这个角度来说,加强大学生文明修身教育,需要家庭、社会和学校"三位一体"共同努力,营造全员全程全方位育人氛围,否则难以逃脱教育成效事倍功半的被动局面。

表 3-56　你认为影响大学生文明修身素养的因素

选项	小计/人	比例
A. 家庭环境:独生子女的过分溺爱	9015	68.87%
B. 社会环境:素质不高公民的负面影响	8454	64.58%
C. 应试教育:评价学生素质看分数	7879	60.19%
D. 管理滞后:缺乏中学式的严格管理	5538	42.31%
E. 教育片面:不太重视养成教育	7495	57.26%
F. 选人标准:招聘选拔主要看专业技术水平	5024	38.38%
总计	13090	—

5. 大多数学生对中国化马克思主义青年观最新成果的学习了解不足

调查显示,当问及"你了解习近平总书记关于青年修德的重要论述吗"时,选择"完全了解"的占 9.84%,选择"基本了解"的占 46.04%,选择"不太了解"的占 38.07%,选择"不了解"的占 6.05%(详见表 3-57)。在问及"习近平总书记在 2014 年'五四'讲话中对广大青年提出了修德哪'八字箴言'"时,据问卷星网络平台精准统计,选择完全正确的仅 2718 人,占总人数的 20.76%(详见表 3-58)。由此可见,大学生对中国化马克思主义青年观最新成果的关注、学习、掌握十分不足,这与高校在大学生中深入开展相关专题学习宣传教育不够、思想政治理论课建设不足、学生个人主动学习理论不勤等原因都有密切关系。

表 3-57　你了解习近平总书记关于青年修德的重要论述吗

选项	小计/人	比例
A. 完全了解	1288	9.84%
B. 基本了解	6026	46.04%
C. 不太了解	4984	38.07%
D. 不了解	792	6.05%
总计	13090	100%

表 3-58　习近平总书记在 2014 年"五四"讲话中对广大青年提出了修德哪"八字箴言"

选项	小计/人	比例
A. 理想	5095	38.92%
B. 勤学	9424	71.99%
C. 实践	5965	45.57%
D. 修德	8650	66.08%
E. 创新	7053	53.88%
F. 明辨	5879	44.91%
G. 奉献	3720	28.42%
H. 笃实	7093	54.19%
总计	13090	—

6. 大学生对奋斗精神、奉献精神、进取精神的重要性缺乏足够认识

调查显示，当问及"你认为当代大学生文明修身教育最需要修好以下哪几种'德'"时，按选择人数从高到低排列，分别是"自律之德"占 73.27%、"谦虚之德"占 72.38%、"柔韧之德"占 70.31%、"创新之德"占 70.04%、"进取之德"占 69.85%、"包容之德"占 67.27%、"奉献之德"占 59.55%、"清廉之德"占 54.67%（详见表 3-59）。由此可见，当代大学生对清廉精神、奉献精神、进取精神、包容精神的重要性认识不足，折射了大学生看问题感性有余而理性不足。

表 3-59　你认为当代大学生文明修身教育最需要修好以下哪几种"德"

选项	小计/人	比例
A. 柔韧之德:理想信念	9204	70.31%
B. 进取之德:追求卓越	9143	69.85%
C. 创新之德:勇于创新	9168	70.04%
D. 谦虚之德:不骄不躁	9475	72.38%
E. 包容之德:爱国爱人	8806	67.27%
F. 自律之德:自我约束	9591	73.27%
G. 奉献之德:敬业奉献	7795	59.55%
H. 清廉之德:清正廉洁	7156	54.67%
总计	13090	—

四、影响新时代大学生文明修身教育的主要原因

1. 个人成长环境的辐射影响

众所周知,环境对一个人的成长发展影响很大。这个环境主要包括家庭环境、学校环境与社会环境,而家庭环境与社会环境对一个人的成长发展影响更大。调查显示,在被问及"你认为影响大学生文明修身素养的因素有哪些"时,选择"家庭环境:独生子女的过分溺爱"的占 68.87%,选择"社会环境:公民素质不高的负面影响"的占 64.58%,在该问题的 6 个选项中分别排第 1 位和第 2 位(详见表 3-61)。由此可见,尽管影响大学生文明修身素养的因素很多,但家庭环境、社会环境已经成为影响大学生文明修身素养的两大重要因素。当代大学生基本属于"90后""95后"甚至"00后",绝大多数又属于独生子女,在他们个人成长过程中,家庭环境过于"优越",父母对孩子的"溺爱",潜移默化中使其养成了不重文明修身的习惯。同时,社会环境对大学生文明修身也产生了重要影响,这就是"近朱者赤""近墨者黑"的道理。由于各种原因,社会上不重修身、不守规矩、不懂礼仪的人屡见不鲜。所以,在大学生成长发展的社会化过程中,没有受到足够的来自社会的榜样示范和积极影响,使得他们的文明修身素养有所缺失。

2. 应试教育方式的育人弊端

多年来,应试教育方式使得从小学到大学的各级学校对学生文明修身教育重视不足。在这种指挥棒影响下,学校片面追求升学率,重智育而轻德育,评价学生不是看文明修身素养好坏,而是主要看考试分数高低,这几乎已经成了评判学生的唯一标准。调查显示,在被问及"你认为影响大学生文明修身素养的因素有哪些"时,选择"应试教育:评价学生素质看分数"的占 60.19%,在该问题的 6 个选项中排第 3 位(详见表 3-61)。尽管素质教育喊得轰轰烈烈,但是应试教育抓得扎扎实实。这种以学业成绩为中心的应试教育必然导致忽略、放松包括修身教育在内的德育、体育、美育、创新创业教育等,必然导致大多数学生不能成为"德才兼备、全面发展的人才",相反使大多数学生成了标准划一的"器"。这些人即使他们以优异的考试成绩进入大学,但是他们体内缺少必要的"修身基因"或"修身维生素"。

3. 高校教育管理的措施滞后

当一个高中生考入大学后,即开始进入"断奶期"和"轻松期"。他们离开父母开始相对独立的学习生活,不再像中学那样随时都有老师"看管"。同时,他们进入大学校门以后,新的学习压力相对较轻,他们开始不再安于以往的苦读,想方

设法去感受一下"外面精彩的世界"。尤其是如今网络时代的到来,"无网不在""每天必网"成为常态,这给高校教育管理提出了严峻挑战。而此时高校的教育管理部门对大学生文明修身教育缺乏有效措施,加上社会大环境和家庭小环境的双重影响,大学生身上文明修身素养先天不足的问题就逐渐显露出来,集中表现为诚信意识、尊重意识、仪容意识、学习意识、法纪意识、安全意识的相对缺失。调查显示,在被问及"你认为影响大学生文明修身素养的因素有哪些"时,选择"管理滞后:缺乏中学式的严格管理"的占42.31%,在该问题的6个选项中排第5位(详见表3-56)。

4. 传统修身教育的重视不足

文明修身教育是学校德育工作的重要内容,事关优良校风学风的形成。良好的思想品德行为习惯是学生做人做事的重要前提,也是一个学生文明修身素养的重要标志。无论是家长还是学校,都应当始终坚持"以修身为本,以学业为重",这样才能把孩子或学生培养成为德才兼备、全面发展的人才。回顾传统的文明修身教育,有的是"说起来重要,做起来次要,忙起来不要",有的只注重认知教育而忽视行为实践,有的只注重智育为主而忽视其他教育,有的教师对学生要求"马克思主义"而对自己则实行"自由主义",有的只注重传统规范翻版而忽视现代文明的创新。这种美德袋式的教育不能引起学生心灵共鸣,缺乏学生内心认同,致使学生知行不一。调查显示,在被问及"你认为影响大学生文明修身素养的因素有哪些"时,选择"教育片面:不太重视养成教育"的占57.26%,在该问题的6个选项中排第4位(详见表3-56)。

五、加强新时代大学生文明修身教育的对策建议

1. 抓住课堂主渠道,用中国特色修德话语引领大学生文明修身

课堂是对大学生进行文明修身教育的主渠道。高校大学生文明修身教育活动之所以针对性与实效性不够强,其中一个重要原因就是科学理论的指导不足,造成大学生文明修身教育顶层设计与理论指导不足,使得整个文明修身教育体系不够完善。马克思主义中国化青年修德理论的核心内涵主要包括"青年为何要修德""青年要修什么德""青年如何来修德"三部分内容。可以通过"两课"教学、形势与政策课、专题辅导讲座、《实用礼仪学》选修课等形式,借鉴"上善若水,厚德载物""天行健,君子以自强不息;地势坤,君子以厚德载物"等中国特色修德话语,

将马克思主义中国化青年修德理论融入大学生文明修身教育，增强大学生文明修身教育的顶层设计与理论指导，完善大学生文明修身教育理论体系，从而解决大学生的思想认识问题，最终达到提高大学生文明修身教育针对性、实效性和吸引力、感染力的目的。

2. 优化育人主环境，用优良家风校风社风影响大学生文明修身

育人是学校、家庭和社会的共同责任。只有不断优化育人环境，才能不断增强大学生文明修身的责任认同，逐步实现从盆景到风景乃至风尚的根本转变。建议一要优化家庭环境，强化家风家教，通过阅读家教经典、树立家风榜样，积极引导家长科学教子、以身示范、以德育人，使子女养成良好的行为习惯。二要优化校园环境，推进校园综合治理，以学风建设为突破口，使校园呈现人际关系和谐、学术思想活跃、校园文化繁荣、环境整洁优美的良好校风校貌，使大学生精神得到振奋、心灵得到净化、情操得到陶冶。特别要发挥教师的榜样示范作用，使大学生能够得到来自教师的足够示范和指导。三要优化社会环境，深化社会综合治理，优化社会公共秩序，不断发掘"最美现象"，积极弘扬"最美精神"，不断净化网络与社会环境，给大学生成长发展提供足够的榜样示范。

3. 抓住寝室主载体，用文明寝室建设推动大学生文明修身

文明寝室建设就事论事是小事，就事论人是大事。毋庸置疑，前几年各地高校开展的大学生公寓标准化建设、文明寝室建设标准制订、"最美寝室"评选和组织省人大代表或政协委员开展明察暗访活动，对于促进高校文明寝室建设和大学生文明修身教育具有重要的作用。各级教育主管部门要围绕"培养什么人"这个教育的首要问题，继续深入推进大学生文明寝室建设，加强文明寝室建设日常检查与专项督查，提振高校对待文明寝室建设工作的重视程度，不断促进高校文明寝室建设的长效化。要继续加大硬件投入，不断改善学生公寓环境条件。高校要将育人工作落细落小、落到实处，继续加强大学生文明修身的教育引导，让大学生学会学习、学会生活、学会自律。

4. 发挥文化主作用，用丰富校园文化熏陶大学生文明修身

校园文化包括物质文化、精神文化、制度文化和行为文化，具有教育激励功能、导向规范功能、约束支配功能和辐射示范功能。要鼓励大学生积极参与各种校园文化活动，寓文明修身教育于生动活泼的校园文化活动之中，让他们展示文明修身的魅力和大学生的风采风貌。建议通过开展"大学生文明修身"专题教育活动，开展"校园文明大家谈"活动，开展"讲文明树新风"主题辩论赛、演讲赛等校园文化活动，弘扬崇尚文明修身之风，促进学生健康成长成才。尤其要通过建构显性与隐性相配合、刚性与柔性相结合的校园文化激励、引导、评价等制度，在氛围与环节上增加育人气息，在规范与程序上内化育人符号，使校园文化的显性与隐性制度，都流露着培育学生的制度特征，从而提升校园文化的制度育人实效性。

5. 坚持实践主途径，用社会实践活动促进大学生文明修身

社会实践是高校德育的重要内容，也是大学生接受文明修身教育的重要途径，在促进大学生成长发展中具有不可替代的作用。大学生是社会实践的实践者，培养其品德修养与实践能力，是开展社会实践活动的根本目的所在。大学生文明修身教育只有更加注重实践性和养成型教育，突出大学生的体验与内化过程，增强文明修身实践体验，才能摆脱纸上谈兵的命运，才能逐渐发展学生的智慧和潜能，达到自我完善与提高的目标。因此，一方面高校要重视社会实践活动，寓大学生文明修身教育于社会实践活动之中；另一方面政府部门也要强化社会综合治理，不断优化社会环境，让大学生在社会实践中能够接受足够的示范与指导。

6. 利用网络主媒体，用先进信息文化引领大学生文明修身

当前，微信、QQ等网络社交新媒体已成为大学生获取网络信息的主要工具，"无网不在""每日必网"已经成为大学生的生活常态。随着大学生对新媒体的依赖程度日益攀高，建议高校教育工作者要把握机遇、趋利避害，充分利用网络传播优势，积极发挥微信、QQ等新媒体在大学生文明修身中的宣传教育作用，开展实时、全天候不断线的思想引领教育，定期推送有关大学生文明修身的理论学习内容与学生感兴趣话题，结合不同群体的特点与兴趣点，增强互动沟通，引发学生共鸣，促进学生成长。

7. 尊重学生主体性，用助困帮扶关爱激励大学生文明修身

"以情感人"是大学生思想政治教育工作中行之有效的重要方法，也是增强大学生文明修身情感认同的重要途径。因此，开展大学生文明修身教育要倡导在工作中将"以情感人"与"以理服人"有机结合起来，将开展大学生文明修身教育与切实解决学生的实际问题结合起来。建议政府与高校不断完善助困帮扶服务体系，帮助大学生解决他们碰到的思想、学习、生活、心理、就业等方面的实际问题，让他们真切地感受到党和政府与学校对他们的真诚关怀、真心关爱和真切关心，使他们从情感上产生爱党爱国、立志成才、奉献社会的价值信念，增强他们加强文明修身的热情和动力。

8. 落实教育主制度，用修身教育前置保障大学生文明修身

学校教育的目标是培育人才，高校开展大学生文明修身教育的目标是培养高素质人才。高素质人才不仅需要具备良好的科学文化素质，更需要具备良好的道德品格素养。中小学校在长期应试教育的影响下，分数成为学校教育成功与否的衡量标准，成为学生和家长追求的首要目标，造成了人才培养的畸形发展：过分注重分数，忽视道德养成，部分学生不重视文明修身，不懂做人的道理。只有从根本上改革应试教育制度，不断提高德育在升学考试中的评价比重，才能让中小学校注重修身立德教育，使养成教育真正入耳入脑入心，才能给高校输送更多的高素质人才，保障大学生文明修身水平得到永续提高。

总之，开展新时代大学生文明修身教育，是高校学生思想政治教育的重要组成部分，也是党和国家对高校"立德树人"的根本要求，符合时代特点和新时代大学生群体实际。大学生文明修身教育的现状启示我们，只有更加注重学生主体性，更加强调社会现实性，更加突出修身实践性，教育大学生提高文明修身认识，引导大学生陶冶文明修身情感，激励大学生锻炼文明修身意志，促进大学生养成文明修身习惯，才能实现让学生成为德才兼备、全面发展的人才的目标。

第四章
新时代大学生文明修身教育的目标导向

加强新时代大学生文明修身教育,既要坚持问题导向,也要坚持目标导向。开展文明修身教育,本质上就是要把大学生培养成为有理想、有本领、有担当的时代新人。为此,必须紧紧转绕"培养什么人"这个教育的首要问题来开展。诚然,开展大学生文明修身教育,本质上就是要通过教育引导大学生修好德。在这里我想借鉴"上善若水,厚德载物"等中国特色修德话语来阐释新时代大学生文明修身教育的目标导向。"上善若水"的意思是最高境界的善行就像水的品性一样,泽被万物而不争名利。水,不仅是资源要素,也是文化元素,是生命之源、文明之源、文化之源。水具有的柔韧、创新、包容、谦虚、进取、清廉、奉献、自律八大品格,与大学生要"修什么德"的问题异曲同工。所以,要通过加强文明修身教育,引导新时代大学生积极修好水滴石穿的柔韧之德、奔流不息的进取之德、源头活水的创新之德、海纳百川的包容之德、甘心处下的谦虚之德、因地制宜的自律之德、泽被万物的奉献之德、流水不腐的清廉之德。

一、引领大学生修好水滴石穿的柔韧之德

"志不立,天下无可成之事。"可见"立志"对于一个人多么重要。其实,"立志"是教育的首要目标,它决定了教育的方向和上限。所以,"立志"对于教育来说,不仅重要而且必要。同时,对一个人来讲,除了"立志",还要"励志"。励志是指集中心思致力于某种事业,其核心重在激活一个人的生命能量,唤醒一个人的创造热情。励志并非让弱者取代另一个人成为强者,而是让一个弱者能与强者比肩,拥有实力相当的生命力和创造力。所以,要引领大学生树立水滴石穿的柔韧之德,学会励志,坚定理想,坚守信念。理想指引人生方向,信念决定事业成败。没

有理想信念，就会导致精神上"缺钙"。中国梦是全国各族人民的共同理想，也是青年一代应该牢固树立的远大理想。中国特色社会主义是我们党带领人民历经千辛万苦找到的实现中国梦的正确道路，也是广大青年应该牢固确立的人生信念。我国有一个成语叫"水滴石穿"，水滴为何能够穿石，这主要是体现为时间上的坚持性和目标上的唯一性的信念起着决定性作用。由此可见，理想信念对一个人十分重要。如果一个大学生没有或丧失了理想信念，就会迷失奋斗目标和前进方向，甚至误入歧途而悔恨终生。

二、引领大学生修好奔流不息的进取之德

"成功是陡峭的阶梯，两手插在裤袋里爬不上去。"这句话主要说明的是我们做人做事要有一颗进取心。进取心是指不满足于现状，坚持不懈地向新的目标追求的蓬勃向上的心理状态。人类如果没有进取心，社会就会永远停留在一个水平上。社会之所以能够不断发展进步，一个重要的推动力量，就是我们拥有的这只"向上的车轮"，即我们常说的进取之心。具有进取心的人，渴望有所建树，争取更大更好的发展；为自己设定较高的工作目标，勇于迎接挑战，要求自己工作成绩出色。所以，要引领大学生树立奔流不息的进取之德，学会自强，锲而不舍，攻坚克难。当前，我们既面临着重要发展机遇，也面临着前所未有的困难和挑战。梦在前方，路在脚下。自胜者强，自强者胜。实现我们的发展目标，需要广大青年锲而不舍、驰而不息的奋斗。所以，大学生要深刻理解"不经历风雨，怎能见彩虹"的真谛，始终保持"奔流到海不复回"的决心，从而树立坚持不懈的精神气概和坚定的毅力和勇气。在任何时候都要保持进取之心，既要温故知新，又要推陈出新。做得不太好的要争取做好，已经做好的要争取创优，在不断的成长进步中追求卓越。

三、引领大学生修好源头活水的创新之德

"苟日新，日日新，又日新。"这句话从动态的角度强调了不断创新的问题。这句简洁隽永的古语，折射出不断更新自己、主动适应时代、积极推动发展的向上朝气，沉淀为中华民族思想观念的精髓。在历史的关键节点，这样的创新意识往往会迸发出来，成为推动社会进步的强大力量。创新精神，这一中华民族鲜明的禀赋、中华文化深沉的底蕴，正是我们不断创新的思想源泉。创新是一个民族进步的灵

魂，是一个国家兴旺发达的不竭动力，也是一个政党永葆生机的源泉。所以，要引领大学生树立源头活水的创新之德，学会学习，勇于创新，敢于创造。青年是社会上最富活力、最具创造性的群体，理应走在创新创造前列。广大青年要有敢为人先的锐气，勇于解放思想、与时俱进，敢于上下求索、开拓进取，树立在继承前人的基础上超越前人的雄心壮志。朱熹"问渠哪得清如许，为有源头活水来"的诗句，突出强调了学习的重要性和紧迫性。学习是文明传承之途、政党巩固之基、国家兴盛之要，是人类永恒的主题。大学生只有学会学习，才能学以创新、学以创造、学以创优。因为只有学习成常态，创新才能进状态；只有学习成起点，创造才能有支点；只有学习成风气，创优才能添力气。

四、引领大学生修好海纳百川的包容之德

"唯宽可以容人，唯厚可以载物。"包容是一种美德，是我们修身养性的一本"真经"。它可以使你的人格得到升华，让你的心灵得到净化。包容是一种境界，它是香兰被人踩倒却留香脚底的气质。人要达到这种境界，就必须拥有博爱之心、博大胸襟和坦荡气概。所以，要引领大学生树立海纳百川的包容之德，学会助人，学会宽容，与人为善。要倡导社会文明新风，带头学雷锋，积极参加志愿服务，主动承担社会责任，热诚关爱他人，多做扶贫济困、扶弱助残的实事好事，以实际行动促进社会进步。林则徐说："海纳百川，有容乃大；壁立千仞，无欲则刚。"孟子说："爱人者，人恒爱之；敬人者，人恒敬之。"我们强调大学生要有包容之德，就是强调大学生要把祖国和人民装在心中，不论发达或落后、不论贫穷或富有。此外，我们强调大学生要修包容之德，就是强调大学生健康成长成才的问题，其中的核心就是大学生如何做人的问题。大学生要学会助人为乐、学会宽容他人、学会与人为善，做到看人长处、帮人难处、记人好处，用自己的包容之德，引领他人归心向善，促进社会和谐进步。

五、引领大学生修好甘心处下的谦虚之德

"水惟善下方成海，山不矜高自极天。"谦虚是一种做人的境界，永远不要觉得自己已经足够优秀。谦虚是一种人性的美德，谦虚的品格让你的人格魅力更加伟大。谦虚是一种人生智慧，谦虚的心态会让你一直保持进取姿态。只有做一个具有

谦虚品格魅力的人，你才会被更多人喜欢和尊重。所以，要引领大学生树立甘心处下的谦虚之德，学会谦让，深入基层，锻炼成长。要坚持学以致用，深入基层、深入群众，在改革开放和社会主义现代化建设的大熔炉中，在社会的大学校里，掌握真才实学，增益其所不能，努力成为可堪大用、能担重任的栋梁之材。大学生要建功立业，就必须常怀谦虚之态，时刻认识到自己不完美的一面，放下架子与清高，将树立远大理想与坚持脚踏实地有机结合起来，主动到基层一线去锻炼，到艰苦环境中去锻炼，到创业前沿去锻炼。基层是一本大学生永远读不完的书，是大学生永远学习的课堂。大学生要积极主动深入基层、深入群众，到祖国和人民最需要的地方去，到最艰苦的地方去，到最能发挥自己才干的地方去，在服务基层、服务群众的同时，受教育、长才干、做贡献。

六、引领大学生修好因地制宜的自律之德

"历览前贤国与家，成由勤俭破由奢。"自律是指不受外界约束和情感支配，根据自己的善良意志、按自己颁布的道德规律行事的道德原则。自律是一种不可或缺的人格力量。真正的自律是一种信仰、一种自省、一种自警、一种自励、一种自爱、一种素质、一种觉悟，它会让人发觉健康之美，感到幸福快乐、淡定从容、内心强大，永远充满积极向上的力量。所以，要引领大学生树立因地制宜的自律之德，学会自省，学会自律，保持品格。青年是引风气之先的社会力量。广大青年要把正确的道德认知、自觉的道德养成、积极的道德实践紧密结合起来，自觉树立和践行社会主义核心价值观，带头倡导良好的社会风气。强调大学生学会自律，就是强调大学生要对自己的情绪、行为进行自我约束，努力做到慎独、慎行、慎微。随着改革开放的深入与社会主义市场经济的发展，部分大学生缺乏自律、自省意识的表现屡见不鲜。小到乱扔垃圾、随地吐痰等个人基础文明缺失，大到陷入黄赌、出现贪腐等违反法规法纪行为，确实给社会进步提出了严峻挑战。所以，大学生要树立因地制宜的自律之德，做到自重、自省、自警、自励，自觉抵制歪风邪气，带头倡导清风正气，促进社会不断进步。

七、引领大学生修好泽被万物的奉献之德

"落红不是无情物，化作春泥更护花。"奉献精神是一种不求回报的爱和全身心

的付出，是社会责任感的集中表现。奉献是一种态度，是一种行动，也是一种信念。赠人玫瑰，手有余香。或许是一句问候，或许是一个微笑，或许是一个赞许，抑或是一个举手之劳，都会让人感到温暖甚至欣喜。奉献既方便了别人也提升了自己，既激励了他人也鼓舞了自己。奉献是源自内心小小的感恩的心，是对社会和人民的感恩。常怀奉献之心的人才会真正懂得人生的快乐，心拥奉献之念的人才会真正懂得人生的真谛。同时，奉献精神在本质上更是一种力量。所以，要引领大学生树立泽被万物的奉献之德，学会感恩，报效祖国，服务人民。无数人生成功的事实表明，青年时代选择了吃苦也就选择了收获，选择了奉献也就选择了高尚。大学生是青年中的优秀代表，是国家的未来和民族的希望，更要走在时代前列，率先树立奉献之德，时刻胸怀对祖国和人民的感恩之心，时刻激励自己努力学习、快乐工作、全面发展，把自己的青春与力量奉献给国家、社会与人民，让国家变得更加美丽。只有这样，才能在回忆青春时不会因为自己的碌碌无为、虚度年华而悔恨。

八、引领大学生修好流水不腐的清廉之德

"不要人夸好颜色，只留清气满乾坤。"清廉是指清白廉洁。廉是清廉，就是不贪取不应得的钱财；洁是洁白，就是指人生光明磊落的态度。合在一起，廉洁就是说我们做人要有清清白白的行为和光明磊落的态度。正如有一副对联所说的那样：说实话办实事一身正气，不贪污不受贿两袖清风。所以，要引领大学生树立流水不腐的清廉之德，学会劳动，学会勤俭，艰苦奋斗。广大青年要牢记"空谈误国、实干兴邦"，立足本职、埋头苦干，从自身做起，从点滴做起，用勤劳的双手、一流的业绩成就属于自己的人生精彩。清廉是青年应当树立的品德。古人云："流水不腐，户枢不蠹。""其身正，不令而行；其身不正，虽令不从。"艰苦奋斗是我们党的优良传统，是一个优秀大学生必须具备的基本政治素质。衡量一个大学生是否具有艰苦奋斗精神，就要看他能否敢于吃苦、勤于工作、勇于拼搏。所以，大学生要树立清廉之德，保持勤俭节约、艰苦奋斗的作风，做到亲力亲为、公平公正，不慵懒散软，不徇私舞弊，敢于坚持原则，崇尚劳动光荣，做到清正廉洁。

第五章
新时代大学生文明修身教育的重点内容

加强大学生文明修身教育,有一个问题是无论如何也无法回避的,那就是"教育什么"。这个问题在本质上就是大学生文明修身教育的内容选择问题。俗话说,巧妇难为无米之炊。毋庸置疑,教育内容非常重要,它直接影响大学生文明修身教育的针对性、实效性和吸引力、感染力。加强大学生文明修身教育的目标导向告诉我们,大学生文明修身教育的重点内容可以从理想教育、卓越教育、创新教育、包容教育、职业教育、法纪教育、爱国教育、廉洁教育、责任教育和奋斗教育十个方面来选择,重点解决好"修什么"的问题,引领大学生学会做人、学会做事、学会生活。

一、理想教育:做一个志存高远的人

理想因远大而迷人,信念因执着而坚定。"理想是人们在实践中形成的、有实现可能性的、对未来社会和自身发展目标的向往与追求,是人们的世界观、人生观和价值观在奋斗目标上的集中体现。""信念是认知、情感和意志的有机统一体,是人们在一定的认知基础上确立的对某种思想或事物坚信不疑并身体力行的心理态度和精神状态。"理想信念是人类社会独有的精神现象,并不是理想和信念的简单叠加,而是人们世界观、人生观、价值观确立的准则和信条,指引人们形成符合社会发展的行为意识和价值观念,决定并激励着人们对未来社会、对理想目标的努力奋斗。坚定理想信念,能更好地为开创未来提供精神支撑和前行动力。在大学生思想政治教育过程中,理想信念构成了非常重要的教育内容。中共中央、国务院《关于进一步加强和改进大学生思想政治教育的意见》明确指出,要"以理想信念教育为核心,深入进行树立正确的世界观、人生观和价值观教育",凸显了理想信念教育在大学生思想政治教育中的核心地位。做好大学生理想信念教育，是新时代社会主义核心价值观建设的重要阵地，也是高校思想政治教育的重要内容。开展大学生理想信念教育，是筑牢党的意识形态工作话语权的必然要求，是培育和践行社会主义核心价值观的必然选择，也是强化"四个自信"政治认同的必由之路。大学生理想信念教育的目标在于引导大学生树立正确的个人理想与社会理想，坚定他们为理想坚持不懈奋斗的信念；引导大学生把个人的成长进步同中国特色社会主义伟大事业、同祖国的繁荣富强紧密联系在一起。

（一）加强大学生理想教育的重要意义

1. 筑牢意识形态工作话语权的必然要求

理想信念作为一种社会意识，是意识形态工作的重要组成部分。意识形态工作事关党和国家的前途命运与长治久安，事关中国人民和中华民族的凝聚力与向心力。面对复杂的外部环境，多元社会思潮一定程度上冲击着我国主流意识形态，新自由主义、民主社会主义、历史虚无主义等不良价值观具有很强的迷惑性，容易让大学生丧失分辨力，抵触社会主义，否定马克思主义，引发信仰危机。高校担负着人才培养、科学研究、社会服务、文化传承创新等职能，是各种社会思潮的汇聚地，容易产生思想领域的复杂矛盾，给大学生的主流意识形态教育带来一定的挑战。坚定不移地开展新时代大学生的理想信念教育，坚持马克思主义的指导地位不动摇，用马克思主义理论、中国特色社会主义理论和习近平新时代中国特色社会主义思想武装学生头脑，明晰正确科学的政治方向，坚守马克思主义指导思想、中国特色社会主义共同理想，高举理想信念的精神旗帜，实现马克思主义信仰认同，牢牢抓住党对新时代意识形态工作的领导权和话语权。

2. 培育和践行社会主义核心价值观的必然选择

理想信念的本质属于价值观范畴，任何理想信念的形成离不开价值观的选择与树立。社会主义核心价值观是中国特色社会主义事业在价值层面的鲜明表达，本身也是一种价值理想，需要有坚定的理想信念和信仰认同。树立共产主义伟大理想，离不开对社会主义核心价值观的坚守与践行。大学生是社会主义事业的建设者与接班人，是民族复兴进程的经历者、参与者。因而深入培育和践行社会主义核心价值观，增强价值观自信，就必须以马克思主义科学理论武装大学生的头脑，需要做好新时代大学生的理想信念教育，引导大学生做社会主义核心价值观的坚定信仰者、积极传播者和模范践行者，弘扬爱国奋斗精神，培养更多促进民族复兴的时代新人,与实现中华民族伟大复兴中国梦的奋斗目标同心同向、同心同行、同频共振。

3. 强化"四个自信"政治认同的必由之路

要在坚定理想信念上下功夫,教育引导学生树立共产主义远大理想和中国特色社会主义共同理想,增强学生的中国特色社会主义道路自信、理论自信、制度自信、文化自信,立志肩负起民族复兴的时代重任。坚持道路自信,坚守改革开放40余年的实践成果,描绘社会主义现代化、人民美好生活的宏伟蓝图。坚持理论自信,在改革实践中我们党将马克思主义基本原理融入中国国情中,为"中国道路"提供科学的理论基础。坚持制度自信,中国特色社会主义制度是我们党带领人民不断探索与发展的卓越成果,指导社会主义现代化建设开创一个又一个新的局面。坚持文化自信,中国特色社会主义文化融合了马克思主义科学理论和马克思主义中国化的伟大成果,为中华民族伟大复兴提供强大的精神动力。马克思主义理想信念是"四个自信"的信念支撑和思想基础,做好大学生理想信念教育工作,有利于提升对"四个自信"的政治认同。

(二)加强大学生理想教育的主要内容

1. 个人理想教育

个人理想与个人健康成长和全面成才息息相关,是理想信念教育的重要组成部分,主要由道德理想信念教育、职业理想信念教育和生活理想信念教育三部分组成。道德理想信念教育的主要任务是帮助大学生增强明辨是非的能力,树立高尚的道德情操和优良的道德品质,提高在逆境中的道德意志和道德信念。职业理想信念教育的主要任务是引导大学生明晰自己的职业方向,以"敬业爱岗""乐于奉献"精神做好本职工作,增强服务社会、服务国家的职业能力。生活理想信念教育需引导大学生树立正确的人生追求,探寻人生真正的价值与生命的真谛,在保障物质生活的同时提升精神生活的品质。

2. 社会理想教育

社会理想教育主要包括马克思主义理论、社会主义理论和中国共产党的基本知识教育。马克思主义是社会主义共同理想和共产主义伟大理想的理论基础,是最核心的指导思想。马克思主义理论包括马克思列宁主义、毛泽东思想、邓小平理论、"三个代表"重要思想、科学发展观和习近平新时代中国特色社会主义思想,必须作为大学生理想信念教育的最优先级内容开展。了解社会主义的发展历程,把握人类社会发展的历史规律,才能增强对社会主义的认知、对社会主义道路的坚守和对社会主义理想信念的认同。中国共产党的基本知识主要指党的历史、性质、宗旨、指导思想以及党的基本理论、基本路线、基本方略。坚持党的领导是人民的选择，是历史的选择，是中国特色社会主义制度的最大优势。系统了解党的基本知识和先进理论，有助于全面了解党的先进性和坚持党的领导的制度优越性，不断增强道路自信、理论自信、制度自信和文化自信。

3. 社会理想与个人理想的辩证关系教育

社会理想与个人理想相互依赖、相互渗透、相互制约、相互影响，形成辩证统一的理想信念教育内容。一方面，社会理想信念决定和制约着个人理想信念，个人理想信念服从社会理想信念。社会理想信念追求的是整个国家、民族乃至全人类的根本利益，包含全体社会成员的共同利益，指导个人理想的实现。因此，个人理想信念的确立，离不开社会理想信念的指导。另一方面，个人理想信念体现着社会理想信念，社会理想信念的实现，有赖于个人理想信念的树立与实现。个人理想信念是社会理想信念的具象表达，需要在一定的社会条件下才能实现。因此，要站在战略和全局的角度，深刻认识到大学生理想信念教育的重要性和紧迫性，切实提高新时代大学生理想信念教育的实效性。通过加强马克思主义理论教育，坚定理想信念的正确方向；通过开展社会主义核心价值观教育，奠定理想信念的价值基础；通过推进大学生道德修养教育，拓宽理想信念的内核建设。

二、卓越教育：做一个自强不息的人

时代召唤青年，塑造青年就是塑造未来。大学生是青年的主体力量，其精神风貌和精神品质蕴含着新时代青年发展的理论线索。大学生承载的价值力量是彰显时代精神、凝结中国力量的强有力武器。青年大学生的卓越精神品质是社会历史发展进步的力量之源和动力之源之一。因此，青年大学生是否具有卓越精神和卓越品质，则是考验时代和社会的晴雨表。我们对卓越人才的渴求比以往任何时候都更加强烈。要引领大学生追求卓越，一是引领大学生关注卓越视角，即从消极走向积极；二是引领大学生追求卓越目标，即从平庸走向卓越。引领大学生追求卓越，用中国梦激扬青春梦，攸关党和国家的前途命运。因此加强大学生卓越教育，符合历史发展逻辑和现实社会需要，具有时代性、科学性、前沿性的重要意义。加强大学生卓越教育，不仅仅要求提升学生智慧方面的卓越品质，更要不断健全和完善学生卓越人格品质，关乎大学生综合素质的培养。引领大学生追求思想、政治、道德、文化、心理素质等方面的精神卓越品质，努力使大学生成为具有深厚的文化底蕴、广阔的国际视野、强烈的社会责任感、浓厚的家国情怀、创新的思维能力的现代化复合型人才，这既是时代和社会发展的要求，也是大学生成长成才的目标。

（一）加强大学生卓越教育的重要意义

1. 加强大学生卓越教育是时代发展的内涵要求

"我们对高等教育的需要比以往任何时候都要更加迫切，对科学知识和卓越人才的渴求比以往任何时候都更加强烈。"当前中国特色社会主义建设进入新时代，进入新时代，不是凭空产生的，更不是一个简单的新概念表述，而是经济社会发展到一定阶段发生的必然历史飞跃，具有丰富厚重的思想内涵、实践内涵和历史内涵。进入新时代，对大学生提出的要求和希望更高、担当和使命更重。当前我国发展水平不仅有了量的变化，更重要的是质的变化，发展速度越来越快，发展成就也表现出巨大的成果。而发展依靠的是什么，靠的就是卓越人才的培养。人的发展是一切发展的出发点和落脚点。特别是面临当今世界格局正在发生重大变化，我国在国际社会中的地位和话语权越来越重，我国国际影响力、感召力、塑造力进一步提高，无论是对于祖国还是世界来说，我们肩负的责任和使命从未像今天这样明显地摆在我们眼前。因此，引领大学生追求卓越是新时代赋予青年大学生的历史责任，也是时代发展不可阻挡的洪流。大学生卓越精神培养，需要顺势而为、顺势而行。大学生卓越教育的开展，是高等教育的重要内容和应有之义，也是高校思想政治教育的重要使命和重要任务。

2. 加强大学生卓越教育是社会发展的坚实基础

大学生肩负着中华民族伟大复兴的历史使命，我们从未像今天这样接近中华民族伟大复兴的目标，中华民族伟大复兴正在从物质层面上升为物质、精神的全面复兴。物质的发展离不开卓越人才的推动，精神的复兴也不能缺失卓越精神的追求。社会主义现代化建设需要依靠人才强国、人才兴国。社会是一个由多种要素组成的复杂整体，当前社会对于创新能力的要求也越来越高。人的发展和社会的发展互为前提和基础，在当代中国，发展本质上是人的发展与社会发展的辩证统一。要建设社会主义现代化强国，必须通过人的全面发展，不断实现人民对于美好生活的向往。对大学生而言，即不断发展自我，培养卓越精神。所以，当代社会物质和精神发展的双重要求，使得大学生卓越精神培养显得十分重要。引领大学生追求卓越，从精神层面激发大学生的思想动力，增进其积极的情绪体验，进一步深化大学生的文化自信。社会的发展是通过不断的继承和发展传统文化、升华革命文化、吸收世界文明成果这个过程循序渐进的，当人类社会发展到人的自由全面发展的社会主义社会时，核心价值观已经成为国家软实力最核心的呈现，文化自信也日益成为中国自信的根基所在。2010年开始，教育部贯彻落实《国家中长期教育改革和发展规划纲要（2010—2020年）》和《国家中长期人才发展规划纲要（2010—2020年）》。卓越计划是促进我国由工程教育大国迈向工程教育强国的重大举措，旨在培养造就一大批创新能力强、适应经济社会发展需要的高质量各类型工程技术人才，为国家走新型工业化发展道路、建设创新型国家和人才强国战略服务，对促进高等教育面向社会需求培养人才，全面提高工程教育人才培养质量，具有十分重要的示范和引导作用。2019年4月，我国教育部和中央政法委、科技部、工业和信息化部等13个部门在天津联合启动"六卓越一拔尖"计划2.0，分三年（2019—2021年）全面实施"六卓越一拔尖"计划2.0。这个计划可以概括为一个总体部署、三项核心任务、一次质量革命。一个总体部署，就是通过实施"六卓越一拔尖"计划2.0，全面推进新工科、新医科、新农科、新文科建设，提高高校服务社会经济发展能力。三项核心任务是，面向所有高校、所有专业，全面实施一流专业建设"双万计划"、一流课程建设"双万计划"、建设基础学科拔尖学生培养一流基地，即建金专、建金课、建高地。其中，建金专是指建设10000个左右国家级一流本科专业点和10000个左右省级一流本科专业点；建金课是指建设10000门左右国家级一流课程和10000门左右省级一流课程；建高地是指建设260个左右基础学科拔尖学生培养一流基地。一次质量革命是指通过实施"六卓越一拔尖"计划2.0，在全国高校掀起一场"质量革命"，形成覆盖高等教育全领域的"质量中国"品牌，全面实现高等教育内涵式发展。启动实施"六卓越一拔尖"计划2.0，将原先的单个计划变成系统计划的组合，由"单兵作战"转向"集体发力"，标志着中国高等教育改革发展走向成熟，标志着中国高等教育从跟随跟跑转到并跑领跑。因此，在这一理念背景下，"卓越工程师"培养应运而生，主要集中在理工科领域的卓越教育。事实上，随着社会发展的进步，卓越教育不能仅仅局限于理工科大学生，卓越素养的培养和提升应该扩展到全体大学生群体当中。卓越教育的实施，必然涉及覆盖高等教育的全方位、全过程和全员育人环节当中。

3. 加强大学生卓越教育是青年发展的必然要求

高等教育对于大学生自我发展能力的培养和塑造至关重要，大学时期是塑造大学生健全人格的关键时期和重要分水岭。大学时期是一个人世界观、人生观、价值观塑造的关键时期。如果在这个时期没有形成积极向上、乐观自信、追求幸福、追求卓越的良好发展态势，势必会影响青年今后人生道路的选择。引领大学生追求卓越，就是帮助大学生不断挖掘自我价值的实现，是探寻马斯洛需求层次理论中最高层次"自我实现"需求的阶梯。青年一代要茁壮成长、砥砺奋进、与时俱进，就需要有自我思想的强大、精神品质的卓越。当前，广大青年面临着难得的发展机遇，现实的发展条件也展现出前所未有的优势，如果不能培养起青年大学生的卓越精神，犹如大浪淘沙，必将被社会淘汰、被时代抛弃。因此，大学生自身素质的发展关乎个人成长空间和成长道路。卓越精神培养作为大学生素质综合发展的核心理应受到重视。受多元文化思潮的影响，在青年群体中出现的不良文化正影响着青年卓越精神的培养。他们不是以追求进步为动力，而是崇尚得过且过的生活模式；他们不是以奋发有为为目标，而是追求当下的舒适与安逸；他们不是以积极乐观的心态为基点，而是过多地关注生活中的消极与颓废。失去追求卓越的信念，青年不可能健康成长。因此，引领大学生追求卓越，不仅是促进青年身心素质、政治素质、思想素质、道德素质、文化素质提升的重要教育方法和途径，也是青年健康成长、实现自我价值、连接个人与社会的重要桥梁。引领大学生追求卓越，有益于帮助大学生形成思辨思维、历史思维、系统思维和创新思维，从而有助于青年完整人格的形成、积极心理的建设、道德文化的提升、责任使命的担当。

（二）加强大学生卓越教育的主要内容

1. 通过意识形态教育，引领大学生塑造坚定的理想信念

引领大学生追求卓越离不开正确方向的指引。一个大学生是否卓越首要的判断标准是其政治立场和政治方向是否正确，是否做到了"四个自信"和"两个维护"。2018年全国教育大会提出，坚持党对教育事业的全面领导，坚持把立德树人作为根本任务，坚持优先发展教育事业，坚持社会主义办学方向，坚持扎根中国大地办教育，坚持以人民为中心发展教育，坚持深化教育改革创新，坚持把服务中华民族伟大复兴作为教育的重要使命，坚持把教师队伍建设作为基础工作。这"九个坚持"，深刻回答了"培养什么人、怎样培养人、为谁培养人"这一根本问题。简明扼要地回答了社会主义大学的办学方向和宗旨。因此，大学生要追求卓越，必然也要在这一框架内进行。对大学生进行意识形态教育，引领其形成坚定的理想信念，是大学生卓越精神形成的前提和基础。当前意识形态领域的斗争愈演愈烈，各种思想文化的交流交锋使得青年大学生面临比以往任何时候都要复杂的思想环境。面对西方意识形态的输入，我们要做到斗智斗勇，而中国文化的输出则更加需要在卓越精神引领下的大学生自觉、自信。坚定理想信念是新时代大学生追求卓越、勇于发展的政治前提。通过意识形态教育，使大学生形成真正的文化自信，明白自己文化的根源，明白自己文化从哪里来、将如何发展。进行意识形态教育必然要建立在对科学理论知识的准确把握之上，高等教育要通过马克思主义武装大学生的头脑，使他们真学、真懂、真信、真行。同时，也要使大学生准确把握中国国情和世界发展历史，了解社会历史发展规律，学会运用历史唯物主义思维，认识中国特色社会主义是历史发展的必然规律，使青年大学生进一步坚定理想信念，提升卓越品质。

2. 通过人文素质教育，引领大学生锤炼高尚的人格品质

引领大学生追求卓越，体现在人格方面即培养和塑造大学生健全健康的人格特质，提升大学生的自我发展能力和独特人格魅力。人格包含着大学生的复杂多面性，人格也是大学生灵魂的骨架。它是大学生内涵、气质和修养的独特精神品质，追求卓越是大学生形成完备人格特质的必经之路。引领大学生完善健全的人格品质，不光依靠专业理论知识的学习和实践技能的操作，其最终依靠的是大学生形成具有自我心灵唤醒能力的独特个体。重理论轻实践或者重成绩轻人文的教育，已经不能适应大学生追求卓越的步伐。现代高等教育必须通过科学人文素养教育，促使大学生形成健全的人格，培养他们自我接纳、自尊自信的人格特质，通过重视人格塑造和人格熏陶，发挥大学生独特的个体特质，最终形成独具魅力但又不千篇一律的人格魅力，这样才是大学生追求卓越的内在品质。人文素质教育需要不断扩展第二、第三、第四课堂，引申扩展专业知识领域到人文素养领域，不断强化大学生的心灵塑造能力。人文素质教育同时也需要重视职业道德素质教育，以提升大学生的岗位胜任力为基石，成就不同领域的专门复合型人才。锤炼高尚品格是新时代大学生追求卓越的内在保证。大学生既要脚踏实地，也要仰望星空，既要知行合一，也要身体力行，将高尚的人格品质作为自己自觉奉行的理想信念。

3. 通过心理健康教育，引领大学生凝聚积极的心理素质

引领大学生追求卓越，重要的保障是健康的心理素质。大学生在成长过程中难免会遇到各种挫折和困难，特别是青年时期面临外界复杂多元的因素、内心的敏感与动摇，大学生很容易陷入心理问题的漩涡之中。因此除了智商、情商教育之外，逆商教育显得尤为重要。通过心理健康教育，使大学生学会用积极心理学的视角看待问题，自觉把生活中的不幸与消极转换为幸运与积极，使大学生明白一时的成败得失并不决定什么，相反通过练就宠辱不惊的心理素质，保持积极向上的人生态度

才是大学生卓越精神品质的应有内涵。保持积极乐观的心理状态，学会调整调适自己的心态，任何困难或者逆境都将顺利解决并化作人生成长道路上的宝贵财富。保持积极乐观的心态并不是让大学生否认消极或者困难，并不是不允许大学生有不良的情绪反应和负面的心理状态，而是通过心理健康教育使大学生正确辩证地看待这些问题，通过正确途径的宣泄与倾诉，合理地解决内心的冲突和矛盾，舒缓自己的心理压力，释放自己的负面情绪。只有学会疏通与调解，才是大学生卓越品质的体现，也才能够进一步激发学生的积极心理动力，不断追求卓越和变得卓越。

4. 通过创新创业教育，引领大学生培养独特的创新精神

创新创业是引领大学生追求卓越的有效依托。青年是社会上最富活力、最具创造性的群体，理应走在创新创造前列。大学生作为青年的主力群体，更是创新创业的主力军，他们的创新创造精神也体现着中国一流大学教育培养的水平。创新是一个民族进步的灵魂和动力，大学生的创新精神和能力是影响今后社会发展、民族复兴的重要核心因素之一。所以，大学生是否具有卓越品质，就体现在他与普通人的区别：是否具有创新精神。一个具有创新精神的人是不容易被替代掉的，会显现出无与伦比的创造性，而这也正是卓越品质必备的要素之一。大学生创新精神的培养不仅仅需要创新意识的自觉萌发，也需要有创新创业的勇气和能力。大学生要学会运用辩证唯物主义理论指导实践，学会运用否定之否定规律认识事物的辩证发展规律，敢为人先，勇于创新，通过创新创造不断汲取经验、丰富自我。创新创业教育不能忽视个人的主观能动性，大学生的创造精神需要在一个良好的育人环境中被激发、被挖掘，同时也需要社会学校提供必要的客观条件帮助大学生进行创新创业实践。在充分的创新创业育人环境、浓厚的创新创业育人氛围、得力的创新创业育人措施中，大学生的创新潜能才能被充分发掘并付诸行动。

5. 通过思想道德教育，引领大学生形成担当的使命责任

引领大学生追求卓越不仅仅是指引大学生实现个体的自我价值，更重要的是引导大学生自觉把个人的前途命运同国家和民族的前途命运联系起来。大学生卓越精神品质必然体现在其具备浓厚的家国情怀、敢于担当的社会责任感当中。当前，中国正处于建设中国特色社会主义、实现中华民族伟大复兴中国梦的历史关头和时代节点上，国家的现代化必然需要教育的现代化，民族的强大必然呼唤教育的强大。因此，大学生卓越精神的培养，要在坚定理想信念上下功夫，更要在厚植爱国主义情怀上下功夫。加强思想道德教育使大学生拥有厚重的价值底蕴，富含卓越的精神追求，自觉将社会主义现代化强国建设作为人生的重要目标。"我们的国家，我们的民族，从积贫积弱一步一步走到今天的发展繁荣，靠的就是一代又一代人的顽强拼搏，靠的就是中华民族自强不息的奋斗精神。"国家尚且如此，青年也应如此，因为人是构成这个社会的最主要因素，社会的发展和国家的发展离不开人，同样人的发展也是社会发展和国家发展的有力基石。青年在追求卓越的道路上不能目光短浅，而是要将视野放远，自觉站在一定的社会历史的高度上看待自身的成长与发展。同样，要勇于到国家最需要的地方去，到条件艰苦的地方去磨炼意志，经受锻炼，增长才干，这样才能实现一个大学生的全面自我发展。青年人要修德，加强道德修养，注重道德实践。这里的德，既包含私德，也包含公德。对公德的最大践行，即是自觉将个人与祖国命运相连，自觉为人类命运共同体输出一份坚定的力量。

6. 通过文化素质教育，引领大学生形成严谨的思维习惯

引领大学生追求卓越的最基本要求，即是学好专业知识，练就过硬本领。其中科学研究的求学态度和思维习惯是新时代大学生急需养成的。大学生除了具备勇于求知的态度之外，还要有探索真知、求真务实的科学态度。大学生在校期间首要任务就是学习，不仅要把学习作为一种追求，也要作为一种责任，而不是放任自流，脚踩西瓜皮滑到哪里算哪里。大学生需要把专业基础知识打牢固，与时俱进不断更新学习，秉持刻苦钻研的态度和严谨求学的思维，努力掌握科学的学习方法，做到"学思践悟行"。没有科学严谨的求学态度和科研态度，大学生则无法坐住学术研究的"冷板凳"。心浮气躁产生不了研究成果，唯有脚踏实地，秉持求是精神，做到"板凳要坐十年冷，文章不写半句空"，才能将科学精神延续到底。实践出真知，斗争长才干。除了学习科学知识以外，更重要的是学会内化知识，运用于实践当中，再从实践回到理论，形成科学的循环体系。学到的东西，不能停留在书本上，不能只装在脑袋里，而应该落实到行动上。通过文化素质教育，大学生需要在认知、情感、意志、行为各个环节形成严谨的思维态度，将这种态度运用于日常学习研究、工作行动当中。卓越品质的培养和发展不是一蹴而就的，需要大学生在实践中学真知、悟真谛。大学生卓越精神的培养教育离不开高等教育的引领，它涵盖了大学生理想人格、道德品质、健康心理、创新能力、使命担当等多维度的视角，因而是一个由多要素组成的系统性工程。大学生卓越精神的形成需要经过时间的炮制、教育者的用心、大学生的主观能动性。卓越精神的培养可以使大学生养成一批出类拔萃的先锋人物，他们不可替代又发挥着巨大力量，能够在时代的发展中勇挑重担。卓越精神的培养让大学生摒弃平庸颓废的思想，追求奋发向上的方向，最终实现个人

价值与社会价值的有机统一。教育兴则国家兴，教育强则国家强，教育对于提高人民综合素质、促进人的全面发展、增强中华民族创新创造活力、实现中华民族伟大复兴具有决定性意义。因此，引领大学生追求卓越，是教育的应有之义，是社会发展的动力之源，也是中华民族伟大复兴的重要基石。

三、创新教育：做一个推陈出新的人

创新教育就是以培养人的创新精神和创新能力为基本价值取向的教育。创新教育的主要内容包括思维教育、发现教育、发明教育、信息教育、学习教育、渗透教育、艺术教育、参与教育、未来教育、个性教育、和谐教育等方面，其中创新精神、创新能力、创新人格教育是重中之重。高校作为国家创新体系的重要组成部分，实施创新教育为贯彻落实党中央提出的"提高自主创新能力，建设创新型国家""加快转变经济增长方式"战略提供了有力的人才和智力支持。从高等教育自身改革发展的趋势来看，高等教育的可持续发展既包括规模发展，也包括质量提高，而未来高等教育发展的主要任务是提高质量。国家已经把创新教育列入《国家中长期教育改革和发展规划纲要（2010—2020）》，并把创新教育融入人才培养的全过程，其核心是培养大学生的创新精神，改革人才培养模式和教育内容，将人才培养、科学研究、社会服务紧密地结合起来，实现从注重知识向更加重视能力和素质的转变，提高人才培养质量。随着经济国际化全球化的发展，世界各国的竞争日益突出，经济的竞争就是科技的竞争，其直接表现为人才的竞争。培养综合素质高且创新能力强的高素质人才，是提高我国在世界上的综合竞争实力的迫切要求。我国当前人才发展的总体水平与发达国家水平相比还有很大差距，因此要加强我国高校的创新教育力度，为支持国家发展提供所需创新人才。大学生是实践创新活动的重要主体，是中国各项事业迅猛发展的排头兵，肩负着中华民族复兴的伟大使命。加强大学生创新教育，具有十分重要的意义。

（一）加强大学生创新教育的重要意义

1. 加强大学生创新教育有利于提高学生综合素质

创新教育旨在培养大学生的思维灵活性、敏捷性和创造性，培养出具有独创能力，能够提出问题、解决问题，有积极进取开拓精神的人才。在传统教育体制下，学校多采用理论灌输、重复训练等方式开展教学活动，忽视了大学生的主体意识和

创新意识，在这种教育环境中学生往往缺乏开拓意识和创新意识，学风也变得死气沉沉、毫无活力。创新教育以培养大学生的开创性思维、开拓进取意识等为重要内容，通过专业技能大赛、大学生"挑战杯"、校内实训活动等方式营造一种勇于创新、不甘落后的学习氛围，激发大学生的主体意识和创新意识等，从而提高大学生的综合素质，使其在竞争中立于不败之地。

2. 加强大学生创新教育有利于发挥人力资源优势

21世纪是知识经济时代，创新是知识经济的灵魂，创新的关键在于人才。我国目前人才分布极其不均，由于高校培养人才模式过于单一化、简单化、模式化，教育模式偏重于通识教育，学科专业特点弱，而导致大学生就业竞争力不强。创建创新型国家，需要高校培养具有创新精神、敢想敢干、有经济头脑、善于发挥自身优势、善于人际交往的创新型人才。创新是创业的基础，创业的本质是创新。创新创业可以促使众人的奇思妙想转变为客观现实，涌现出更多各方面的专业人士，让人力资源转化为人力资本，更好地发挥我国人力资源雄厚的优势。

3. 加强大学生创新教育有利于提升我国经济实力

创新教育有助于推动我国经济结构调整，打造发展新引擎，增强发展新动力，走创新驱动发展道路。改革开放以来，我国经济的增长是靠投资拉动的，科技进步对经济增长的贡献极小，这已成为人们的共识。时至今日，科技自主创新能力不足已经成为制约我们加快经济发展速度的主要障碍之一。为此，加强大学生创新教育，推进自主创新体系建设显得尤为迫切。这就要求我们把经济建设转移到不仅依靠科技进步的轨道上来，而且是依靠科技自主创新实现科技进步的轨道上来，使科学技术成为经济和社会发展的首要推动力量。所以，要加强大学生创新教育，培养创新型人才，选定一些有可能取得率先突破的高新技术领域，集中必要的人、财、物开展联合攻关，努力开发一批具有自主知识产权、核心竞争能力强的技术和产品，从而提升我国的经济实力。

（二）加强大学生创新教育的主要内容

1. 创新精神教育

创新精神是创新人格特征，是主体创新的内部态度与心向，它包括创新意识、创新情感和创新意志三大方面。创新意识是个体追求新知的内部心理倾向，这种倾向一旦稳定化，就成为个体的精神与文化。创新情感是个体追求新知的内部心理体验，这种体验的不断强化，就会转化为个体的动机与理想。创新意志是个体追求新知的自觉能动状态，这种状态的持久保持，就会成为个体的习惯与性格。创新精神主要包括有好奇心、探究兴趣、求知欲，对新异事物的敏感，对真知的执着追求，对发现、发明、革新、开拓、进取的百折不挠的精神，这是一个人创新的灵魂与动力。

2. 创新能力培养

创新能力是创新的智慧特征，是主体创新的活动水平与技巧，它包括创新思维和创新活动两大方面。创新思维是个体在观念层面新颖、独特、灵活的问题解决方式，创新思维是创新实践的前提与基础，如果想不到是不可能做得到的。创新活动是个体在实践层面新颖、独特、灵活的问题解决方式，创新活动是创新思维的发展与归宿，经不起实践检验的思维是无价值的。创新能力主要包括创造思维能力，创造想象能力，创造性的计划、组织与实施某种活动的能力，这是创新的本质力量之所在。

3. 创新人格塑造

创新人格主要包括创新责任感、使命感、事业心、执着的爱、顽强的意志、毅力，能经受挫折、失败的良好心态，以及坚忍顽强的性格，这是坚持创新、做出成果的根本保障。创新人格是指有利于创新活动顺利开展的个性品质，它具有高度的自觉性和独立性，是一个人的品质与德行问题。创新人格的特点，是以服务社会为己任，敬业爱岗，刻苦钻研，开拓进取，坚韧不拔。创新人格是创新主体进行创新活动的心智基础和能力基础。创新人格作为创新个体相对稳定的心理模式，持续表现出创新意愿和创新倾向的习惯性，坚定的自信、坚忍的毅力、开放的思维、自制的意志等都是创新主体进行创新活动的心智要素。创新人格不仅仅意味着思维的质疑性、独立性、原创性，还意味着行为的有恒性、敢为性、灵活性和自律性。具有创新人格的人在追求创新目标上的有恒性、在实施创新构想上的敢为性、在克服创新困难上的灵活性和在控制创新行为上的自律性，都为其提升竞争能力、凸显竞争优势，最终形成创新能力提供了极好的基础。

四、包容教育：做一个友善宽容的人

所谓包容教育，就是通过教育引导教育对象在处理人与人、人与物矛盾时树立一种包容性的人生态度，平等地看待与尊重、接受各种观点，容许他人持有不同于自己的立场、思想、习惯、观念的美德和境界。包容教育基于个体理解和文化认同，旨在营造一种人与人、人与自然和谐共生的学校文化，寻求每一个学生和每一位教师的最佳发展，构建和谐校园。大学生是祖国的未来和国家的希望，是未来实现伟大梦想的中坚力量。大学阶段是世界观、人生观、价值观逐渐成熟的关键时期，自我意识强烈，理性判断能力提高，大家从五湖四海聚集而来，经济水平、家庭教育背景、知识结构等方面存在巨大的差异，加之青春期末段与生俱来的敏感和要强，稍有不慎往往会造成人际关系的紧张。大学生在处理人与人之间、人与社会之间、人与国家之间的关系上，能否正确理解和学会包容，事关个人健康成长和高等教育的成败。因此，教育引导学生学会包容显得尤为重要。

（一）加强大学生包容教育的重要意义

1. 加强大学生包容教育是推进构建现代高校管理理念和制度的重要保证

加强大学生包容教育有助于改善师生关系。师生关系作为高校中最基本的人际交往关系，是开展大学生包容教育的重要桥梁和纽带。包容的心境能使师生和谐地交往，不仅维护了学生的自尊，更能让学生感受教师的关爱，进一步促进师生信任，拉近师生距离。加强大学生包容教育有助于形成宽松的校园环境。宽松的大学教育环境是大学包容教育的重要目的。一切为了学生是高等教育的出发点和根本目的。大学生包容教育应当坚持以"学生为本"，全心全意为学生服务，教育学生、引导学生、关心学生、帮助学生，充分尊重学生，真正实现教育自我、提高自我，促进大学生全面发展。加强大学生包容教育有助于促进校园和谐。加强大学生包容教育，是社会主义和谐社会建设的必然要求，也是实现高等教育改革发展的基础与保证。大学阶段是人生价值观形成的关键时期，此时对大学生进行包容教育，显得格外重要。

2. 加强大学生包容教育是推动社会发展的必然要求

加强大学生包容教育有助于构建社会主义和谐社会。社会主义和谐社会是民主法治、公平正义、诚信友爱、充满活力、安定有序、人与自然和谐相处的社会。和谐就意味着要共存与相容，和谐的基础就是包容。包容作为一种观念，在构建社会主义和谐社会的今天发挥着无可替代的作用。大学生作为社会主义的建设者和接班人，更应具备包容意识。加强大学生包容教育有助于弘扬中华民族传统文化。包容精神是中华民族优秀文化的重要组成部分。大学生是中华民族的希望和未来。大力发掘包容文化的精华，不断继承与发扬，对大学生树立正确价值观具有重要意义。加强大学生包容教育有助于推动时代发展。随着我国改革开放的进一步深入，社会主义市场经济体制不断完善，整个社会也变得更加自由开放。因此，只有切实培养包容意识，求同存异、和谐共处，才能与他人共享社会发展带来的一切成果，才能不断拓宽自己的视野，适应时代步伐，推动社会发展。

3. 加强大学生包容教育是促进大学生全面发展的有效途径

加强大学生包容教育有助于促进大学生的健康成长。大学生包容教育是通过引导学生实现理念内化，进而指导自身的行为。在面对过失学生时，教育者更要关心、原谅和理解他们。让每位学生都能体会到大学生活的快乐和教师的关爱，这对培养大学生的包容态度与健康心态具有一定的促进作用。加强大学生包容教育有助于培养大学生的创造力。对大学生进行包容教育，能改变教条主义和僵化思想，有助于营造包容的教育氛围，从而激发大学生自由化、个性化发展，多维度、多层次地培养塑造每位大学生，使他们更具青春活力，个性更加丰富多彩，真正实现中国大学教育的开放性思想与包容性理念。加强大学生包容教育有助于转变大学生的逆反心理。新时代大学生个性比较突出，喜欢独立处理个人事务，容易产生逆反心理。因此，对学生的过失行为要善于包容，设身处地地站在学生的角度去思考问题，尊重学生、理解学生、帮助学生。这样，才能积极有效转化学生的逆反心理，达到包容教育的目的。

（二）加强大学生包容教育的主要内容

1. 包容自己教育

常言道："金无足赤，人无完人。"我们每一个人都存在着不完美，而每一个人都希望能活成完美的样子。因为这个目标，我们不断地努力、进步，并在追求完美的过程当中，找到属于自己的快乐，而正是这样的过程，才让人生得以完美。很多人说，包容自己容易，包容别人较难。其实，包容自己并不容易。一个人如果连自己都不能包容，又怎能包容别人呢？只有包容自己，才能体会到生命不是活给别人看的。放下过去的包袱、压力，开始新的征程，就会发现生活的道路越走越宽。我们每个人都有不足，都可能犯错误，面对这种窘境，当然我们不能视而不见或拒绝承认，更不能否定自己和失去信心。一个人若真正热爱生活，就会积极地呵护自己的心灵健康，坦然面对自己的不足，接受真实的自己，放下内心的不快与固执，树立积极的人生观。诚然，包容自己绝不等于放任自流，更不是在失败时为自己找借口。包容自己，是要给自己喘息的机会，为下一次奋斗积蓄能量，从而获得更好的发展。因此，适当地包容自己的失败，总结过去的人生经验和教训，总结自己的问题和不足，这样才能不断地提升自己。生活中，如果你的梦想因为现实而受阻过，请走出心灵的枷锁，学会包容自己。当然，也不要去苛求别人，即使是你的亲人。包容自己，不是懦弱的表现，也不是逃避现实，而是一种生活的智慧。所以，当面对自己苦苦纠结的事时，不要过于苛求自己，可以适当放宽心胸。若能如此，你必将发现原来生活如此美好。

2. 包容他人教育

学会包容他人，也就是学会了包容自己。包容他人对自己有意无意的伤害，是让人钦佩的气概；包容他人曾经的过失，是对他人改过自新的最大鼓励；包容他人对自己的敌视仇恨，是人格至高的袒露。包容他人需要有容短之德。大学生要学会包容别人的不足之处，世界上没有一个十全十美的人，如果总是用挑剔的目光去看待别人，就会无限放大别人的缺点进而一叶障目不见泰山。大学生在与人交往中，要学会以律人之心律己、以恕己之心恕人，多看别人的长处，包容别人的缺点和不足。正所谓"看人长处，帮人难处，记人好处"。包容他人要有容异之德。世界上没有一对完全一样的树叶，我们也不能苛求别人处处和自己观点一致。音乐由七个音调组成，如果只有同一种声音，那注定无法弹奏出美妙的乐曲。大学生在处事当中要学会接纳别人的不一样，时时设身处地地从对方角度换位思考才能收获友谊，赢得宽松的人际交往空间。包容他人需要有容错之德。智者千虑，必有一失，是人就会难免犯错。不能因为他人犯了错误就全盘否定。能够包容别人的过失，包容众生的错误，是人生最大的财富。人生短暂，生命无常，同样是一辈子，有的人在不尽的愤恨和埋怨中挣扎着过，有的人在快乐幸福中沐浴着过。人生一世，我们不能使自己在琐事困扰中作茧自缚，更不能在无尽痛苦中度过。

3. 包容社会教育

马克思主义告诉我们，人的本质在其现实性上是一切社会关系的总和。人一产生就是社会关系中的人，没有脱离社会的人，也没有离开人的社会。大学生在社会关系中扮演着不同的角色，在父母面前为人子女，在师长面前为人弟子，在市场关系上又是一位消费者。在社会关系方面，我们要处处发扬包容精神，助力和谐社会建设。和谐社会的构建寄希望于青年，而大学生作为青年中最杰出的代表，是社会上备受关注的特殊群体，是新观念、新思想最先接收的前沿阵地。因此，大学生更要树立榜样引领社会发展。在处理人与社会关系上少一分抱怨，多一分宽容，少一些戾气，多一些理性，努力提高自身知识水平和思想道德水平，提高鉴别能力，自觉抵制不良思潮侵袭，尤其警惕西方自由主义和后现代主义对大学生的不利影响。

避免陷入"他人即地狱"的认识误区，同时努力做到廉洁自律，为营造风清气正的社会生态环境做出自己的努力。

4. 包容国家教育

党的十九大报告指出，"中国特色社会主义进入新时代，我国社会主要矛盾已经转化为人民日益增长的美好生活需要和不平衡不充分的发展之间的矛盾。""我国社会主要矛盾的变化，没有改变我们对我国社会主义所处历史阶段的判断，我国仍处于并将长期处于社会主义初级阶段的基本国情没有变，我国是世界最大发展中国家的国际地位没有变。"随着我国改革进入深水区，发展不平衡、不充分的一些突出问题尚未解决，社会矛盾和问题交织叠加，国家治理体系和治理能力有待加强。毋庸讳言，在探索伟大复兴的道路上，我们的国家也像任何人一样犯过这样或者那样的错误，存在这样那样的一些问题与不足，但这并不代表着我们国家没有希望，恰恰相反，正是在中国共产党的带领下，我们国家取得了举世公认的伟大成就。常言道："儿不嫌母丑，狗不嫌家贫。"作为新时代的大学生，要清醒认识到在实现现代化和中国梦的道路上，我们还有很长的路要走，不能因为国家或社会局部的不完美而抱怨国家，更不能轻信国内别有用心之人和西方反华势力的挑拨与煽动。

五、职业教育：做一个敬业奉献的人

职业教育是指让受教育者获得某种职业或生产劳动所需要的职业知识、技能和职业道德的教育。从字面上看，职业教育主要存在两种理解，一种是从教育的级别类型上看，是指我国高等教育中的高等职业教育；另一种是从教育的教学及其功能发挥上看，是指面向高等教育对象开展的以培养职业意识、规范职业行为、提升职业能力、适应社会需要为目的的，与职业和就业相关的教育教学活动。这里的职业教育主要是指后者。事实上，职业是社会分工的产物，其产生和发展与社会的经济发展水平密切相关。"尤其是职业教育可以说是距离事实最切近的教育。"这就决定了职业教育的内容必须反映社会和时代的要求，适应经济和社会发展需要。众所周知，职业教育的内容与社会经济发展紧密联系，是不断丰富和发展的。为了适应国家、社会对人才培养的要求，以及适应高等教育发展的需要，现阶段大学生职业教育的主要内容应当包括职业理想教育、职业生涯教育、就业指导教育和创新创业教育。

（一）加强大学生职业教育的重要意义

1. 加强大学生职业教育是适应国家人才战略发展需要的客观要求

2010年，中共中央、国务院印发了《国家中长期人才发展规划纲要（2010—2020）》（以下简称《纲要》），为我国人才发展提出了战略指引，也明确了一段时期以来人才发展的战略要求。作为我国第一个中长期人才发展规划，《纲要》指出，"加强人才培养，注重理想信念教育和职业道德建设，培育拼搏奉献、艰苦创业、诚实守信、团结协作精神，促进人的全面发展"，"鼓励和引导高校毕业生到农村和中小企业就业"，"着眼于解决基层特别是中西部地区基层人才匮乏问题，培养锻炼后备人才，积极引导和鼓励高校毕业生到基层创业就业"。高校是人才培养的主阵地。大学生职业教育作为高校教育体系中的一部分，通过职业理想教育可以端正大学生的职业理想和信念，使学生在职业过程中自觉克服困难和挫折，引导学生养成拼搏奉献、爱岗敬业的职业精神。通过就业指导教育，可以使学生形成正确的就业观和事业观，引导大学生脚踏实地，在基层和平凡的岗位上成就自己的事业。通过创新创业教育，可以使学生增强在基层创业的能力。同时，通过系统的职业生涯规划，可以使学生更好地了解自己的职业性格和能力，明确各阶段的职业目标，有利于实现"人尽其才、才尽其用"的职业教育目的。这些职业教育的手段和功能，都有助于高校人才培养目标的实现，发挥高校在国家人才战略中的应有作用。

2. 加强大学生职业教育是落实高校立德树人根本任务的客观要求

高校立身之本在于立德树人。办好我国高校，办出世界一流大学，必须牢牢抓住全面提高人才培养能力这个核心点，并以此来带动高校其他工作。可见，全面提升人才培养能力，是高校落实立德树人根本任务的重要抓手。长期以来，众多高校将人才培养的重心放在学生专业能力培养和提升上，专业教育和专业学科、师资、科研经费的投入占到人才培养经费投入的大部分。学生往往在就业时才开始关注就业信息，学校就业工作也以完成就业率为目标导向，从而忽视了学生职业能力的培养。这种局面的出现，一方面说明高校教育观念相对陈旧，另一方面也确实影响了高校人才培养的质量。"大学生职业教育注重个体职业生涯的终身发展"，注重顺应社会和时代需要，这些特征反映了职业教育中所包含的终身教育和与时俱进理念。同时，大学生职业教育"为学生实现个体和职业相适应提出了一系列方法和途径，有助于大学生在人才市场中提升自己的能力，为未来的职业生涯和成长奠定良好基础"。因此，在高校中加强职业教育，不仅将有利于高校转变传统陈旧的教育观念，推动高校内涵式发展，而且可以改变高校过去偏重专业教育、忽视职业能力培养的局面，切实提升高校人才培养能力，造就更多适应社会需要的合格人才。

3. 加强大学生职业教育是培养大学生职业素养和能力的客观要求

大学生职业教育效果的好坏，直接体现在学生能否顺利就业上。而一个大学生之所以会被录用，无外乎其内在的职业素养和外化的职业能力得到了用人单位的认可。大学生职业素养与个人道德品质直接关联，表现在职业领域中即职业道德。一个青年如果不修德或修不好德，就可能迷失奋斗目标和前进方向，就会不思进取、虚度年华，就会无所事事、碌碌无为，对学习和工作不感兴趣，对国家和社会漠不关心，碰到困难和挫折畏缩不前，碰到疑问困惑难以做出正确判断，为人不诚实，做事不扎实。因此，在大学生职业教育体系中，要加强理想信念教育、职业观教育和职业精神培养，帮助大学生修好职业道德，增强大学生整体职业素养，提升大学生职业竞争能力。同时，大学生的职业能力是未来胜任岗位要求的必备条件。这种能力首先是专业能力，要求求职者拥有扎实的理论基础、较强的创新能力以及较高的综合素质。在培养学生职业能力的过程中，专业教育和职业教育是相辅相成的，而职业教育应当注重可持续性。因此，从入学直至毕业，职业教育均应伴随专业教育同步进行。通过对大学生的职业教育，将有助于增强学生专业学习兴趣，激发学生自我管理和创新意识，最终提升学生未来的职业能力和水平。

（二）加强大学生职业教育的主要内容

1. 大学生职业理想教育

职业理想是人们对未来所期望从事职业的无限向往和美好追求，也是进行职业发展规划、职业技能学习和职业生涯奋斗的动力和前提。加强大学阶段的职业理想教育，有利于帮助大学生树立职业奋斗理想，有利于帮助大学生做出正确职业选择。"职业理想的作用，主要在于对人们求职、择业及就业准备影响。它对人的职业生涯起着指导和调节作用，一个人树立职业理想的过程，可以说是进行职业设计和职业选择的过程。"但是大学生的职业选择往往具有盲目性和功利性，由于对理想的职业缺少了解和规划，在职业选择中容易出现眼高手低、拈轻怕重的情况。职业理想教育则对大学生职业理想树立过程进行纠偏和导航。通过职业理想教育，可以纠正大学生短视的就业观念，引导大学生树立正确的择业观和价值观，做出最有利于个人职业发展和价值发挥的正确选择。面对高校立德树人的重任，职业理想教育的重要性也日趋凸显，需要从三个方面予以加强。第一，将社会主义核心价值观融入职业理想教育。社会主义核心价值观从国家、社会、个人三个层面进行了概括,是全社会共同遵守的价值准则。社会主义核心价值观中的"敬业"更是直接体现了职业教育的价值追求。以社会主义核心价值观引领职业理想教育,不仅可以保证职业理想的正确价值方向,而且可以培养大学生形成良好的职业素养,成为有家国情怀、有社会责任感、品德高尚的高素质职业人才。第二,在思想政治课程和课程思想政治中融入职业理想教育。思想政治课程是专门塑造大学生世界观、人生观和价值观的核心课程,借助思想政治教育,职业理想教育将更容易被学生理解和内化。"'课程思政'理念本质上是将知识传授与价值引领最大化的结合",在专业课程中进行职业教育则使得职业理想更加具体、生动,有助于职业理想教育取得实效性进展。第三,在职业实习体验过程中融入职业理想教育。职业实习体验可以使学生加深对职业的了解,感受职场的真实环境。在这个过程中,坚定的职业理想可以帮助学生正确看待实习压力和挑战,有助于他们克服实习中的各种困难和问题。同时,职场实习体验活动也可以帮助学生反思和检验个人的职业理想,进而调整和改变个人未来的职业选择。

2. 大学生职业生涯教育

现代意义上的职业教育作为舶来品,来源于美国。美国职业教育以职业生涯教育为基础,在传入中国后,职业生涯教育便也构成了我国职业教育的重要内容。大学生职业生涯教育关注学生的终身发展,内容包含职业生涯理念、自我探索、工作探索、生涯决策与规划实施等内容,以职业生涯规划课程和职业生涯咨询等形式,培养学生的职业生涯规划意识,引导学生加强自身的职业生涯规划。具体说来,职业生涯教育的开展,有利于大学生职业理想的养成,有助于大学生学业生涯的成就,有助于明确未来职业发展方向。面对新的形势和要求,"大学生职业(生涯)教育的任务不仅应培养学生的职业生涯意识,培养学生的生涯规划思维,而且应当培养学生的生涯能力,使学生能够进行正确的自我认知和自我教育。"为此,加强新形势下大学生职业生涯教育,可以从以下三个方面来尝试。第一,课程前置,在始业教育中融入职业生涯教育。与就业创业等教育内容可以放在高年级开展不同,职业生涯规划教育的性质和目的决定了其在新生入学时就该展开,甚至可以在寄送录取通知书开始就将职业生涯的相关材料寄送给学生,以便学生及早学习,为自己未来的学业和职业生涯做好准备。第二,以赛促学,加强大学生职业生涯的实践锻炼。生涯教育具有很强的实践性。没有行动,再好的设想也是空想。大学生生涯规划能力的提升,需要学生在学好职业生涯课程的基础上,通过参加生涯规划大赛、接受生涯辅导咨询，以及参加各类生涯工作坊等形式在实践中提升。第三，点面结合，结合学生个性需求做好针对性教育。职业生涯规划与就业、创业指导相似，每个人的需求都可能是不同的，这也是与价值观教育的区别所在。职业生涯规划课程应具有开放性，学生兴趣、性格、生涯决策、解析等均应尽可能给予针对性指导，并结合职业生涯咨询活动帮助学生做好职业生涯规划。

3. 大学生就业指导教育

就业是民生之本。高校人才培养的最终归宿和落脚点是培养出合格的人才，"毕业生找不到工作、无法融入社会，大学生的个人价值体现和理想、抱负的实现便会成为空谈，社会目标更是无从谈起。"因此，早在20世纪90年代，高校就已经开始重视就业指导工作。早期的就业指导，性质上实为就业指导服务，并不是系统的就业指导教育。随着对就业指导重要性认识的深入，高校纷纷开设了就业指导课程，很多高校有了就业指导课，组织编写了就业指导专用教材，并且建立起了就业指导中心和就业信息网，为大学生就业提供了更大的支持。但是随着就业形势的复杂变化，就业指导工作的压力仍然很大，在就业指导理念、方式和工作开展上仍有较大的提升空间。当前，做好新形势下大学生就业指导教育，可以从三方面来入手。第一，要加强大学生就业观和事业观教育。大学生在求职过程中的就业观念是制约高校就业工作成效的关键因素。大学生就业观念不调整，再好的就业政策和措施也无法发挥作用。因此，就业指导教育的首要目标就是增强大学生的就业自主意识，帮助大学生树立正确的就业观和事业观，引导学生脚踏实地，勇于从基层一线做起。第二，要构建就业信息和资源整合平台。高校要转变观念，充分利用微信公众号、短视频、直播等形式，以学生喜闻乐见的形式发布就业信息。高校要改变被动等待用人单位前来招聘的做法，积极主动与用人单位保持联系，与政府、企业及其他高校合作，搭建各类线上、线下招聘平台，让大学生在求职应聘中锻炼就业能力。第三，要发挥就业课程和咨询的双重作用。现有就业指导的课程体系缺乏系统性和完整性。高校应当对就业指导教育准确定位，改变只对毕业班学生进行就业教育的惯例，针对不同年级设置不同的就业指导课程。教材内容要贴近实际，增加模拟求职等实践环节。在此基础上，高校要为学生提供就业指导咨询服务，由就业指导老师为有需要的学生提供职业生涯探索和职业发展方面的帮助。

4. 大学生创新创业教育

自2014年李克强总理在夏季达沃斯论坛上发出"大众创业、万众创新"的号召以来，国家大力推进体制机制改革步伐，消除阻碍创新创业的束缚和桎梏，在全社会营造创新创业的浓厚氛围，创新创业已经成为破解就业难题、推动经济转型和促进经济发展的强大动力。经过几年的探索实践，以创新引领创业、创业需要创新已日益成为全社会的共识。创新创业对高校也产生了巨大影响，一方面，高校中在校大学生和毕业后选择创业的大学生逐渐增多，依托科技创新、互联网技术来进行创业的大学生比例很高，同时受制于资金、技术等原因，创业大学生对于获得专业指导和学校政策支持的需求日益强烈。另一方面，新形势下高校如何满足国家对创新型人才的需求，有效回应大学生的创业热情和社会期待，需要高校深刻领会创新创业的本质特征和思想内涵，尽快转变教育思维、狠抓政策落实、促进创新创业教育更好地在高校落地开展。高校加强大学生创新创业教育，可以从三方面着手努力。第一，要加快完善学校创新创业教育体系。高校要加强创新创业教育的顶层设计，成立创业中心，组建专兼职师资队伍，做好创新创业课程的总体设计，落实创新创业所需的人员、场地和各项配套保障。第二，要做好创新创业具体课程教学设置。创业中心和教务处要做好创新创业课程建设，面向全校大学生开展创新创业普及教育。课程内容要着重加强创新创业价值观教育和创业意识培养，以及企业注册、融资租赁、经营管理等具体创业知识的讲解。人事等部门要通过校内培训、校外招聘等形式做好创新创业理论课教师队伍的组建工作。第三，要加强学校创新创业实践平台搭建。高校要充分利用实验室、科研中心等为学生提供科研成果转化的实践平台，设立创业园区和项目孵化基地。在此基础上，创业中心可以聘任专业型、专家型的创业导师队伍，帮助创业队伍搭建跨学科的个性化导师团队，并举办各类创新创业比赛，组织参加国家和省级"互联网＋"等创新创业大赛，真正增强大学生的创新创业能力。

六、法纪教育：做一个心存敬畏的人

法纪教育的概念包括两方面内容：法制教育和纪律教育。法的本意是法律、法令，是由国家制定或认可，以权利义务为主要内容，由国家强制力保证实施的社会行为规范及其相应的规范性文件的总称。"法纪"一词中的"纪"指纪律，意指为维护集体利益并保证工作顺利进行而共同遵守的规则。日常生活中，法律常与纪律、规则相互伴行，作为人的行事准则与约束。大学生法纪教育是大学生思想政治教育的重要内容之一，它是由高等院校对在校大学生进行有计划、有组织、有目的的法制教育和校规校纪教育的社会实践活动，目的是让受教育学生心存敬畏、行有所止，达到知纪知法、懂纪懂法的认知目标和守纪守法、用纪用法、护纪护法的行为目标。大学生是青年群体的优秀代表，是我国社会主义事业的建设者和接班人，承担着实现伟大梦想的神圣职责和历史使命。加强大学生法纪教育，对于促进大学生成长发展、推进和谐校园建设和实现国家长治久安都有十分重要的意义。

（一）加强大学生法纪教育的重要意义

1. 加强大学生法纪教育是大学生成长发展的根本保障

人的行为受思想支配，思想观念的形成离不开一定的法纪教育和道德规范。法纪是国家、社会团体的立场与原则，是处于某个社会群体应共同遵守的行为准则，是非不明就会出现行为偏差，因此法纪教育的基础应注重培养大学生的是非观念。良好的法纪意识有助于大学生发挥高校教育中的主体地位，充分发挥主观能动性和创造力。目前，大学生上当受骗事件时有发生，甚至有的大学生漠视法律犯下杀人、盗窃、诈骗等恶性案件，严重影响大学生的健康成长和全面发展。加强大学生法纪教育，有利于提升大学生的法纪素养，树立正确价值取向，明确是非善恶观念，增强个人防范意识，做到遵规守纪护法，保障大学生健康成长、全面成才和走向成功。

2. 加强大学生法纪教育是和谐校园建设的现实基础

大学校园是学生追求先进知识、提高综合素养、结交志同道合的朋友，为未来的职业发展做准备的地方，而学业压力、经济问题、情感困惑、人际关系处理不当，抑或是沉迷网络都会成为违纪违法的诱发因素。大学生法纪教育的主要内容包括法制教育、校纪校规教育以及安全教育等方面的内容。加强大学生法纪教育，有利于将法纪宣传融入大学生日常思想教育和校园文化活动，强化法纪教育教学，促进依法治校、推进网络阵地建设和优化校园周边环境，从而有力促进和谐校园建设，保障学校教育教学管理井然有序，使校园呈现人际关系和谐、学术思想活跃、校园文化繁荣、环境整洁优美的良好校风校貌。

3. 加强大学生法纪教育是国家长治久安的必然要求

教育文化事业的发展，与整个国家社会的精神文明和物质文明程度呈正相关。大学生法纪教育有助于促进我国科学技术的进步，指导人们基于对自然和人类社会进行观察和分析得到高度凝练的客观规律。社会主义法纪观念是整个社会主义思想体系的有机组成部分，是社会主义精神文明建设的基本要求之一。青年兴则国家兴，青年强则国家强，青年一代有理想、有本领、有担当，国家就有前途，民族就有希望。大学生是祖国的未来和民族的希望，是建设中国特色社会主义的重要力量。加强大学生法纪教育，既是深化依法治国实践的根本需要，也是实现国家长治久安的必然要求。

（二）加强大学生法纪教育的主要内容

1. 法治价值观教育

法纪教育只有建立在价值认同的基础之上，人们才会自觉自愿地遵守。自发性的遵从依赖，也是法纪教育焕发出的最深厚、最持久的力量。在日常生活中，存在着许多人不知道自己已经突破了法律底线而犯罪的现象，这是思想的局限性和没有树立正确的法制观造成的。因此，要让大学生树立一个正确的法治价值观，让法律成为学生今后处事的衡量标准。一要培养大学生的法制观念，法制观念是通过了解法律在自身心理产生的客观意识，是一个具有法律规范性特点的观念，能让人在社会中形成自觉的意识体系。二要培养学生的权益意识，大学生在学习过程中能够正确地处理自己和他人之间的关系，处理自身利益与公共利益的关系。三要培养大学生的程序意识，程序意识的培养能够使大学生遵循法定的程序正确地走在前进的道路上。

2. 公民意识养成教育

法律的执行对象就是行为，法治行为是实现法治目的的主要立足点，而法律意识就是支撑行为发生的依据，社会的正常关系很大部分都是依靠法律维系的，是对社会利益分割的保障，法律已经成为衡量事物正确与否的标准。这整个体系是需要行为去实现的，要将对大学生的法制教育作为重要切入点，从理论和实践两个方面对学生进行法制教育，让学生充分了解法律的概念，使其逐渐形成法律意识，在今后的社会生活中也能正确运用法律武器来维护自己的权益，履行公民义务，杜绝一切违犯法律的行为。

3. 法律知识和法理结合教育

大学生应当及时了解我国的基本法律法规，正当维护自己的权益，以自己在学校中遵守校纪校规的经验去遵守国家的法律法规。法制教育人人皆知，但能够正确认识法律的人寥寥无几，有效地将法律知识和法理相结合对学生进行教育是一种极好的教学方式。法律知识对公民具有重要的意义，是衡量公民法律素质高低的标准，充分掌握法律知识能够增强公民的法律意识。因此，要对大学生普及法律知识，进行法制教育，达到增强大学生法律知识、提升大学生法律素质的目的，尤其要向大学生传授马克思主义关于法学的知识，让学生了解其基本理论观点，然后向学生传播国家的宪法等基本法律知识以增强学生的法律意识，让学生能够将这些知识运用到日常学习生活工作中去。

七、爱国教育：做一个精忠报国的人

所谓爱国教育，是"爱国主义教育"的简称，是指树立热爱祖国并为之献身的思想教育。爱国主义教育是思想政治教育的重要内容。爱国主义是一面具有最大号召力的旗帜，是中华民族的优良传统。2019年11月，中共中央、国务院印发了《新时代爱国主义教育实施纲要》，对新时代爱国主义教育进行了全新的战略谋划，作出了全面的部署安排，这是新时代爱国主义教育的纲领性文件。《新时代爱国主义教育实施纲要》中明确提出，爱国主义是中华民族的民族心、民族魂，是中华民族最重要的精神财富，是中国人民和中华民族维护民族独立和民族尊严的强大精神动力。爱国主义精神深深植根于中华民族心中，维系着中华大地上各个民族的团结统一，激励着一代又一代中华儿女为祖国发展繁荣而自强不息、不懈奋斗。爱国主义教育必须坚持把实现中华民族伟大复兴的中国梦作为鲜明主题，要把青少年作为爱国主义教育的重中之重。大学生是青少年中的重要组成部分，他们综合素质的高低决定了我们中国特色社会主义事业的未来。作为高校思想政治教育永恒的主题，加强和改进大学生爱国主义教育，既是加强大学生文明修身教育的重要内容，也是提高大学生思想道德素养的有效途径，对于振奋民族精神、凝聚全民族力量，实现中华民族伟大复兴的中国梦，具有重大而深远的意义。

（一）加强大学生爱国教育的重要意义

1. 加强大学生爱国教育有利于增进对党和国家的认识

开展大学生爱国主义教育，可以促使大学生对于中华民族的灿烂文化、悠久历史和在世界文明发展史上所发挥的作用有更深入的了解。中国是五千年文明古国，有着悠久的历史和文化传统，大学生通过对国家历史进行系统的了解，可以将历史的时间脉络串联，使得对国家的认识更为全面和深厚，从而培育大学生对优秀传统文化的认同感，将传统文化价值根植于大学生心中；当西方思潮不断渗透或者面对复杂的国际形势冲突时，通过清楚认知西方国家与我国的历史渊源，可以激发大学生立志为国的抱负，自觉抵制不良文化。开展大学生爱国主义教育，可以加强大学生对中国共产党的了解与认同。中国共产党是爱国主义精神最坚定的弘扬者和实践者,百年来,中国共产党团结带领全国各族人民进行的革命、建设、改革实践是爱国主义的伟大实践,写下了中华民族爱国主义精神的辉煌篇章。大学生是国家的未来、民族的希望,通过爱国主义教育,可以"使他们明白 100 年前水深火热的中国是由于中国共产党的诞生才造就了革命的新面貌,70 年前是由于中国共产党的带领才使中国人民当家做主人,40 年前是由于中国共产党的带领才使中国人民群众过上衣食无忧的幸福日子;使他们明白只有中国共产党才能够带领中国人民用 60 年的时间从积贫积弱到世界第二,用 40 年的时间从不足温饱到全面小康";帮助他们清楚地了解和认知社会主义制度的优越性,成为自觉拥护中国共产党的好公民。2020 年爆发的全球新冠肺炎疫情,就是一次生动的爱国主义教育。全国人民抗击疫情的过程就是国民素质的一次全面综合检验和演习,在这次演习中,我们比出了自信、比出了优势、比出了坚定,再一次向全世界印证了中华民族的伟大、中国共产党的伟大、中国特色社会主义制度的优越。毋庸置疑,国家的命运和党的命运、社会主义的命运是密不可分的。只有坚持爱国和爱党、爱社会主义相统一,爱国主义才是鲜活的、真实的,这是当代中国爱国主义精神最重要的体现。新时代爱国主义的本质就是坚持爱国和爱党、爱社会主义高度统一。

2. 加强大学生爱国教育有利于国家社会和平稳定地发展

开展大学生爱国主义教育,可以维护国家和社会的稳定。爱国主义教育是当前全面建成小康社会、构建社会主义和谐社会的思想根基,是中华民族伟大复兴的力量源泉,为建设社会主义和谐社会提供价值追求和文化认知,是中华民族凝聚力的精神支柱。大学生通过在校期间的理论学习,可以坚定政治立场,提高思想觉悟,增强识别和抵制各种错误思潮的能力,做到始终与广大人民群众凝聚在一起,维护国家和社会稳定。开展大学生爱国主义教育,可以促进国家、社会的进步和发展。青年兴则国家兴,青年强则国家强。当今中国已经迅速发展成为世界第二大经济体,世界第一大出口国和第二大进口国,成为拉动全球经济增长的最重要引擎。人类命运共同体的提出,使得中国智慧启示全世界,中国方案推动全世界,中国贡献繁荣全世界。随着我国综合国力和国际地位的不断提升,中国前所未有地走进世界舞台中央,在国际上的影响力越来越大,成为推动世界和平发展的参与者、建设者和引领者。"每个大学生都应该热爱自己的国家,因为国家的稳定团结和强大是我们存在在这个社会上的一个重要条件,没有什么比一个强大的祖国更让人骄傲和自豪的了。"高校加强大学生爱国主义教育,可以使大学生认识到个人的成长与祖国的培养密不可分。大学生作为祖国未来建设的主力军，他们肩负着重要的历史使命，只有坚定地走中国特色社会主义道路，才能明确在新的历史起点上所肩负的任务和使命。所以，每个大学生都要适应时代发展的要求，树立报效祖国、为社会主义建设贡献力量的信念，增强振兴中华的责任感和使命感，为促进国家和社会进步发展做出应有的贡献。

3. 加强大学生爱国教育有利于大学生成长成才

开展大学生爱国主义教育，有利于帮助他们树立理想信念，塑造健全的人格。2018年全国教育大会强调，要在厚植爱国主义情怀上下功夫，让爱国主义精神在学生心中牢牢扎根，教育引导学生热爱和拥护中国共产党，立志听党话、跟党走，立志扎根人民、奉献国家。爱国主义教育可以帮助大学生树立正确的世界观、人生观和价值观，激发他们报效祖国的热情，积极主动地投入到祖国的建设发展当中去，实现个人的全面发展。开展大学生爱国主义教育，可以为大学生实现自身价值提供源源不断的精神力量。爱国主义作为一种巨大的精神力量，在中华民族发展的各个阶段，激励着中华儿女为实现中国梦而不懈努力和奋斗。加强大学生爱国主义教育，有利于大学生把自己的个人理想同祖国的前途命运联系在一起，最终引领他们成为有理想、有本领、有担当的时代新人。

（二）加强大学生爱国教育的主要内容

1. 深入开展新时代中国特色社会主义和中国梦教育

坚持用习近平新时代中国特色社会主义思想武装教育大学生。习近平新时代中国特色社会主义思想是马克思主义中国化的最新成果，是党和人民实践经验和集体智慧的结晶，是中国特色社会主义理论体系的重要组成部分，是全党全国人民为实现中华民族伟大复兴而奋斗的行动指南，必须长期坚持并不断发展。要深刻理解习近平新时代中国特色社会主义思想的核心要义、精神实质、丰富内涵、实践要求，不断增强大学生的政治意识、大局意识、核心意识、看齐意识，坚决维护习近平总书记党中央的核心地位、全党的核心地位，坚决维护党中央权威和集中统一领导。要紧密结合大学生学习生活工作实际，推动习近平新时代中国特色社会主义思想进校园、进社团、进网络，真正使党的创新理论落地生根、开花结果。要在知行合一、学以致用上下功夫，引导大学生坚持以习近平新时代中国特色社会主义思想为指导，展现新气象、激发新作为，把学习教育成果转化为爱国报国的实际行动。深入开展中国特色社会主义和中国梦教育。中国特色社会主义集中体现着国家、民族、人民的根本利益。要高举中国特色社会主义伟大旗帜，广泛开展理想信念教育，用党领导人民进行伟大社会革命的成果说话，用改革开放以来社会主义现代化建设的伟大成就说话，用新时代坚持和发展中国特色社会主义的生动实践说话，用中国特色社会主义制度的优势说话，在历史与现实、国际与国内的对比中，引导大学生深刻认识中国共产党为什么"能"、马克思主义为什么"行"、中国特色社会主义为什么"好"，牢记红色政权是从哪里来的、新中国是怎么建立起来的，倍加珍惜我们党开创的中国特色社会主义，不断增强道路自信、理论自信、制度自信、文化自信。要深入开展中国梦教育，引导大学生深刻认识中国梦是国家的梦、民族的梦，也是每个中国人的梦，深刻认识中华民族伟大复兴绝不是轻轻松松、敲锣打鼓就能实现的，要付出更为艰巨、更为艰苦的努力，争做新时代的奋斗者、追梦人。

2. 深入开展国情教育和形势政策教育

要深入开展国情教育，帮助大学生了解我国发展新的历史方位、社会主要矛盾的变化，引导大学生深刻认识到，我国仍处于并将长期处于社会主义初级阶段的基本国情没有变，我国是世界上最大的发展中国家的国际地位没有变，始终准确把握基本国情，既不落后于时代，也不脱离实际、超越阶段。要深入开展形势政策教育，帮助大学生树立正确的历史观、大局观、角色观，了解世界正经历百年未有之大变局，我国仍处于发展的重要战略机遇期，引导大学生清醒认识国际国内形势发展变化，做好我们自己的事情。要发扬斗争精神，增强斗争本领，引导大学生充分认识伟大斗争的长期性、复杂性、艰巨性，敢于直面风险挑战，以坚忍不拔的意志和无私无畏的勇气战胜前进道路上的一切艰难险阻，在进行伟大斗争中更好弘扬爱国主义精神。大力弘扬民族精神和时代精神。以爱国主义为核心的民族精神和以改革创新为核心的时代精神，是凝心聚力的兴国之魂、强国之魂。要聚焦培养担当民族复兴大任的时代新人，培育和践行社会主义核心价值观，广泛开展爱国主义、集体主义、社会主义教育，提高大学生的思想觉悟、道德水准和文明素养。要唱响人民赞歌、展现人民风貌，大力弘扬中国人民在长期奋斗中形成的伟大创造精神、伟大奋斗精神、伟大团结精神、伟大梦想精神，生动展示人民群众在新时代的新实践、新业绩、新作为。

3. 广泛开展党史、国史、改革开放史教育和中华优秀传统文化教育

历史是最好的教科书，也是最好的清醒剂。要结合中华民族从站起来、富起来到强起来的伟大飞跃，引导大学生深刻认识历史和人民选择中国共产党、选择马克思主义、选择社会主义道路、选择改革开放的历史必然性，深刻认识我们国家和民族从哪里来、到哪里去，坚决反对历史虚无主义。要继承革命传统，弘扬革命精神，传承红色基因，结合新的时代特点赋予新的内涵，使之转化为激励人民群众进行伟大斗争的强大动力。要加强改革开放教育，引导大学生深刻认识改革开放是党和人民大踏步赶上时代的重要法宝，是坚持和发展中国特色社会主义的必由之路，是决定当代中国命运的关键一招，也是决定实现"两个一百年"奋斗目标、实现中华民族伟大复兴的关键一招，凝聚起将改革开放进行到底的强大力量。传承和弘扬中华优秀传统文化。对祖国悠久历史、深厚文化的理解和接受，是爱国主义情感培育和发展的重要条件。要引导大学生了解中华民族的悠久历史和灿烂文化，从历史中汲取营养和智慧，自觉延续文化基因，增强民族自尊心、自信心和自豪感。要坚持古为今用、推陈出新，不忘本来、辩证取舍，深入实施中华优秀传统文化传承发展工程，推动中华文化创造性转化、创新性发展。要坚守正道、弘扬大道，反对文化虚无主义，引导大学生树立和坚持正确的历史观、民族观、国家观、文化观，不断增强中华民族的归属感、认同感、尊严感、荣誉感。

4. 强化祖国统一和民族团结进步教育、国家安全教育和国防教育

实现祖国统一、维护民族团结，是中华民族的不懈追求。要加强祖国统一教育，深刻揭示维护国家主权和领土完整、实现祖国完全统一是大势所趋、大义所在、民心所向，增进大学生心灵契合、互信认同，与分裂祖国的言行开展坚决斗争，引导大学生为实现民族伟大复兴、推进祖国和平统一而共同奋斗。深化民族团结进步教育，铸牢中华民族共同体意识，加强各民族交往交流交融，引导大学生牢固树立"三个离不开"思想，不断增强"五个认同"，使各民族同呼吸、共命运、心连心的光荣传统代代相传。国家安全是安邦定国的重要基石。要加强国家安全教育，深入学习宣传总体国家安全观，增强大学生国家安全意识，自觉维护政治安全、国土安全、经济安全、社会安全、网络安全和外部安全。要加强国防教育，增强大学生国防观念，使关心国防、热爱国防、建设国防、保卫国防成为思想共识和自觉行动。要深入开展增强忧患意识、防范化解重大风险的宣传教育，引导大学生强化风险意识，科学辨识风险、有效应对风险，做到居安思危、防患于未然。

八、廉洁教育：做一个严于律己的人

廉洁教育是指通过对公民进行廉洁方面的教育，来营造廉洁奉公、诚信守法的社会氛围，以达到规范和约束个体行为的目的。廉洁教育，既是廉政文化建设的重要内容，也是新时代大学生思想政治教育的重要组成部分。《教育部关于在大中小学全面开展廉洁教育的意见》中明确指出，"大学阶段廉洁教育的目标和主要内容是：以社会主义核心价值体系为引领和主导，加强法制和诚信教育，加强社会公德、职业道德和家庭美德教育，组织学习党和国家关于党风廉政建设和反腐败方面的方针政策、法律法规等，引导大学生树立报效祖国、服务人民的信念，不断提高大学生的道德自律意识，增强拒腐防变的良好心理品质，逐步形成廉洁自律、爱岗敬业的职业观念。"党的十八大报告强调，要加强反腐倡廉教育和廉政文化建设。大学是培养人才、传承文明、建设先进文化的重要基地，担负着培养社会主义合格建设者和可靠接班人的重任。在大学全面开展廉洁教育，是面向全社会开展反腐倡廉教育的重要组成部分，是加强青少年思想道德教育的必然要求。

（一）加强大学生廉洁教育的重要意义

1. 加强大学生廉洁教育是顺应时代发展的需要

大学生思想状况的主流是积极健康向上的，但仍然面临着市场经济条件下歪曲价值观的冲击，以及社会上一些腐败文化和负面信息的侵蚀，存在理想信念模糊、价值取向扭曲甚至心态失衡等问题。例如，少数学生在竞选学生干部过程中通过贿赂等形式进行拉票，有的学生热衷于"找关系""走后门"，妄图通过非正常渠道在评优评先中占得先机。诸如此类的现象，说明社会上的不正之风已严重影响大学校园，侵蚀着青年学子的纯洁心灵。因此，在大学生中开展有针对性的廉洁教育，使他们踏入社会前树立贪耻廉荣、崇廉尚廉的意识，是新的历史条件下加强大学生思想政治教育的迫切需要。

2. 加强大学生廉洁教育是培育后备人才的需要

高校作为培育高素质人才的摇篮，必须担负起为党、国家和社会输送优秀后备力量的重要责任。高校培养的人才，不但应具有丰富的知识储备和扎实的技术水平，还应具有正确的思想观念和高尚的道德情操，而廉洁自律是道德高尚的题中应有之义。高校应注重加强包括廉洁教育在内的思想道德教育，将爱国主义、集体主义、奉献精神、服务意识、廉洁奉公等优良品质溶于大学生的血液之中，引导大学生与时代同步伐、与祖国共命运、与人民齐奋斗，确保中国特色社会主义事业后继有人。

3. 加强大学生廉洁教育是推进廉政建设的需要

廉洁教育可谓是廉政建设的基础工程，通过廉洁教育，可以帮助人们筑牢思想防线，增强廉洁从政的自觉性。今天的大学生是未来国家公职人员的主要后备力量，他们的思想意识和价值观念直接影响未来的行为模式。新加坡、芬兰、日本等一些公认的在反腐领域取得卓越成效的国家的实践经验表明，廉洁教育必须从小抓起，从青少年抓起。加强大学生廉洁教育，就如同提前接种"防腐疫苗"，服用"廉洁维生素"，使他们逐步养成廉洁自律的良好品质，为今后步入社会能经受住金钱、地位、权力和各种腐朽思想的诱惑奠定良好的思想基础。

（二）加强大学生廉洁教育的主要内容

1. "明大德"教育

国无德不威，明大德是根基。所谓"大德"，指的就是社会主义核心价值观。核心价值观，其实就是一种德，既是个人的德，也是一种大德，就是国家的德、社会的德。道德是社会的底色，是时代的命脉，是民族的灵魂，也是国富民强的精神坐标。源远流长的经典文化是道德丰厚的底蕴资源，中国人历来重视道义与责任，倡导和谐与共赢，"富强、民主、文明、和谐"的大德则是优秀传统的延续，同时对现实发出了理想的呼唤。国之大德，高屋建瓴，磅礴大气，点燃着公民的道德热情，提升着民众的凝聚力，更创设了风清气正的社会环境，为实现伟大复兴的中国梦提供精神支撑。因此，在大学生中开展"明大德"教育，就必须立足于大学生价值观的现实表征和中国特色社会主义的客观需要，准确定位大学生社会主义核心价值观教育的目标，这样才能切实增强高校社会主义核心价值体系教育的针对性和实效性。特别要加强大学生的马克思主义理论教育，提高大学生的理论素养，使大学生能够运用马克思主义中国化的最新成果和科学理论认识党和国家发展全局中的重大问题，并能对现实生活中最需要解决的实际问题做出科学的、有说服力的解释和说明，从而更好地抵制各种腐朽思想的侵蚀，清除拜金主义、享乐主义和极端个人主义的影响，在理论上指导自己廉洁自律。

2. "守公德"教育

业无德不兴，守公德是源泉。社会公德是人们在社会交往和公共生活中应该遵守的行为准则，是维护公共利益、公共秩序、社会和谐稳定的起码的道德要求，涵盖了人与人、人与社会、人与自然之间的关系。喧嚣社会，茫茫尘世，每个人都以独立的个体存在着，同时又融入时代的洪流之中，社会坚守"自由、平等、公正、法治"的公德，与公民的日常行为息息相关。诚然，社会公德是社会整体的成长秩序，这与每个人的心灵秩序紧密相连。不可否认，当前社会上还存在着一些大大小小的有悖于社会公德的现象问题，也正因此，才要不断加强社会公德建设，建立健全社会管理制度，用制度来管人管事管权。要积极发挥社会制度扶正去邪、惩恶扬善的作用，增强大学生的公民责任意识、规矩意识，引导大学生正确处理个人利益与集体利益、国家利益的关系，促进大学生争做一个自觉学法知法、做到懂法守法、积极用法护法的遵规守矩的公民。

3. "严私德"教育

人无德不立，严私德是关键。"君子以顺德，积小以高大。"莫见乎隐，莫显乎微，最平凡、最细微的言行最能看出一个人的品德。由此看来，以"爱国、敬业、诚信、友善"为价值追求，是自我实现的道德前提。古代圣人孔子曾提倡"克己复礼为仁"，"克己"即自我进行道德修养，"复礼"即建立社会规则以制约人身上的"兽性"，最后达到"仁"的最佳境界。大德善行，一切从心。崇德向善，凡人也可践行，且隐含于日常言行举止之中。正是如此，无数民众的道德水准，夯实社会的道德根基，筑起高耸的道德大厦。私德主要体现于职业道德和家庭美德。职业道德是同人们的职业活动紧密联系的符合职业特点所要求的道德准则、道德情操与道德品质的总和。它既是对本职人员的行为标准和要求，又是对社会所负的道德责任与义务。任何一个行业的职业道德状况，都是社会风气的"晴雨表"，不仅反映着本行业的自身形象和整体素质，而且对社会风气的改善与否有着巨大的辐射影响。为此，要积极倡导爱国、敬业、诚信、友善的价值准则，发挥职业道德塑造作用，激励大学生不断坚定职业理想、塑造职业道德、提升职业素养，在平凡的岗位上创造出不平凡的业绩，做一个平凡而不平庸的人。家庭美德是人们在家庭生活中调整家庭成员之间关系、处理家庭问题时所遵循的高尚的道德规范。家庭是人生的第一所学校，家长是孩子的第一任老师。不论时代发生多大变化，不论生活格局发生多大变化，我们都要重视家庭建设，注重家庭、注重家教、注重家风，发扬光大中华民族传统家庭美德。所以，要优化家庭环境，强化家风家教，引导家长科学教子、以身示范、以德育人，使子女养成良好的行为习惯，帮助他们扣好人生的第一粒扣子，让他们学会做人、学会做事、学会生活。

九、责任教育：做一个敢于担当的人

党的十九大郑重宣告，中国特色社会主义进入了新时代。这个新时代具有鲜明的时代性，是中国人民追求美好生活的新时代，是中华民族实现伟大复兴的新时代。党的十九大报告指出:"青年兴则国家兴,青年强则国家强。青年一代有理想、有本领、有担当,国家就有前途,民族就有希望。中国梦是历史的、现实的,也是未来的;是我们这一代的,更是青年一代的。中华民族伟大复兴的中国梦终将在一代代青年的接力奋斗中变为现实。"大学生作为广大青年中最活跃、最重要的群体,肩负着为实现中华民族伟大复兴的中国梦而不懈奋斗的使命与责任。大学生要学会对自己负责,对亲人负责,对周围的人和更多的人负责,进而对民族、祖国、社会和人类负责,做一个有价值、负责任的人。责任是道德的基础和根本。责任是社会主导价值观念、国家法律法规、一般行为规范以观念的形式植入社会成员的深层心理结构并在其影响下形成的一种积极的行为态度。所谓大学生责任教育,就是高校以大学生为教育对象,有目的、有计划开展的一系列教育活动,是通过树立责任意识、培养责任情感、增强文化认同,进而转化为承担责任的实践教育。从教育内容上看,包括责任认知教育、情感培养、行为塑造与文化熏陶。当今世界,正在经历百年未有之大变局。社会转型,多元文化碰撞加剧,个人与他人、与国家的关系都在发生深刻的改变,传统的责任意识和思想观念均遭受冲击,对高校开展大学生责任教育既提出了新的挑战,也蕴藏着新的机遇。总体上,新时代大学生责任感进一步增强,但仍存在大学生社会责任感"知行不一"的现象,网络责任感、学校责任感、生命责任感和政治责任感尤为明显。高校在大学生责任教育上仍存在三大突出问题,即"知易行难"较为普遍、"性私论"影响严重、马克思主义世界观教育不足。原因主要是高校责任教育内容滞后、缺乏系统性、缺少社会土壤等。因此,加强与改进新形势下大学生责任教育,明确教育目标,探索教育理论,丰富教育载体,拓展教育途径,完善教育体系,具有重要意义。

(一)加强大学生责任教育的重要意义

1. 加强大学生责任教育是个人成长成才的应有之义

新时代大学生正处于中国特色社会主义的建设发展期,是中华民族伟大复兴的见证者,更是奋斗者、参与者、生力军。实现中国梦的30年,正是新时代大学生年富力强、活力充沛、奋发有为的30年。中国梦,是国家梦、民族梦,更是大学生的成长成才之梦。这个奋斗者的新时代,需要不负韶华、对己负责的人生态度,幸福的人生都是奋斗出来的。有无责任感是大学生是否实现全面发展的重要指标和条件,有了强烈的责任感,才能厚德有境界、学习有动力、锻炼有意志、审美有品位;缺乏责任感,全面发展便无从谈起。大学生正处于青少年向成人的过渡时期,身心不断发展成熟，也充满了他人依赖与个人独立之间的矛盾。大学生面临的问题不再只有学业、交友等，还有经济独立、成家立业等生活压力。这些都在催化大学生的责任意识。从对自己出发，向外扩展到对他人负责、对家庭负责，进而对社会、对国家，甚至对世界负起应有的责任。马克思说，人在本质上是一切社会关系的总和。这就意味人之所以为人，一方面要面对社会的责任要求，另一方面要通过承担责任，完善与社会和他人的关系，使之成为人。马斯洛"需求层次"理论中，将人的自我实现作为最高需求。大学生追求个人发展，成为适应社会发展的有用之人，才能实现自我价值。一个人如果不能对自己、对家庭负责，很难指望他担负起社会责任。若大学生对社会、对国家缺乏责任感，就会出现能力越大、危害越大的情况，更不可能取得令人称道的成就。

2. 加强大学生责任教育是深化与改革思想政治教育的内在要求

个人的发展离不开教育。按教育主体分，可以分为自我教育、家庭教育、学校教育、社会教育等。在不同的教育层次中，高等教育阶段是承接学生与社会人的过渡期，是个人完成社会化的关键期，因此备受国家与社会的关注。高等教育的根本目标是立德树人，高校工作的生命线是思想政治工作，重中之重是思想政治教育工作。责任教育是高校德育的重要组成部分。从一定意义上讲，道德教育实际上就是责任教育，就是教人负责地去行动。责任教育中，注重发挥思想政治工作"围绕学生、关照学生、服务学生"的功能，就要围绕学生关切、关照学生需要、服务学生成长。大学生责任教育是思想政治教育中的重要内容，通过教育，从认知、情感、行为三个维度，培养责任意识，加强责任认同，履行责任行为，提升责任能力，引导帮助大学生树立正确的世界观、人生观、价值观，不断完善人格。责任教育的目标与高等教育的目标同向同行，相互促进。加强大学生责任教育，不仅提高了高校思想政治教育的实效性和影响力，更推动了高校自身建设与发展，有助于高校实现立德树人的根本目标。

3. 加强大学生责任教育是国家发展繁荣的必然选择

加强大学生责任教育，是实现中华民族伟大复兴中国梦的需要。广大青年生逢其时，也重任在肩。引导大学生正确认识中国和世界发展大势，深刻认识国家建设的历史方位，将责任意识内化为情感认同，进一步外化为行为实践，使其形成主动担当的责任自觉，培养为国为民的家国情怀，肩负起时代的使命，接续奋斗，走好青年一代的长征路。加强大学生责任教育，也是推进国家治理体系建设和治理能力现代化的需要。建设中国特色社会主义现代化国家，提高国家治理效能是应有之义。党的十九届四中全会提出，坚持和完善共建共治共享的社会治理制度，保持社会稳定、维护国家安全。社会治理是国家治理的重要方面。必须建设人人有责、人人尽责、人人享有的社会治理共同体。联合国教科文组织，早在1998年10月在巴黎召开的首次世界高等教育大会上，就明确地指出，高等教育首先要"培养高素质的毕业生和负责任的公民"。教育大学生承担社会责任，促进社会参与，是"公民"身份意识的最好体现，是维护社会主义民主政治的必然要求。

（二）加强大学生责任教育的主要内容

1. 加强大学生责任认知教育

认知是感情的基础，是行为的先导。思想道德素质状况的核心评价标准是责任意识的强弱，黑格尔认为："道德之所以是道德的，全在于具有知道自己履行了责任这样一种意识。"认识越全面、越深刻、越透彻，就越能从思想上接受，从情感上认同，从行为上表现，并形成大学生群体的责任文化。责任认知教育主要回答了三个问题，即大学生应当承担什么责任、为什么要承担责任、怎样承担责任。大学生的责任按主体分有个体责任和群体责任，按对象分有个人责任、家庭责任、社会责任、国家责任，按内容分有经济责任、政治责任、文化责任、生态责任等。责任具有身份自觉性、道德评价性、法律规范性等特征。大学生应认知到个人应当自觉承担责任，主动奉献社会，才是人生发展的价值取向，认识到承担责任对个人、家庭、社会与国家都有极其重要的作用。方法论上，大学生应努力践行党对青年一代提出的坚定理想信念、练就过硬本领、勇于创新创造、矢志艰苦奋斗、锤炼高尚品格等希望要求。

2. 加强大学生责任情感培养

情感是人类自身需求与外界环境匹配后的内心体验。如果环境能够满足需求，人就会产生高兴、满足、乐观、积极的心理体验；反之，人就会产生厌恶、沮丧、悲观、消极的心理体验。通过一系列行之有效的教育活动，使责任认知内化为责任情感，这是责任教育成功与否的基础。如果大学生在承担责任后，体会到内心的充实、成就与愉悦，对责任产生认同就能更加自觉主动地承担责任。如果大学生认为承担责任与自己需要不相符，就会产生失望、退缩与放弃的情感。通过教育，对自然产生的情感施加影响，使其向积极的、向上的、高尚的方向发展，避免出现推卸责任、自暴自弃、不思进取等问题。具体来说，责任情感的培养包含正向情绪、积极态度、理想信仰，并注重情感的稳定性，推动责任认知内化，从知识转化为体验，产生责任行为的持续输出动力。

3. 加强大学生责任行为塑造

行为是认知和情感的外化。塑造大学生责任行为是大学生责任教育的最终目标之一，也是检验责任教育成效的试金石。这也是康德认为责任"就是由于尊重规律而产生的行为必要性"的原因。"所以德性的力量，不过是一种准备条件，把责任的'应该'转变成'现实'的力量。"责任，即做出承诺并自觉履行。因此，大学生责任教育可视为实践育人的一种形式。根据社会学习理论，大学生责任行为的塑造有正强化和负强化两个形式。加强大学生责任教育，必须回应时代发展中的新问题，提出符合新时代大学生特点的新要求，丰富责任行为实践的新载体，实事求是，与时俱进。表彰优秀、鼓励担当，形成正强化；批评失当，惩罚错误，形成负强化，共同作用于大学生责任行为的外化与落实。在行为塑造的过程中，一要注意目标行为的设定。目标的设定应符合大学生的思想认识、情感认同和能力范围，目标过高或过低，都无法激发较高的动机水平，容易放弃行动，即使产生了相应的责任行为，也无法获得成就与满足的内心体验，阻碍责任情感的正向反馈。二要注意初始行为的校准。因大学生入校前的成长经历、家庭背景、认知水平的不同，对初始责任行为应特别注意目标、方向、强度的校准，使其能够有一个好的开始。三要注意强化刺激的持续。美国心理学家斯金纳的强化理论提出：人的行为是对其所获刺激的函数。对大学生责任行为的强化应注意正向强化的持续刺激。例如，每年对道德优秀学生的表彰，鼓励大学生定期开展志愿服务或者社会实践活动等。责任行为不仅是责任教育的输出，更是对责任认知的落实，对责任情感的反馈，对个体责任教育形成闭环。认知、情感、行为三者的良性互动，能够很好地发展大学生道德责任能力，不断获得适应社会发展需要的人格品质。

4. 加强大学生责任文化熏陶

通过责任认知教育、责任情感培养和责任行为塑造，大学生个人的责任教育得到落实。然而，人是生活在群体之中的。尤其是大学生，不可避免地会受到他人和群体的影响，个人的思想观念、情绪情感、行为表现都会表现出群体的特征。因此，锻造熏陶大学生责任文化，对大学生群体责任的落实具有重要意义。大学生责任文化教育植根于中华优秀传统文化，发展于近代中国革命文化，吸收借鉴国外公民责任文化，形成了丰富多元的内容体系。在中华传统文化中，儒家认为人具备"天赋责任"。梁启超认为人人都有各自责任，他说："自放弃其责任，则是自放弃其所以为人之具也。是故人也者，对于一家而有一家之责任，对于一国而有一国之责任，对于世界而有世界之责任。一家之人各各自放弃其责任，则家必落；一国之人各各自放弃其责任，则国必亡；全世界人人各各自放弃其责任，则世界必毁。"在近代中国百年革命史中，中国青年肩负救亡图存的民族责任，成为那个黑暗时代的耀眼之星。五四运动，是大学生群体奋起反抗的典型例证，开创了中国新民主主义革命的新篇章，发展了大学生承担国家兴亡与发展的群体责任文化。国外大学生责任文化主要是公民责任文化。在国外，主要是以英美为代表的西方国家在大学生中实行公民责任为主体的责任教育，倡导个人平等参与，注重公益精神与实践文化，强调公民道德与法律意识的教育。全球化时代又对高校提出了"培养大批具有国际视野、通晓国际规则、能够参与国际事务和国际竞争的国际化人才"的要求。在大学生责任教育中借鉴西方公民教育的坚实理论与丰富实践，兼容并蓄，批评吸收，坚定文化自信，更能提升新时代大学生承担国际责任的能力。而群体责任文化的熏陶有利于形成良好的责任氛围，促进个人责任习惯的养成。

十、奋斗教育：做一个奋发有为的人

奋斗精神是一种中国精神、中国价值、中国力量。弘扬这一精神，能为实现中华民族伟大复兴铸牢精神支柱，可为新时代大学生干事创业增添精神动力。每当我们谈到奋斗精神时，通常谈论物质生活艰苦多，讲事业上的奋斗少，似乎住得越破、穿得越烂、吃得越差、过得越苦才算是艰苦奋斗。奋斗精神是不断推陈出新的源头活水。随着社会的进步，经济的繁荣，人文思想的变化，要赋予奋斗精神新的时代内容，我们必须要用发展的观点来理解新时代奋斗精神内容的丰富性和意蕴的深刻性。2018年全国教育大会提出，要在培养奋斗精神上下功夫，教育引导学生树立高远志向，历练敢于担当、不懈奋斗的精神，具有勇于奋斗的精神状态、乐观向上的人生态度，做到刚健有为、自强不息。"培育新时代青年学生奋斗精神是继承与弘扬艰苦奋斗精神的必然，推进改革开放和中国特色社会主义事业的要求，实现青年学生个人梦与中国梦的需要。"奋斗精神，是中华民族的传统美德，内涵丰富，思想深刻。新时代奋斗精神的主要内容包括接力奋斗、共同奋斗、顽强奋斗和艰苦奋斗四个方面。加强大学生奋斗教育，对于引领大学生增强奋斗之知、提升奋斗之情、树立奋斗之志、实践奋斗之行，具有十分重要的意义。

（一）加强大学生奋斗教育的重要意义

1. 加强大学生奋斗教育是继承和弘扬奋斗精神的必然要求

奋斗具有三重内涵，即奋斗是艰辛的，没有艰辛就不是真正的奋斗，我们要勇于在艰苦奋斗中净化灵魂、磨砺意志、坚定信念；奋斗是长期的，伟大事业需要几代人、十几代人、几十代人持续奋斗；奋斗是曲折的，要奋斗就会有牺牲，我们要始终发扬大无畏精神和无私奉献精神。艰苦奋斗一直都是我们党的优良传统，也是我们一直倡导的民族精神。建党百年来，依靠艰苦奋斗精神，党领导全国人民用劣质装备打败国内外威胁新生政权的强敌；依靠艰苦奋斗精神，我们在战争的废墟上迅速建立了一个繁荣的人民共和国；依靠艰苦奋斗精神，在新时代，我们继续保持巩固党与人民之间的血肉联系。因此，无论是过去、现在还是将来，奋斗精神都永远是我们的民族之魂、立国之本。今天，继承和弘扬奋斗精神，对加强党的建设，加快推进新时代中国特色社会主义现代化建设步伐具有很强的现实意义。

2. 加强大学生奋斗教育是价值观形成和发展的必由途径

价值观是一个人认定事物、辨别是非的一种思维或取向，是个人思想品德的重要反映。青年的价值取向决定了未来整个社会的价值取向，而青年又处在价值观形成和确立的时期，抓好这一时期的价值观养成十分重要。随着科技的进步和互联网的发展，信息传播方式、大众审美口味、舆论生态发生前所未有之变革，部分青年大学生出现社会责任感缺失、理想信念不坚定、精神懈怠等问题。因此我们必须高度重视大学生的奋斗精神教育，教育引导大学生树立正确的世界观、人生观和价值观，不断增强对社会主义核心价值观的理论认同、实践认同、情感认同和责任认同。

3. 加强大学生奋斗教育是实现中华民族伟大复兴中国梦的现实需要

为实现中华民族伟大复兴的中国梦而奋斗，是中国青年运动的时代主题。中国梦是国家的梦、民族的梦，也是每个中华儿女的梦。"得其大者可以兼其小"。中国梦就是让每个人获得发展自我和奉献社会的机会，共同享有同祖国和时代一起成长与进步的机会。只要每个人都把人生理想融入国家和民族的伟大梦想之中，把小我融入大我，敢于有梦、勇于追梦、勤于圆梦。大学生的个人梦与中国梦密不可分，培育和践行新时代大学生奋斗精神是实现中国梦的必然前提。新时期中国梦成为时代的主旋律，中国梦更是青年一代的，这就需要大学生牢固树立艰苦奋斗的思想，肩负中华民族伟大复兴的责任接力奋斗。对大学生进行奋斗精神教育，就是要引导他们树立远大理想，把个人梦与中国梦紧密联系在一起，矢志不移艰苦奋斗，培养和造就青年人才。在实现中国梦的征程中，新时代大学生以艰苦奋斗之志，勤于学习，勇于实践，敢于担当，努力提升综合素质，为实现中国梦增加很多奋进的精神力量，使圆梦中华充满无限的青春活力。新时代是更加接近实现中华民族伟大复兴目标的时代，越是接近实现中华民族伟大复兴的目标越要接力奋斗、不懈奋斗。新时代是风险和挑战前所未有的时代，战胜前进道路上的各种艰难险阻必须顽强奋斗、艰苦奋斗。

（二）加强大学生奋斗教育的主要内容

1. 深入开展大学生接力奋斗精神教育

接力奋斗是指奋斗目标不变、奋斗进程持续不断，有时直接用持续奋斗或接续奋斗表述。接力奋斗是对奋斗的历史把握，体现的是善于从历史的视野认识和看待奋斗，善于从历史的高度、历史的进程、历史的阶段性观察和认识奋斗的思想方法，把握的是中国共产党奋斗的历史规律。没有广大人民特别是一代代青年前赴后继、艰苦卓绝的接续奋斗，就没有中国特色社会主义新时代的今天，更不会有实现中华民族伟大复兴的明天。民族复兴的使命要靠奋斗来实现，人生理想的风帆要靠奋斗来扬起。从激情燃烧的革命岁月中走来，用奋斗书写民族独立和人民解放的壮美华章。经过"五四运动"的洗礼，越来越多中国先进知识分子和革命青年汇集在马克思主义旗帜下，确立了"为共产主义奋斗终身"的理想信念。一切伟大成就都是接续奋斗的结果，一切伟大事业都需要在继往开来中推进。早在1939年，毛泽东主席就指出："中国的青年运动有很好的革命传统，这个传统就是'永久奋斗'。我们共产党是继承这个传统的，现在传下来了，以后更要继续传下去。"接力奋斗的传统根植于生生不息的中华文明，升华凝结于党领导的革命、建设、改革伟大实践，是中华民族屹立于世界民族之林、引领时代潮流、实现民族复兴的强大精神支撑。建成社会主义现代化强国，实现中华民族伟大复兴，是一场接力跑，需要一茬接着一茬干、一棒接着一棒跑。只有这样，中华民族伟大复兴的中国梦才会在一代代青年的接力奋斗中变为现实。

2. 深入开展大学生共同奋斗精神教育

党的十九大报告指出："这个新时代，是承前启后、继往开来、在新的历史条件下继续夺取中国特色社会主义伟大胜利的时代，是决胜全面建成小康社会、进而全面建设社会主义现代化强国的时代，是全国各族人民团结奋斗、不断创造美好生活、逐步实现全体人民共同富裕的时代，是全体中华儿女勠力同心、奋力实现中华民族伟大复兴中国梦的时代，是我国日益走近世界舞台中央、不断为人类作出更大贡献的时代。"共同奋斗是中国共产党团结带领广大人民群众为伟大事业努力奋斗的实践。共同奋斗是对历史唯物主义的坚持和运用，是对马克思主义群众观和以人民为中心的发展思想的坚持和运用，是对党的群众路线的思想方法和工作方法始终坚持和运用。共同奋斗的本质是党和人民群众同呼吸、共命运、心连心，反映的是党团结带领广大人民群众建设中国特色社会主义的基本实践形态以及党来自人民、依靠人民、为了人民幸福和美好生活而努力奋斗的客观需求。一是全体人民共同奋斗，每个人都要奋斗。只有每个人都为美好梦想而奋斗，才能汇聚起实现中国梦的磅礴力量。二是党团结带领人民奋斗，同人民奋斗在一起。我们党的宏伟奋斗目标，离开了人民支持就绝对无法实现。三是海内外中华儿女共同奋斗，一起努力。只要海内外中华儿女紧密团结起来，就一定能够汇聚起实现梦想的强大力量。从根本上看，共同奋斗是中国特色社会主义理论、道路、制度的体现。因此，共同奋斗是加强大学生奋斗教育的必备内容。

3. 深入开展大学生顽强奋斗精神教育

百年来，为了实现中华民族伟大复兴的历史使命，无论是弱小还是强大，无论是顺境还是逆境，我们党都初心不改、矢志不渝，团结带领人民历经千难万险，付出巨大牺牲，敢于面对曲折，勇于修正错误，攻克了一个又一个看似不可攻克的难关，创造了一个又一个彪炳史册的人间奇迹。顽强奋斗是指不畏艰难险阻，不屈不挠，英勇奋斗，体现的是直面问题、与困难作坚决斗争，攻坚克难、战胜困难的精神状态，反映的是坚定的信念、必胜的信心、无畏的英雄气概、不屈不挠的斗争精神、宁死不屈的革命精神和坚韧不拔的钉钉子精神。顽强奋斗是中国共产党作为"先锋队"和"战斗堡垒"具有的独特品质。中国共产党成立后，团结带领人民前仆后继、顽强奋斗，把贫穷落后的旧中国变成日益走向繁荣富强的新中国，中华民族伟大复兴展现出前所未有的光明前景。顽强奋斗就是啃硬骨头，主要是指攻克中国改革进入攻坚期和深水区后的难题，攻克任何影响党长期执政、国家长治久安的艰难险阻。顽强奋斗需要"明知山有虎，偏向虎山行"的勇气，要敢于啃硬骨头，敢于涉险滩、闯难关，义无反顾推进。顽强奋斗需要弘扬英雄精神。英雄精神内在地包含着不畏艰险、不怕牺牲、顽强奋斗。要崇尚英雄，捍卫英雄，学习英雄，关爱英雄。包括抗战英雄在内的一切民族英雄，都是中华民族的脊梁，他们的事迹和精神都是激励我们前行的强大力量。因此，加强大学生奋斗教育，是时代赋予其的重任。

4. 深入开展大学生艰苦奋斗精神教育

在"四个奋斗"中,艰苦奋斗居于突出地位。艰苦奋斗是中国共产党人的本色,是党的优良传统和作风。艰苦奋斗是指在条件十分恶劣的客观环境下矢志不移、坚贞不渝、不怕困难、不辱使命努力拼搏,旨在克服艰难困苦而努力为党和人民事业拼搏。艰苦奋斗是中华优秀传统文化的精华,千百年来,不畏艰难困苦的奋斗精神作为艰苦奋斗的内核,已经上升为中华民族的精神气质和思想境界,深深融入了中华民族的血脉之中。艰苦奋斗也是中国共产党人的精神本色,是党的优良传统和作风。中华民族和中国共产党都是从艰苦奋斗中一步步走向未来,新时代须臾不可忘记艰苦奋斗精神。社会主义是干出来的,改革开放、脱贫攻坚、全面小康、美好生活、民族复兴都是奋斗出来的,幸福也是奋斗出来的。新时代提倡和弘扬艰苦奋斗精神不是去鼓励重新吃糠咽菜,更不是鼓励人们过劳而放弃应有的休闲,而是强调奋斗的过程中理应保持着这种优秀品质和优良作风。当前,我们既面临着重要发展机遇,也面临着前所未有的困难和挑战。梦在前方,路在脚下。自胜者强,自强者胜。我们不仅要知道什么是奋斗,更要明白为何奋斗、奋斗的方向在哪里。

第六章
新时代大学生文明修身教育的实践路径

修身的本质是修德。加强新时代大学生文明修身教育，就是要引领新时代大学生崇德修身、向上向善。从理论上来讲，就是要教育青年立志、指导青年成才和引领青年报国，引领新时代大学生勤学以知德、明辨以树德、笃实以践德，重点解决好"如何修"的问题。

一要引领大学生勤学以知德：学以引善、学以导真、学以促美。知识是树立核心价值观的重要基础。大学生要勤于学习、敏于求知，注重把所学知识内化于心，形成自己的见解，既要专攻博览，又要关心国家、关心人民、关心世界，学会担当社会责任。对大学生来说，学习是永恒的主题。不勤奋学习就不知真善美、假丑恶，不勤奋学习就不能取得新进步新成绩。今日之学习，恰如逆水行舟，不进则退；今日之学习，恰如顺水扬帆，不赶在潮头之前，必被大潮淹没。为此，大学生要切实发扬勤学之风，既要勤于学习个人专业知识，又要勤于学习哲学、历史、经济、文化、科技、艺术等知识，尤其要在学习过程中，不断提高个人的道德修养与思想境界，不断完善个人的知识结构与能力素质，不断陶冶个人的道德情操与健康情趣，主动担当起国家富强、民族振兴与人民幸福的社会责任，为实现中华民族伟大复兴中国梦做出最大贡献。

二要引领大学生明辨以树德：明辨真假、明辨是非、明辨美丑。要树立正确的世界观、人生观、价值观，掌握了这把总钥匙，再来看看社会万象、人生历程，一切是非、正误、主次，一切真假、善恶、美丑，自然就洞若观火、清澈明了，自然就能做出正确判断、做出正确选择。的确，在经济全球化、信息网络化、文化多元化的新形势下，面对纷繁复杂的社会现象，面对专业学习、职业规划、人际交往、工作压力等方面的现实问题，大学生不可避免地会产生一种失落感与彷徨感。为此，大学生要想获得健康成长、全面成才与走向成功，就必须有"大德"的引领，做到是非明白、方向明晰、路子端正。李瑞环同志在《学哲学　用哲学》一书中写道："哲学是'明白学'，许多事情只有学了哲学才能真正明白；哲学是'智慧学'，学了哲学可以使人变得聪明，脑子活、眼睛亮、办法多。"所以，大学生要积极主动学好哲学，掌握好世界观、人生观、价值观这把人生总钥匙，这样才能在面对一切是非、真假、美丑、正误、主次、善恶时做出正确判断与正确抉择，从而永不迷失正确方向。

三要引领大学生笃实以践德：笃实以细、笃实以小、笃实以久。道不可坐论，德不能空谈。于实处用力，从知行合一上下功夫，核心价值观才能内化为人们的精神追求，外化为人们的自觉行动。青年有着大好机遇，关键是要迈稳步子、夯实根基、久久为功。诚然，要求青年知德、树德的根本目的是践德，这才能对国家富强、民族振兴、社会进步和人民幸福有所意义。现实生活中不乏一些大学生喜欢坐而论道、空谈道德，喜欢纸上谈兵、画饼充饥，口头上夸夸其谈，行动上碌碌无为。一些大学生大事干不了、小事不愿干，摆出一副生不逢时、自命不凡之态。古人云："勿以善小而不为，勿以恶小而为之。"列宁曾经说过，要成就一件大事业，必须从小事做起。所以，大学生要把"大德"内化为个人内在追求，长期坚持从小事做起、从点滴做起、从身边做起，努力做到以知促行、以行促知、知行统一，才能成就一番大事业，从而在实现中国梦的过程中展现个人的人生价值。

诚然，教育实践是教育学的源泉，教育理论是人类教育实践经验的总结概括和升华。加强新时代大学生文明修身教育，就是一项实践性很强的工作。只有紧紧围绕"培养什么人、怎样培养人、为谁培养人"这个教育的根本问题，开展新时代大学生文明修身教育实践探索，抓住课堂主渠道，优化育人主环境，突出寝室主载体，发挥文化主作用，坚持实践主途径，利用网络主媒体，尊重学生主体性，落实教育主制度，才能最终达到引领大学生崇德修身、向上向善的教育目标，把大学生培养成为有理想、有本领、有担当的时代新人。

一、抓住课堂主渠道

文明修身是现代人应有的素质，这种素质不是与生俱来的，而是需要经过教育和培养，才能对人的思想和行为起到有力的塑造作用。大学生作为社会的生力军，除了学习专业知识以外，还需注重文明修身，认识到品德行为对个人立足社会并实现长远发展具有重要的价值导向作用。高校在推进学生文明修身教育的过程中，应着力提升课堂作为主渠道的作用，"从教育学角度来看，课堂教学作为育人的主渠道问题，实质上是'教学的教育性'在课堂教学功能上的反映，也是教育（德育）与教学（智育）如何统一的问题。"

（一）为何抓住课堂主渠道

1. 抓住课堂主渠道有利于增强高校立德树人的实效性

文明修身教育是大学生思想道德教育的具体化。德育的范围较广，但最终还是要具体落在学生的一言一行上，从而实现立德树人的目标。"立德"是一个过程，"树人"是一种状态，大学生"修身"即是"立德"的一个过程，而"文明"即是"树人"的一种状态。一方面，通过课堂传递真善美的内涵。当前的大学生，在进入高校前几乎都是侧重于智育，学生将主要精力花在成绩提高方面，从而使德育相对处于"弱势"和被忽视的地位。因而，一些学生步入高校后，他们在为人处事、辨别是非等方面缺乏应有的应对能力和判别标准，甚至有些学生产生美丑颠倒、善恶不分的现象。因此，开展文明修身课堂教育是教育和引导学生的直接方式。另一方面，通过课堂提出思想言行的要求。文明修身教育不同于其他专业课程教育，它既是交叉性的综合教育，也是专业性的思想政治教育。从文明修身的个人行为看，综合性的教育能够糅合哲学、心理、美学等知识，增强学生的知识获得感。从文明修身的社会行为看，它根本上所要遵守的是当下社会的制度、法律、道德等，思想政治教育内容以"撒盐"的形式而存在其中，能够从根本上教育人、引导人，真正促进人的发展，提升立德树人的实效性。

2. 抓住课堂主渠道有利于丰富专业课程思想政治的内容性

文明修身教育是高校课程思想政治可以引入的内容。高校专业知识传授是工具层面的，而人才培养不能沦为工具主义式的教育，它还涉及陶冶学生身心、涵养学生德行等多个方面。因而，德才兼备的复合型人才是高校培养人才的目标价值之一。开展修身文明教育要把它融入其他专业课程教授的过程之中，把与之相关的法律法规、行业操守、职业素养等有机结合起来，这既是对专业课程的内涵提升，也是课程思想政治的重要内容之一。全国高校思想政治工作会议强调，要用好课堂教学这个主渠道，思想政治理论课要坚持在改进中加强，提升思想政治教育亲和力和针对性，满足学生成长发展需求和期待，其他各门课都要守好一段渠、种好责任田，使各类课程与思想政治理论课同向同行，形成协同效应。因而，各专业课程在进行教学设计时，要把理论与实际充分相结合，在提高学生专业素养的同时，还要让学生认识到行业应具备的道德行为品质。从专业和行业两个维度出发，加强文明宣传教育，引导学生自觉修身。同时，要避免这一过程的教育中泛意识形态化，更多地把个人发展、职业发展和社会发展巧妙地结合起来，引起学生共鸣。"'课程思政'的育人理念打破了以往'思政课程'专职教师'单兵作战'的窘境，实现了思想政治工作从专人向全员的创造性转化。"

3. 抓住课堂主渠道有利于提高学生接受教育的覆盖面

文明修身教育是学生踏入社会实现梦想的基石。思想和行为是构筑人的思想品德的重要内容，高校文明修身教育包含了人的思想教育和行为教育，这既要依靠学校教育组织者的引导塑造，也要依靠学生作为教育主体的自我反思和自我提升。大学阶段是学生思想最为活跃的时期，正确的引导极为重要。当前，社会正在经历新一轮信息技术革命，科技在改变生活的同时，也在改变人接触世界和认识世界的方式，其中充斥的内容对人的思想价值具有相当程度的影响，尤其是"社交平台"一代的 00 后受到的影响最为深刻。因此，抓住课堂主渠道，有利于提高学生接受教育的覆盖面。一是通过课堂教学来提高学生接受教育的覆盖面。"教师能否在教学中传递道德价值，是体现教育活动成功与否的标志。"课堂教学活动是学校一项最经常、占用时间最多、涉及面最大、内容最广泛的活动，实施素质教育的主渠道当然是课堂教学，放弃课堂无疑是放弃了实施素质教育的主阵地。事实上，优秀的课堂教学完全可以负载起培养、提高学生多方面优良素质的主要任务。二是通过课堂教学来提高教师发挥教育引领的覆盖面。课堂是学生学习的主要场所。课堂教育在权威性、系统性和专业性等方面有着不可替代的地位。因而通过课堂教育加强学生思想引领十分有必要，教师可以在传道授业解惑的过程中起到意见领袖的作用，用"学高身正"引领学生成长发展，帮助学生认识到时代赋予自己的责任，明白个人发展之于社会和国家的作用，才能在努力变革现状的过程中有意识地改造自己的思想和行为，从而不断促进思想、心理、行为的高度统一。

（二）何为抓住课堂主渠道

1. 立足马列原著，阐述中国特色

马克思主义中的"文明"语境，是从唯物史观出发，落脚于生产力。"文明的一切进步，或者换句话说，社会生产力的一切增长，也可以说劳动本身的生产力的一切增长，如科学、发明、劳动的分工和结合、交通工具的改善、世界市场的开

辟、机器等等所产生的结果。"从党的十二大开始,"文明"被写入了国家发展目标,"文明"一直贯穿在我国的建设发展过程当中。从人类命运共同体的视角看,全球化发展过程中的文明推进历程,既有共性,也有个性。因而,理解文明要从"小我"的视角上升到"大我"的境界。文明是社会发展的状态,不同时期有不同的特点。"中国特色社会主义文明是文明形态的一般要素与中国现实国情的辩证统一,包含了物质文明、精神文明、政治文明、社会文明和生态文明的统一。"这"五个文明"包含了人类社会现有的文明范畴,这既是针对社会发展现状而做出的科学划分,也是对马克思主义文明论述的继承和创新。因此,文明修身教育应当立足这一思想理论高度,让学生了解人类社会文明的发展和进步,明白人是社会发展的主体,要运用整体和辩证的思维,从我国社会发展的现状及其过程中深化对中国特色社会主义文明的认识。要将马克思主义中国化青年修德理论有机融入大学生文明修身教育,"增强大学生文明修身教育的顶层设计与理论指导,完善大学生文明修身教育理论体系。要重点给大学生讲清楚为何修身、修什么身、如何修身的问题,从而解决大学生的思想认识问题,最终达到提高大学生文明修身教育针对性与实效性的目的。"

2. 汲取传统精髓,坚持中西并举

在中国传统文化中,文明是其内在价值,"文明修身"本身蕴含着关于人的合乎道德的价值追求。从历史维度看,现有的思维认知、精神价值、行为准则等,既有对传统的继承,也有对传统的创新。优秀的传统文化无论是对人的思想启迪,抑或是行为指导,都有着持久的推动和导向作用。把中国优秀传统文化融入高校文明修身教育之中,不仅是高校作为文化传承地的重要任务使命,更是当代中国人对自身文化的自信表现,这种自信精神需要让一代又一代的学生学习和传承下去,从而在根本上改变国人的精神风貌。文明修身教育也从来不是狭隘的,不能受到时间和地域的限制。在课堂开展文明修身教育,不能非此即彼,扬中抑西,而是要包容西方的文明倡导,把其中有益于学生素质提升的内容吸取过来,既提升学生的国际视野,也提高学生的竞争力。尤其是在自然科学知识的传授过程中,更需要加强人文精神教育,否则以纯粹的技术论驱使,即使学生很好地掌握了技术使用方法,也不能很好地用于造福人类,只会使得科学技术两面性的对立愈发明显。因而,无论是中国文明的视角,还是西方文明的视角,只要有益于润泽学生思想道德境界的都可以作为教育的资源,这种包容性是中华文明延续繁荣至今的重要原因之一。

（三）如何抓住课堂主渠道

1. 加强顶层设计，形成制度保障

立德树人是高等教育的重要使命，文明修身既是道德和规范的重要内容，也是具体措施。能否把这项使命落实好、开展好，需要顶层制度的设计者以教育家的视野把学校的发展和学生的发展高度融合起来思考规划。一方面，要强化以学生为本的思想，推进协同育人制度的完善。高校是一个综合的、多部门的学校，学生从进入校门开始，会陆续接触不同部门、不同学院，以及在这些岗位上的不同教师、管理者和服务者，他们接待学生的态度和解决问题的能力，都直接影响学生对学校的看法，也在潜移默化之中影响学生的思想认识和行为习惯。育人工作不仅是学生部门、教务部门的事情，要充分发挥"课程、科研、实践、文化、网络、心理、管理、服务、资助、组织"10个方面的协同育人作用，服务学生成长成才所需，多维度、立体式地促进学生发展。另一方面，要形成一体化的育人理念，促进"三全育人"格局形成。"三全育人"是指全员育人、全程育人和全方位育人，这三个育人维度，是育人事业的统一战线，而贯穿其中的是思想政治这一生命线。因而，高校要把培养学生正确的"三观"作为鲜明的推进方向，着力培育"勤学、修德、明辨、笃实"和"爱国、励志、求真、力行"的时代新人。构建"三全育人"格局，是要梳理、完善现有的规章制度，"切实绘好'三全育人'施工图，系统规划、整体推进，瞄准各种体制机制顽瘴痼疾深化改革，构建一体化育人体系，切实形成育人合力。"

2. 了解育人对象，创新教育方式

学生作为教育的客体，因家庭环境、地理环境、教育环境等差异，其自身文明修身程度和对文明修身的认识也不同。因而，全面客观地了解当前大学生群体的特点，坚持问题导向，创新教育方式，能够提升文明修身教育的针对性。首先，要调研教育对象，绘制学生思想行为数据肖像。00后大学生已然有多重标签，比如标新立异、异次元、网络原住民、社交平台一代等。同时，随着社会发展和科技进步，00后大学生在认识社会、了解社会等方面已经形成了自己的认知模式，尤其是在网络传播中易于受到博主等的意见支配，使得网络意见的价值观点更容易成为他们所谓的"主流"观，这种伪主流严重影响了学生的价值取向与行为方式。但是，他们的认知模式是不稳定的，这种不稳定性也是因网络观点的多变和反转而导致的。因此，通过教育可以对学生进行引导和再塑造，因而教育者要科学、充分地

了解和认识他们。其次，要创新教育方式，提高课堂教书育人的吸引力。当前，高校课堂由思想政治理论课程、专业课程、公共课程以及实践课程等组成，共同构成了高校课堂教学的主渠道、主阵地，从一定程度上讲能够形成有效的育人合力。因此，要根据学生特点，立足课程，在"教"与"学"上精心设计，把"灌输式"与"启发式"科学结合，充分利用网络硬件和内容资源，增加课堂教学的趣味性和吸引力，着力在提升学生的注意力上下功夫，有了学生的注意力才能把想要表达的内容更好地传递给学生。

3. 加强队伍建设，增强育人力量

开展文明修身课堂教学，基础在于教师。2018年全国教育大会强调，坚持把教师队伍建设作为基础工作。教师承担着传播知识、传播思想、传播真理的历史使命，肩负着塑造灵魂、塑造生命、塑造人的时代重任。这一重要论断强调了教师在新时期的重要地位和重要作用。文明修身教育是启发式的感召教育，它不是一般知识的灌输和简单动作的练习，而是思想认识和行为习惯的引导塑造工程。学生思想上和行为上的认同，在于其价值观对教育内容的赞同，这种认同很大程度上源于学生对教师所言所行的真信和真服，这种信任既有教师职业本身所带的权威性而产生，也有因教师个人魅力和才干而产生。因而，加强教师队伍建设是重要的基础工作。一方面，要完善保障和激励教师的制度，提高教师安心从教的信心。育人是一项事业，事业的成功离不开教师的倾心付出，只有保障了教师的相应待遇，教师才能把更多地精力和时间花在育人的事业上。另一方面，要弘扬尊师重教的优良传统，加强师德师风建设的力度。学校"要更加注重以文化人以文育人，广泛开展文明校园创建"，营造良好的校风，把显性教育和隐性教育充分结合起来。此外，还要健全教师研修和培训的体制机制，提升教师的教育思想和教学水平，教师职业的特殊性要求教师自身要加强学习，高校无论是举办校内培训还是提供外出学习进修的机会，都是在促进教师教育理论和专业能力的更新与增长，有助于增强队伍育人的实力。

二、优化育人主环境

大学生是青年的优秀代表，是国家的未来和民族的希望。要把大学生培养成为德才兼备、全面发展的时代新人，就必须深入开展大学生文明修身教育。中国古人十分重视人的成长环境，孟母三迁、墨子泣丝、近朱者赤、近墨者黑等故事和成语

无不都在说明这一点。如今，中国特色社会主义进入新时代，面对国内外新形势新挑战，如何进一步优化育人环境，加强大学生文明修身教育，意义深远。环境能造就一个人，也能影响一代人，站在新时代中国特色社会主义新的历史方位上，高校务必要以翻篇的姿态、归零的心态，始终牢记教育初心和育人使命，努力从学校大德育环境、网络生态环境、家庭环境、社会环境入手，优化大学生文明修身教育的育人环境，不折不扣完成"立德树人"的根本任务。

（一）为何优化育人主环境

1. 优化育人主环境是完成"立德树人"任务的重要保障

我国高等教育肩负着培养德智体美劳全面发展的社会主义事业建设者和接班人的重大任务，必须坚持正确的政治方向。高校立身之本在于立德树人。这就要求高校要把大学生的德育工作提高到十分重要的位置。高校要肩负起历史使命，完成"立德树人"这一根本任务，就必须切实加强文明修身教育，引导大学生建立"修德在前，立德在先"的理念，不断提高大学生思想水平、政治觉悟、道德品质、文化素养，从而培育出理想信念够坚定、为民服务敢担当、成就事业有作为的时代新人。在这个过程中，优化育人环境是关键，且将成为高校完成立德树人根本任务的重要保障。

2. 优化育人主环境是构建十大育人体系的关键一环

《高校思想政治工作质量提升工程实施纲要》（以下简称《纲要》）明确了构建课程、科研、实践、文化、网络、心理、管理、服务、资助、组织十大育人体系。《纲要》指出，以立德树人为根本，以理想信念教育为核心，以社会主义核心价值观为引领，以全面提高人才培养能力为关键。归根结底，构建十大育人体系，形成全员全程全方位育人格局，切实提高工作亲和力和针对性，着力培养担当民族复兴大任的时代新人，关键在于"立德"。大学生处在"拔节孕穗期"，世界观、人生观、价值观正在形成和确定中，能否帮助大学生"扣好人生第一粒扣子"，筑牢信仰之基、补足精神之钙、把稳思想之舵，进行文明修身教育的育人环境尤为重要。良好的育人环境，能潜移默化地引领大学生崇德修身、向上向善，成为十大育人体系关键一环。

3. 优化育人主环境是培养德才兼备学生的灵魂之举

俗话说：做人德为重，做事德为先。良好的品德能让人一生受益，它会像一粒有生命力的种子一样，在人的成长发展中慢慢发芽、开花结果，让人收获成功的果实。而恶劣的品德会让人尝尽苦头，它会像一个危险的炸弹一样，随时可能在人的成长发展中爆炸，让人头破血流。可见，在大学生教育中，必须坚持德才兼备、以德为先的育人标准。我们不否认才能的重要性，但是品德比才能更重要，正所谓"才为德之资，德为才之帅"。因此，在大学生教育中务必以德育为先，注重在培养人才专业知识过程中把加强文明修身教育放在优先位置，持续改善育人环境，以"润物细无声"般不断提高大学生的品德修养，让"德"成为"才"的统帅，指挥"才"在国家繁荣、民族复兴、社会进步中发挥作用。由此可见，育人环境在将培养大学生成为德才兼备、全面发展的优秀人才中具有举足轻重的地位。

（二）何为优化育人主环境

1. 优化学校环境

大学生文明修身教育是学校构建大德育体系的重要组成部分，两者相辅相成。完善学校大德育环境，对于文明修身教育十分重要。从德育任务的角度分析，完善高校大德育环境包括以下七个方面的内容：一是思想政治理论课建设，推进师资队伍建设，课程改革创新，融入学生实践活动。二是师德师风建设，营造"身正为范"的文化氛围，加强教职员工理论学习，完善考核和激励制度，激发管理和服务岗位教工育人潜力。三是课程思想政治建设，挖掘专业课程思想政治元素，与思想政治理论课形成教育合力。四是校园文化建设，营造优秀的校园软环境，发挥校园硬环境育人作用，依托学生组织开展育人活动。五是服务事项建设，深挖就业指导、心理咨询、资助帮扶等育人功能。六是学生党组织建设，以党组织建设为引领，加大对学生党员和入党积极分子的培养力度，发挥党员先锋模范和党支部战斗堡垒作用。七是德育理论研究，成立思想政治理论教育研究会，开展经常性的研讨、交流、分享，搭建成果展示平台，促进理论与实践高度融合。

2. 优化家庭环境

任何一个人从牙牙学语起就开始接受家教，有什么样的家教，就有什么样的人。家庭教育涉及很多方面，但最重要的是品德教育，是如何做人的教育……家长特别是父母对子女的影响很大，往往可以影响一个人的一生。因此，在大学生文明修身教育中，家庭教育不能缺失，家庭环境必须优化。首先，要营造良好的物理环境。从硬件设施上着手，包括家具摆设、卫生环境、空间布局等方面，将家庭物理环境营造的温暖、整齐、舒心、有品位，用物质正面影响心理。其次，要培育优良的家风家教。形成稳定积极的精神风貌、道德品格、审美情趣、生活方式、为人处世、教育理念、家庭氛围等，通过言传身教一代代地传承下去，不断提高大学生的道德修养水平。

3. 优化社会环境

改革开放 40 多年来，我国的社会环境发生了天翻地覆的变化。经济环境飞速发展，生活物质条件有了极大的改善；政治环境不断改善，人们参与政治活动、社会治理的机会越来越多；文化环境持续净化，优秀的文化作品和良好的文化氛围受到大家的欢迎。同时，我们也要看到社会巨大变革过程中出现的一些问题。大学生在社会活动中的参与度不断提高，思想修养、价值观等受到社会环境的影响也越来越深。因此，我们要重视社会环境对大学生文明修身教育产生的影响，通过转变观念，探索创新之路，将经济环境、政治环境、文化环境中的积极因素深度运用到大学生文明修身教育中。

4. 优化网络环境

据中国互联网信息中心（CNNIC）在京发布的第 45 次《中国互联网络发展状况统计报告》显示，"截至 2020 年 3 月，我国网民规模达 9.04 亿，较 2018 年底增长 7508 万，互联网普及率达 64.5%，较 2018 年底提升 4.9 个百分点；我国手机网民规模达 8.97 亿，较 2018 年底增长 7992 万，网民使用手机上网的比例达 99.3%，较 2018 年底提升 0.7 个百分点。"网络生态环境已经成为我们生存的物质环境以外的另一个不可或缺的空间。"每天必网"成为大学生学习、生活的常态。网络改变着大学生的生活学习方式，也使大学生越来越依赖网络。网络中眼花缭乱、鱼龙混杂的内容深刻影响着大学生的品德修养，这给大学生文明修身教育带来了挑战。如何将挑战变成机遇，需要多措并举共同推进。既要建设一个安全、规范、有效的网络生态运行机制，也要立足提升信息敏锐度、图文创作能力和媒体运营能力来推进网络德育队伍的建设，还要通过网络平台的建设来构建适应新形势下媒体宣传育人的格局。

（三）如何优化育人主环境

1. 优化校园育人环境

目前高校普遍重视学校德育环境，特别是提出要构建学校大德育格局，为实现"立德树人"根本任务保驾护航。一直以来，学校大德育环境是大学生文明修身教育的"主"阵地。巩固好这个阵地，需要把握好以下几个方面：一是思想政治理论课建设。加强师资队伍建设，不断提高思想政治理论课教师传道、授业、解惑的能力，满足新时代大学生的成长发展需要。推进课程改革创新，遵循教育规律、教书育人规律和学生成长规律，运用网络新媒体技术，改进教学方法、创新教学载体。融入学生实践活动。激发学生学习的能动性，将思想政治理论课与校园文化活动、养成教育和社会实践等结合起来，形成深度融合的格局。二是师德师风建设。积极营造"爱岗敬业、教书育人"的文化氛围；制定教职员工理论学习制度，增强教师"学高为师、身正为范、以德为先"教育意识。完善教师的考核制度，将师德师风情况纳入教师的考核。激发管理和服务岗位教工育人潜力，从制度上给予引导和激励。三是课程思想政治建设。深入推进课程思想政治建设，增强教师的育德意识和能力，挖掘专业课程思想政治元素，融入专业课程内容，让专业课与思想政治理论课同向同行，形成教书育人合力。同时以制度建设为保障，为课程思想政治建设提供永动力。四是校园文化建设。引进高雅艺术进校园，邀请专家学者开讲座，宣传校训、校徽寓意等，营造优秀的校园软环境。充分发挥校园建筑、景观雕塑、文化走廊等硬环境育人作用。依托学生组织开展范围广泛、形式多样的各类文体活动，让大学生在参加活动中提高品德修养。五是服务事项建设。打通渠道、搭建平台、构建体系，努力做好大学生就业指导、心理咨询、资助帮扶工作，深挖服务事项工作中的育人元素，用专业水准让学生充满信心，用真心实意让学生感到温暖，用高尚品德让学生全面成才。六是学生党组织建设。以学生党组织建设为引领，加大对学生党员和入党积极分子的培养力度，让党员在理论学习、志愿服务、社会实践中发挥文明修身教育的先锋模范作用；让党支部在教育党员、管理党员、监督党员和组织群众、宣传群众、凝聚群众中发挥文明修身教育的战斗堡垒作用。七是德育理论研究。积极推进德育理论研究工作，成立思想政治理论教育研究会，经常性举办研讨、交流、分享的会议。鼓励思想政治教师、学生工作者、专业教师等申报课题和撰写论文，为他们搭建成果展示平台，树立典型。将理论研究成果运用到教学和实际工作中，促进理论与实践深度融合。

2. 优化家庭育人环境

家庭是人生的第一个课堂，父母是孩子的第一任老师。这也充分体现了家庭是大学生文明修身教育的"源"阵地。守住这个阵地，要以家庭为主、学校为辅，共建好家风好家教。一是加强物理环境建设。家庭成员，特别是长辈要以家庭硬件布置为基本，将家具摆设、卫生环境、空间布局等纳入日常家庭教育中，以身作则地为孩子做好榜样。注重孩子的行为习惯，鼓励孩子参与家务活动，共同营造良好的物理环境。二是加强家风家教建设。家长要建立注重家风、注重家教的意识，从小事着手，从大事着眼，培育好家风好家教，将家庭的积极精神风貌、道德品格、审美情趣、生活方式、为人处世、教育理念、家庭氛围等传承给大学生，让其内化于心、外化于行。学校可举办相关活动，鼓励大学生挖掘和建设自身家庭中的精神内核，把为家庭谋幸福、为他人送温暖、为社会做贡献的精神境界展现出来，提高个人的道德品行。

3. 优化社会育人环境

大学生作为社会的重要组成部分，成为社会环境变革的主要受益者。作为教育主体，不能直接影响社会环境的改善，但是可以将其积极因素引入到教育中，拓展大学生文明修身教育的这个"大"阵地。将改革开放以来，特别是党的十八大以来，中国经济环境、政治环境、文化环境发生的巨大变化，取得的举世成就呈现给大学生。以思想政治理论课、党支部理论学习、主题党日活动、微型党课比赛、年级大会、谈心谈话、微晨课等为载体，向大学生进行宣讲。可以将经济环境中总量的增长、结构的改善、数字经济的发展等，政治环境中体制的完善、民主的进步、人民当家做主的实现等，文化环境中作品的丰富、创作限制的减少、文化大众化的发展等，融入大学生文明修身教育，让他们认识到，只有每个人都能明大德、守公德、严私德，才能早日实现中华民族伟大复兴的中国梦。

4. 优化网络育人环境

从微观角度来看，学校网络也已形成自己的生态环境，并且已经成为大学生文明修身教育的"新"阵地。占领这个"新"阵地，使之美丽，可以着重从以下三个方面入手：一是建立网络生态运行机制。学校网络生态环境发展到现在，必须要有一套适合学校工作实际、适应学生群体特点的运行机制。由主管部门牵头，联合相关职能部门、各二级单位，从保障学校网络生态安全、规范、有效的角度，建立网络屏障，制订管理办法，落实运行机制，确保网络生态能助力学校文明修身教育。二是加强网络德育队伍建设。注重网络德育工作者的综合素质培养，树立其坚定的理想信念，做到真学、真懂、真信、真用，在复杂的网络环境中立场坚定，头脑清晰。提高队伍的创新能力，善于探索出有效的工作方式方法，与时俱进地把文明修身教育和网络媒体相融合。加强队伍的业务能力培训，掌握网站、媒体平台的运营、维护水平，提高写作、摄影技能，掌握大学生网络交流习惯和话语体系，提高队伍通过各类网络宣传载体传递优秀文化的能力。三是推进网络媒体平台建设。学校宣传部要统筹管理各类网络平台，出台相关管理办法、考核机制、奖励政策，鼓励二级单位开通微信公众号、微博、视频直播平台等媒体，给予培训指导，让文明修身教育在网络思想政治教育中出彩、出色、出成效。

三、突出寝室主载体

寝室是学生学习和生活的主要场所。寝室在大学生日常生活中的重要性不言而喻。大学生寝室作为高校的育人平台，具有导向、凝聚、约束等功能，对丰富学校育人载体、提升学生自我管理水平具有重要价值。以寝室作为主载体开展大学生文明修身教育，本质上就是开展文明寝室建设，优化教育环境，落实教育细节，提升教育实效。文明寝室建设是以加强寝室卫生管理为切入点，以营造寝室文化氛围为基础，以提升学生"自我教育、自我管理、自我服务"能力为重点，以完善寝室管理服务体系为保障，以促进学生健康成长成才为目标的新型学生公寓改造模式。高校文明寝室建设是一项系统工程，从学生文明修身教育角度而言，充分发挥寝室建设的"三个优势"，是已经实践证明行之有效的实现路径。

（一）为何突出寝室主载体

1. 文明寝室建设有助于丰富大学生文明修身教育方式

寝室是一种隐形环境力量，良好的寝室氛围对学生的日常行为具有规范和约束作用，学生在寝室中淡化了受教育者的角色意识，更容易潜移默化地接受预先所设定的教育内容。文明修身教育强调大学生的自我管理能力，要求大学生的主观能动性得到最大限度发挥。对大学生而言，在寝室中有更多的心理归属感和自由度，大多数学生愿意通过参与寝室日常管理和服务工作实现自我价值，这是自我意识的体现。

2. 文明寝室建设有助于反馈大学生文明修身教育结果

寝室具有同化辐射和价值引导的功能，观察寝室所形成的"亚群文化"、检验寝室中的"小气候"，可以见微知著地体现同一寝室学生的文明修身教育结果，并予以反馈。这项功能，弥补了在一般文明修身教育过程中，作为教育者面对数十甚至成百个被教育者开展文明修身教育覆盖性的不足。同时，对寝室文明评比过程中暴露的问题将反作用于认知，教育者有针对性地将寝室常出现的不文明行为以图文视频等方式融入课堂教学，形成反馈—监督—考核—评价的控制系统，对遏制不文明行为的蔓延，提升文明修身教育的结果卓有成效。

3. 文明寝室建设有助于优化大学生文明修身教育环境

大学生文明修身教育是一项养成教育，需要多维度、全方位、潜移默化地开展才能取得实效，不可一蹴而就、急功近利。而文明寝室建设正是从整洁学生宿舍卫生环境为切入点，以改善学生寝室的软环境，打造园区育人文化环境为落脚点。所以，文明寝室建设这项工作，就事论事是小事，就事论人是大事。在文明寝室建设中，通过寝室内务卫生检查、文明寝室评比、优秀寝室长楼层长表彰等评价激励措施，可以不断优化大学生文明修身教育的大环境，实现以点带面、以一带多的育人效应。

（二）在大学生文明修身教育中突出寝室主载体的具体内容

1. 发挥寝室的导向功能

寝室的导向功能是指寝室具有道德品质、思想观念、行为习惯的引导功能，当某种行为模式或价值观念被寝室一部分同学所认可时，就会在潜移默化中产生自觉驱动力，整个寝室成员都会有意无意地受到熏陶。从社会心理学的角度，这是个体将群体心理环境非强制地、非逻辑地移植到自己的价值观构造系统中，从而完成对价值体系的初步整合的过程，这就强调了先进文化对寝室进行正确引导的重要意义。

2. 利用寝室的凝聚功能

通过长时间的共同生活，使各寝室成员的习惯、爱好、价值观存在一致性，寝室成员往往对组织有高度认同感、使命感、归属感和荣誉感，这类感受一方面提高了学生参与寝室建设活动的积极性，另一方面也为在寝室中进行有针对性的大学生思想政治教育奠定了基础。大学生思想政治教育中可充分利用寝室的凝聚功能，展开群体思想政治教育，达到事半功倍的效果。

3. 强化寝室的约束功能

寝室的约束功能体现在寝室文明公约的规范作用，寝室文明公约是价值观相互碰撞、交流、妥协后形成的规范，以成文或不成文的形式制约学生在寝室中的行为，制止"破窗理论"的发生，这是学生进行自我教育、自我管理、自我服务的结果，体现了以学生为本，实现学生自治的目的。

（三）在大学生文明修身教育中突出寝室主载体的实现路径

1. 激发文明寝室建设动力

推动文明寝室建设，既要优化管理体制，也要健全工作制度，两者缺一不可。高校可以建立由学工部门牵头，后勤、保卫等部门协助，各二级学院为主实施，党校办、组织部、宣传部、团委等相关职能部门共同参与的公寓学生管理服务体制。

寝室管理部门要梳理和完善公寓管理制度的建设，落实落细文明寝室建设各项细则，做好学生出入登记、寝室卫生检查登记、学生意见收集和反馈记录等各类台账记录，确保寝室管理各项行为有章可循；各二级学院应将学生在寝室行为表现作为学生评优评奖、入党的重要依据，出台相关考核评价制度，充分调动学生建设文明寝室的积极性；各年级班级要引导寝室成员结合自身特点，订立寝室公约，制订寝室自学时间表、卫生值日表等，在民主公平基础上强化制度约束。

2. 健全文明寝室建设队伍

文明寝室建设光靠几个宿管人员是远远不够的，要充分挖掘高校人力资源，各司其职、形成合力。一要配备专职进驻公寓辅导员。与兼职公寓辅导员不同，专职公寓辅导员以学生公寓作为工作场所，以公寓学生作为工作对象，工作生活都有归属感，不会因学校工作和公寓工作的冲突而出现"两张皮"、两边都干不好的现象。二要引导教师干部深入寝室联系学生。除公寓辅导员外，高校的教师干部应作为文明寝室建设的重要力量，通过组织教师定期走访联系学生寝室或楼层，并进行工作量化评价和考核，充分发挥教师干部的能动作用。三要加强宿舍管理员队伍建设。学生宿舍管理员队伍包括公寓生活指导老师、楼管阿姨、保洁维修人员等，是学生朝夕相处最密切的陪伴者。他们的整体素质、服务水平、管理能力直接影响学生对文明寝室建设工作的认同度，要加大对这支队伍的培训教育，提高其工作满意度和使命感。四要发挥学生在寝室的主体地位。"寝室是我家，治理靠大家。"各级学生组织可以成立公寓管理中心，选拔楼层长、寝室长等学生干部，以分级网格管理的方式，让学生自主地参与寝室的民主管理、自我监督过程，提高学生公寓区域治理能力。

3. 提升文明寝室建设成效

文明寝室建设，学生公寓环境改善是基础。公寓环境包括寝室基础生活设施、网络智能设备等"硬环境"和文化宣传、居住氛围、人文涵养等"软环境"。对于"硬环境"，需要高校投入资金、因势利导，改善学生公寓的设施条件，尤其是要首先集中力量解决学生矛盾突出、需求迫切的问题，如空调安装、寝室热水、门禁系统、储物空间等问题，然后再逐步推进其他改善型的设施建设，让学生在寝室里从"住得放心""住得安心"到"住得称心""住得舒心"的转变。对于"软环境"，高校可以通过张贴标语、悬挂名人名言等方式在公寓里发展门厅楼道文化，潜移默化地强化大学生思想道德素质、提高审美情趣；高校也可以通过"文明寝室""最美寝室""模范寝室"等评选，引导寝室成员一起对居住环境进行设计美化，把寝室布置得更加整齐洁净、美观舒适，增强学生的交流合作、包容互助能力，提升文明修身教育的成效。

四、发挥文化主作用

所谓发挥文化主作用，主要是指发挥校园文化的育人功能。校园文化是学校长期办学所形成的一种内在文化氛围，凝聚着学校学风、校风、工作作风的整体素质，在学生培养过程中起着重要作用。建设优良的校园文化，对提高学生思想道德素质、完善人格、开发智力、丰富文化生活、促进学生全面发展有着重要作用。因此，在加强大学生文明修身教育过程中，必须高度重视校园文化的育人作用，引领与促进大学生崇德修身、向上向善。

（一）为何发挥文化主作用

1. 发挥文化主作用是坚定文化自信的本质要求

在"四个自信"中，文化自信是更基础、更广泛、更深厚的自信，是更基本、更深沉、更持久的力量。理论自觉、文化自信是一个民族进步的力量，价值先进、思想解放是一个社会活力的来源。国家之魂，文以化之，文以铸之。大学生作为未来社会主义建设和中华民族伟大复兴的生力军，文化自信必须根植于大学生的头脑中，文化自信是新时代大学生必须始终秉持的态度与坚守。在大学生文明修身教育中发挥文化主作用，即发挥文化育人的作用，让大学生明白自己民族文化的来源，明白自己民族文化的发展方向，从优秀的文化中汲取营养加强自身的道德素质修养，这是坚定文化自信的内在需求。大学生文明修身教育要先从文化认同开始，经过吸纳接收、内化认同、自觉践行等阶段，实现文明修身。这个过程中也是自觉不自觉地对文化自信的坚持、继承发展和传承创新。

2. 发挥文化主作用是贯彻以文化人的内在要求

2016年12月，全国高校思想政治工作会议强调，要更加注重以文化人以文育人。这既深刻阐明了中华文化发展繁荣对于中华民族伟大复兴的重要意义，也为高校坚定文化自信，传承中华文化血脉，加强和创新高校思想政治工作，落实"立德树人"根本任务提供了基本遵循。大学生文明修身中发挥文化主作用的方法之一就是提升优秀文化的辐射力、覆盖力，以"润物细无声"的姿态感染人，以"春风化雨"的姿态影响人，源源不断地为大学生文明修身提供优秀文化积淀和文化资源。

文化育人作用的发挥，就是要充足"底气"塑造学生品德，形成"底蕴"丰富学生知识，打好"底色"汇聚学生情怀。因此，在大学生文明修身教育中发挥文化主作用，是贯彻以文化人、以文育人的内在要求和逻辑内涵。

3. 发挥文化主作用是实施文明修身的现实需求

文化一旦作用于人，便会转换为潜力无穷的精神、理念、情志和无与伦比的进取心与创造力。文化在大学生文明修身教育中不仅有着不可取代的作用，而且更是一以贯之的。如果没有一定的文化修养，大学生为何要修德、要修什么德、怎样来修德等问题可能会失去方向指引和价值引领。在文明修身教育中发挥文化的主作用，让大学生可以在复杂多变的文化环境中学会分辨是非真假，学会思辨精神和批判精神，学会如何应对各种思想文化潮流。当前多元文化思潮对青年大学生的自身修养造成了一定冲击，不少学生受"佛系文化""丧文化"等思想的影响表现出思想颓废、生活态度缺乏积极乐观的现象，因此，在大学生文明修身教育中，发挥主流文化价值的作用，不仅可以消解负面文化的影响，而且可以让大学生在不同的文化冲击中学会选择、学会坚守。发挥文化育人的主要作用，恰恰是青年大学生自身成长的现实需要和动力支撑。

（二）何为发挥文化主作用

1. 弘扬中华优秀传统文化，强化大学生文明修身文化底蕴

深入开展中华优秀传统文化教育，提升青年大学生的文化修养和文化内涵，是开展大学生文明修身教育的重要内容之一。中华文明绵延数千年，有其独特的价值体系，经过不断的继承发展、推陈出新，表现出强大的生命力和影响力，因此才延伸出我们中华民族的文化自信。在大学生文明修身过程中，浓厚的文化底蕴是其道德品质提升和思想素质升华的重要价值依托。当前高等教育传授的不仅仅是知识文化，更重要的层面在于培养人，落实"立德树人"这个根本任务。弘扬中华优秀传统文化不仅可以扩展学生的文化认知面，有助于大学生从中汲取智慧营养和精神支持，扩展历史眼光，同时可以增强大学生的道德教育，有助于强化大学生的文化认同和民族精神，自觉弘扬中华民族优秀美德。新时代大学生文明修身如果没有一定的文化素养做支撑，那么在思想素质方面就不会表现出强大的生命力。一部分人出现的"空心病"，精神上的"缺钙"正是自身缺乏一定的文化修养，无法应对处理日常产生的问题。奉献、担当和作为植根于中华优秀传统文化，是民族精神的重要组成部分，中华优秀传统文化包罗万象，大学生从中可以借鉴和运用的资源和素材

十分广阔,而这也正是大学生丰富自身文化内涵,提升文化修养的重要来源。

2. 发挥红色文化育人作用,筑牢大学生文明修身理想信念

开展大学生文明修身教育,必须要充分挖掘红色文化教育资源,融入大学生思想政治教育当中,发挥红色文化教育资源的育人功能。红色文化是中国特色社会主义文化的重要组成部分。其传承和发展是在几代中国共产党人的艰苦奋斗中形成的宝贵精神财富。红色文化资源是在中国共产党领导中国人民进行民族解放和民族独立伟大斗争的历史进程中,在社会主义现代化建设的伟大实践中,以马克思主义为指导,整合、重组、吸收、优化先进文化成果生成的革命精神及其载体的总和。红色文化具有鲜明的科学性、真理性、传承性和形象性,是大学生理想信念的重要素材资源。大学生在文明修身过程中,需要在一定的历史时代条件下理解把握中国革命史、改革开放史、新时代中国特色社会主义发展大势。只有认识和把握人类社会历史发展规律,认识和把握中国特色社会主义发展的历史必然性,才能形成正确的世界观、民族观、文化观,才能不断树立为共产主义远大理想和中国特色社会主义共同理想而奋斗的信念和信心。在伟大理想信念的引领下,大学生才会发挥主观能动性,自觉以追求卓越的高品质标准严格要求自我,自觉提升个人修为,才能实现自身文明修身境界的提升。

3. 推行社会主义先进文化,强化大学生文明修身的价值理念

要强化大学生文明修身教育,必须提倡和弘扬社会主义核心价值观,进一步进行社会主义先进文化教育,推动中国特色社会主义文化繁荣兴盛。要倡导富强、民主、文明、和谐,倡导自由、平等、公正、法治,倡导爱国、敬业、诚信、友善,积极培育和践行社会主义核心价值观,以此塑造大学生正确的世界观、人生观、价值观,自觉把自身发展融入社会主义现代化建设中,与祖国同呼吸、共命运、心连心,将小我融入大我,才能真正展现人生价值。大学生文明修身教育离不开正确价值的引导,这是方向性和原则性的问题。社会主义核心价值观把涉及国家、社会、公民的价值要求融为一体,既体现了社会主义的本质要求,继承了中华优秀传统文化,也吸收了世界文明的有益成果,体现了时代精神。因此大学生在践行社会主义核心价值观的同时,其实也内在吸收了优秀文化的精髓,这必然为自身精神文明提升和发展奠定了基础。大学生文明修身教育的内涵要求与社会主义先进文化的前进方向和发展趋势是高度统一的,因此需要把社会主义先进文化作为重要内容纳入其中,助力大学生文明修身。

(三)如何发挥文化主作用

1. 优化师资队伍建设，发挥学校师德教育作用

开展大学生文明修身教育的目的，是要把大学生培养成为有理想、有本领、有担当的时代新人。高校作为大学生文明修身的主要阵地和主要平台，应当将大学生文明修身作为大学生思想政治教育的重要方面，自觉将文化建设放在首位，发挥文化主导地位和作用。高校之中作为文化传播和传承的主体之一则是教师队伍。教师队伍道德文化素质的高低直接影响大学生文明修身教育的结果。以文化人、以文育人首先要求教师队伍的师德素养要高。只有具备高尚道德品质的教师，才能引领塑造大学生形成正确的人生观、价值观。高校教师要明晰教书育人的重要意义，从而做到教书与育人相统一。教书的重要意义在于言传知识，育人的重要意义在于身教做人，用自己的高尚师德师风潜移默化地影响学生，不仅仅是时间、精力的付出，更重要的是品德、人格的输出。因此，师德要求是推行文化育人作用的重要内容之一。发挥文化育人的主作用，需要依靠教师队伍的主要力量，指引和帮助大学生认识到文明修身的重要性、必要性和紧迫性，帮助大学生树立积极健康乐观的生活理念，树立崇高理想，自觉担负使命，练就过硬本领，锤炼意志品格。

2. 改进学校德育工作，增强学校素质教育功能

发挥文化育人主作用，需要在"以人为本"的教育理念下开展大学生德育工作，从功利视角转向人文视角。大学生文明修身关乎一个人的长远发展，因此开展文化教育的过程也不可能是一蹴而就的，它需要一个长期的教育过程，最终是指向人的全面自由发展，这与马克思主义关于人的全面发展理念完全一致。学校在开展文化育人工作时必须考虑到这一点，将人文精神素养作为大学生文明修身教育的重要方面。文化育人的主要途径要体现在学生学习知识的全过程、学生实践行为的全过程，包括学生思想素质的提升、健康心理的养成、良好品德的形成等方面。要引领大学生注重文明修身的养成教育，从人文关怀视角开展文化育人和德育工作，帮助大学生树立科学的人生规划和职业规划，自觉把握精神追求的意义，将道德品质和思想境界的进一步提升作为大学生成长成才的重要方面。在大学生文明修身教育中，要牢牢掌握高校意识形态工作领导权，培育和践行社会主义核心价值观，从思想引领、价值引领层面优化校风学风，推进学校德育工作改革，培育和弘扬大学精神，引导大学生自觉加强文明修身。

3. 拓展文化育人载体，提升学校实践教育内涵

发挥文化育人主作用需要借助一定的载体和平台，引领大学生文明修身需要进

一步繁荣校园文化，建设优美环境，滋养师生心灵、涵育师生品行。合理设计实践教育环节，结合红色文化教育、中华优秀传统文化教育、社会主义先进文化教育，将实践育人融入第二、第三、第四课堂当中，促进学生主动求知、主动实践的精神风貌形成。努力开拓实践育人基地，丰富实践文化活动，推进高雅艺术、非物质文化、民族民间优秀文化走近师生。结合经典传统文化开展文化建设活动，推进文化传承；挖掘革命文化的育人内涵，开展红色文化主题教育实践活动，让学生感知历史、感知文化、感知社会；开展社会主义先进文化教育，开展高校师生社会主义核心价值观主题教育活动，树立社会主义核心价值观教育典型案例，激发学生思考，主动向榜样学习。大力繁荣校园文化，创新校园文化品牌，挖掘校史校风校训校歌的教育作用，推进"一校一品"校园文化建设，推选展示一批高校校园文化建设优秀成果，引导高校建设特色校园文化。把校园文化建设与繁荣作为大学生文明修身的教育高地，达到文化与审美、教育功能的和谐统一。广泛开展文明校园创建，把高校建设成为社会主义精神文明的高地。

五、坚持实践主途径

实践是人们能动地改造和探索现实世界一切客观物质的社会性活动。社会实践是高校德育的重要内容，也是大学生接受文明修身教育的重要途径，在促进大学生成长发展中具有不可替代的作用。因此，在大学生文明修身教育中，坚持实践主途径显得尤为重要。

（一）为何坚持实践主途径

1. 坚持实践主途径是马克思主义实践论的要求

马克思主义实践论认为，实践是理论的基础，理论依赖于实践，实践能够为人们认识的发展指明方向。人的社会实践，不限于生产活动一种形式，还有多种其他的形式，阶级斗争，政治生活，科学和艺术的活动，总之社会实际生活的一切领域都是社会的人所参加的。实践观点是马克思主义哲学的核心观点。实践决定认识，是认识的源泉和动力，也是认识的目的和归宿。大学生要成为马克思主义者，就要深入社会、了解实践，把参加实践活动当作成长为马克思主义者的必由之路。同时，大学生只有深入社会、了解实践，才能将文明修身的要求与实践中的需求相统一，在实践中不断思考、不断锤炼，推动文明修身内化于心、外化于行。

2. 坚持实践主途径是马克思主义关于人的全面发展学说的要求

马克思、恩格斯创立了科学的人的全面发展学说，其核心是人的体力、智力、精神和道德得到充分的发展和运用。我们建设中国特色社会主义的各项事业，我们进行的一切工作，既要着眼于人民现实的物质文化生活需要，同时又要着眼于促进人民素质的提高，也就是要努力促进人的全面发展。大学生进行文明修身实践，正是遵循了人的全面发展这一必然规律，适应了这一规律的客观要求，也是联系"培养什么人、怎样培养人、为谁培养人"这个教育的根本问题的重要纽带。

3. 坚持实践主途径是马克思主义关于教育与生产劳动相结合理论的要求

教育与生产劳动相结合，是马克思主义教育思想的基本原理之一，也是社会主义新中国教育的基本方针，具有丰富的内涵与意义。在第 38 届国际教育会议上通过的唯一决议，就是建议各国把教育与生产劳动结合起来。我国《教育法》明文规定："教育必须为社会主义现代化建设服务，必须与生产劳动相结合。"2018 年全国教育大会强调指出，培养德智体美劳全面发展的社会主义建设者和接班人，加快推进教育现代化、建设教育强国、办好人民满意的教育。因此，大学生有目的、有计划地深入现实社会，参与具体的生产劳动和社会生活，深入了解社会，增长知识技能，树立正确的人生观，理论联系实际，是培养社会公德、职业道德、家庭美德、个人品德和实现文明修身的重要途径。

（二）何为坚持实践主途径

1. 发挥榜样示范作用引领修身

榜样对大学生文明修身教育具有强有力的激励作用。通过"文明之星""我心目中的好同学""院系之星""寝室标兵"等推荐评选活动，引导大学生广泛参与推选来自身边、具有闪光点的、可亲可信可学的典型人物，并通过事迹学习、交流访谈、表彰奖励等形式进行广泛宣传，激发大学生的责任感、进取心和创造力，使蕴藏在大学生中的文明向上、崇德修身的精神元素得到挖掘和弘扬。大学生同伴年龄相仿，知识背景和兴趣爱好相近，相处时间长，感情信任度高，相互之间在思想认识上的影响也较大。通过设置主题班会活动、主题团日活动、寝室文化活动等，让同伴相互交流讨论，让同伴共同完成任务，通过培养学生骨干，让他们在日常的学习、生活中带动更多的同伴成长。使大学生相互激励、相互促进、共同进步，耳濡目染提升思想道德素质。

2. 强化服务育人引领修身

帮助大学生解决实际问题，能够为解决他们的思想问题创造积极条件，起到重大促进作用。努力帮助大学生解决他们在学习、生活、素质提高、就业创业等方面遇到的实际困难，增强大学生对学校和教师的信任，同时努力在服务项目开展的过程中渗入正确的文明修身内容，实现为大学生办实事与对大学生进行文明修身引领的统一。学生会、学生社团等开展的活动灵活性、自主性、平等性强，对于满足大学生在兴趣爱好、情感交流、技能提高等方面的需求具有独特作用，因此比较受大学生欢迎。各级党团组织积极指导学生会和学生社团按照娱乐性、趣味性与思想性、知识性相结合的要求开展活动，使大学生在学生组织活动中得到思想启迪和文明教化。优秀校友、优秀学长的成长经历，对在校学生往往具有较强的可信度和说服力。充分发掘校友和学长群体中的优秀资源，通过"学长宣讲团"报告会、优秀校友事迹汇编、参观校友企业（单位）等形式，启发大学生积极进取、奋发成才。特别针对在校大学生思想迷茫，社会经验不足的特点，利用校友和学长现身说法，激励大学生文明修身，开展职业道德教育，促使大学生尽早适应社会、适应工作岗位。

3. 丰富文化活动影响修身

文化活动对人的思想意识具有潜移默化的重要影响。积极开展校园艺术文化节、公寓文化节、科技文化节、体育文化节等校园文化活动，组织创作和展演一批反映大学生活、弘扬主旋律的歌曲、话剧、音乐剧、动漫、诗歌、小说等文化艺术作品，使大学生在生动活泼、积极向上的校园文化环境中提升文明修身境界。在开展校园文化活动时，要特别注重群众性，发动更多大学生参与到文化活动中，进行文明修身实践。围绕主题实践增进修身。根据大学生大学生活"三点一线"，社会实践参与不足的特点，创造条件让大学生走出校园、走向社会，让大学生把理论与实践相结合，在亲身参与和体验中巩固和深化社会主义意识形态。围绕大学生文明修身教育的要求，有针对性地设计开展参观走访、调查研究、志愿服务、"三下乡"等实践活动，引导大学生深入了解国情、世情、民情，感受党的执政成就特别是文化建设成就，坚定文化自信，增强对社会主义核心价值观的感性和理性认同。开展仪式教育熏陶修身。庄严的仪式具有强烈的象征意义和巨大的心理暗示作用，能在人的内心打下深刻烙印。精心设计和组织开展好入团、入党、入校、毕业离校、出征、升旗、重大节日和纪念日庆典、表彰奖励等各种仪式活动，突出主题、规范程序、营造氛围、升华意蕴，使大学生在仪式中受到思想和情感上的感染和激励。特别注重结合专业特色举办如"医师节""护士节""记者节"等仪式活动，使大学生在校期间就受到良好职业道德的熏陶。改进游戏活动渗透修身。游戏是新时代大学生喜闻乐见的活动形式，游戏活动既具有娱乐功能，也能具备一定的规则养成和意识形态渗透的功能。积极引入和改进各种形式的室内游戏、棋牌游戏、电子游戏、角色扮演游戏等游戏活动，努力开发一批具有大学生特色的游戏活动，把文明修身的内容巧妙地融入这些游戏实践之中，使大学生在参与中获得有益的启示。

4. 完善制度建设约束修身

对一个国家的治理来说，法治与德治，从来都是相辅相成、相互促进的，两者缺一不可，不可偏废，道德规范是不能独立运行的，和外部制度完美融合才能激发其更多力量。对于高校来说，也要"德法相济"，制定严格的规章制度来约束学生的行为，比如综合考察制度、素质评分、文明评比等，制定切实可行的实施细则，用量化评价指标来衡量道德素养。还要注意提高可操作性，为了让学生更容易接受，要结合学生的身心特点，设计灵活巧妙，增强人性化的特征。

（三）如何坚持实践主途径

1. 坚持大学生文明修身实践与大学生思想政治教育相结合

大学生文明修身实践要坚持立德树人，牢固树立实践育人的思想，把提高大学生思想政治素质作为首要任务，使文明修身实践活动在培养大学生正确的世界观、人生观、价值观中发挥积极作用，使大学生能够运用辩证唯物主义的基本观点，全面客观地去观察问题、分析问题和解决问题，能够用历史唯物主义的基本观点和方法看待社会和人生，正确分析和评价现实生活中政治、经济、文化、道德现象和各种社会思潮。特别是因为大学生思想鉴别力还不一定很强，占有信息的全面和真实程度不同、观察的角度和立场不同、思想认识水平不同，所以实践后的交流、引导尤为重要。要引导他们从正确的视角观察纷繁复杂的社会现象，善于在理性层面上对所看到的社会现象进行再认识、再思考，从而正确把握社会文化发展的主流和本质。

2. 坚持大学生文明修身实践与大学生社会化相结合

高等教育的一个重要任务是帮助学生完成社会化，使其树立基本的社会意识，掌握基本的社会技能，大学生文明修身实践是加速这一任务的重要步骤。新时代大学生对生活缺乏实际经验，对现实缺乏了解，对艰难困苦缺乏亲身体验，对国家历史、民族和社会的责任缺乏充分的理解，自我为中心的意识严重。大学生文明修身实践要特别注重与社会人民大众的广泛接触，使其学会各种社会关系的处理，树立法规意识、公德意识和社会责任感，实现与社会现实的融合，提高认识社会、适应社会和改造社会的各种能力，帮助大学生培养社会公德，提升全民族的道德水平。

3. 坚持大学生文明修身实践与大学生职业发展相结合

培养具有创新精神和实践能力的高级专门人才是高等教育的重要任务，而大学生职业发展知识技能教育与职业道德素质培养相互依存，缺一不可。大学生文明修身实践要主动适应和服务人才培养、社会发展的需要，鼓励大学生到有关用人单位参加实践活动，一方面运用掌握的科学理论知识，分析、解决现代生产实践及其他实践中的实际问题，将自己所学知识、创造成果直接应用于社会，提高实际工作能力；另一方面在实践活动中明确自己将来所要担任的社会角色，深刻感受到自己所肩负的社会责任和使命，培育良好的职业道德。

4. 坚持大学生文明修身实践与大学生感恩教育相结合

文化传承是高等教育的重要任务，新时代大学生是伴随着一系列社会转型成长起来的一代，传统"饮水思源""忠孝礼义"等美德教育面临各种价值观的冲击。感恩是中华民族的优良传统，也是社会主义道德教育的一项重要内容。大学生文明修身实践和感恩教育相结合，通过情感感召，抓住契机、制造场景、营造氛围，对大学生进行情感激励、情感抚慰和情感感召，借助情感激发的力量，激励大学生向上向善，孝老爱亲，建设个人小家庭、社会大家庭，推进家庭美德建设。

5. 坚持大学生文明修身实践与大学生创新创业相结合

创新创业教育是高校实现人才培养、服务社会的重要环节，事关高校的发展和整个社会主义现代化建设事业的成败。随着社会经济的发展，"大众创业，万众创新"的理念深入人心，广大大学生也积极投入创新创业大潮。大学生文明修身实践要主动融入创新创业教育，一方面在创新创业教育中，不断为文明修身实践提供丰富的途径与鲜活的素材；另一方面为创新创业教育提供正确的价值观导向，发挥思想启迪、文化引领的作用，推进个人品德建设。

六、利用网络主媒体

2016年12月，全国高校思想政治工作会议强调，做好高校思想政治工作，要因事而化、因时而进、因势而新。要运用新媒体、新技术使工作活起来，推动思想政治工作传统优势与信息技术高度融合，增强时代感和吸引力。创新思想政治教育载体，推动思想政治教育工作与时俱进，对响应党的号召、实现思想政治教育现代化显得至关重要。同样，在大学生文明修身教育中，利用网络主媒体，发挥网络育人功能，意义不可小觑。

(一) 为何利用网络主媒体

1. 利用网络主媒体有利于拓宽大学生文明修身教育的范围

传统思想政治教育多采用思想政治教育者在具体的地点和具体的时间段对学生进行思想政治教育的方式，有课堂讲授，集中开会，举行报告会、座谈会等形式，可以在短时间内取得育人效果，但是育人对象覆盖面窄，效果持续性低。随着网络主媒体的发展和普及，处处有网，时时有网，网络主媒体的跨时空性打破了思想政治教育工作的时空藩篱，为跨区域、跨时空开展大学生文明修身教育工作提供了条件。网络主媒体架起了学校、家庭和社会的桥梁。在网络中，三种育人力量发挥协同效应，取得了良好的育人效果。

2. 利用网络主媒体有利于丰富大学生文明修身教育的内容

传统思想政治教育的内容大多来自书籍、报刊、文件。思想政治教育工作者即使花费巨大的时间和精力充实思想政治教育的内容，仍然不能改变其内容的局限性和滞后性。网络主媒体是大量信息传播、交互、整合的载体，具有信息容量大、更新速度快的特点。思想政治教育工作者既可以在网络主媒体信息中找到马克思主义产生、发展以及中国化进程中的经典理论成果，还可以关注当前的世界局势、国内形势、政策措施、最新理论成果以及热点新闻、典型案例、社会聚焦等，为大学生文明修身教育提供丰富的素材。"网络汇集的信息成果极大地拓展了思想政治教育的内容，也有利于开阔教育对象的视野、提高境界，有助于达到更好的教育效果。"

3. 利用网络主媒体有利于提高大学生文明修身教育的效果

传统的思想政治教育通常由思想政治教育者在固定场所向学生讲授思想政治理论知识，包括课堂教学、学术报告、集中开会等。一张嘴、一支笔、一言堂是其典型的写照。教育者占据主导地位，向学生灌输相关理论知识，往往忽视学生是否对教育内容有反馈、反馈的频率如何等。网络主媒体的虚拟性和交互性调动了学生学习文明修身理论知识的积极性。在网络上，教育者与学生地位平等。双方既是大学生文明修身教育的接受者也是传达者。学生可以关注自己感兴趣的热点问题，说自己想说的话，直接表达自己的观点和立场。教育者和学生共同分享体会、吐露真心、沟通思想，互相影响，提高了大学生文明修身教育的效果。

4. 利用网络主媒体有利于创新大学生文明修身教育的载体

在大学生文明修身教育过程中，教育者要达成教学目标和实现教学效果必须借助教育载体。传统思想政治教育载体单调，大多由教育者利用教材、课堂、会议、报告等载体开展思想政治教育。伴随信息技术的发展，种类繁多的新媒体不断涌现。思想政治教育载体借助网络新媒体的出现而不断增加，"面对新形势、新问题，为适应社会的发展思想政治教育既需要内容和方法的创新，也需要载体的创新。在继续沿用传统载体的基础上必须不断创新，使之变得现代化。"

（二）何为利用网络主媒体

1. 依托网络系统构筑主流价值引导的文明修身教育阵地

建立高校思想政治教育网络系统，构筑以社会主义核心价值观为主导的网络化、信息化的网络阵地，是加强新时代大学生文明修身教育中利用网络主媒体的重要内容。根据第45次《中国互联网络发展状况统计报告》数据统计，截至2020年3月，互联网普及率达到64.5%，受过大学专科及以上教育的网民群体占比为19.5%。由此可见，网络已经成为高校大学生群体的一个重要思想阵地，对大学生的影响也越来越明显。思想政治教育必须紧跟时代潮流，借助网络信息技术建立和完善高校的思想政治教育网络系统，以社会主义核心价值观为指导，构建以高校大学生群体为对象的网络文化阵地，使网络空间成为大学生群体接受先进文化熏陶、开展文明修身教育的重要途径。

2. 利用网络工具载体改进并创新大学生文明修身教育

利用具体的网络工具载体，可以改进并创新新时代大学生文明修身教育工作。互联网的普及，改变了传统的人际交流和信息传播方式，并逐渐产生了许多网络交流工具，例如微信公众号、微博、论坛等热门交流平台，这种即时与非即时的网络交流工具为高校思想政治教育者与教育对象提供了全新的交流与信息传递方式，打破了传统思想政治教育的地域与时空限制，是完成思想政治教育现代化的重要契机。高校思想政治教育者必须紧紧抓住这一创新发展机遇，把思想政治教育与网络载体结合起来，利用先进的网络工具，提高传播先进教育信息的效率和能力，使教育对象愉快、轻松地接受教育和引导，使沟通交流更加顺畅。在非教学时间，高校思想政治教育者更可以利用微信群、官方微博、官方网站等网络工具与大学生进行日常生活的交流，可以减少教育者与教育对象的沟通障碍，增加教育对象自主表达、合理诉求的权利，更好地发挥教育对象的主观能动性，教育者也可以针对教育对象生活、学习或者交往中的问题进行针对性的指导，使两者得以相互了解、相互沟通，实现两者的双向交流，使其更好地参与到高校的思想政治教育工作中去，增强针对性和实效性。

（三）如何利用网络主媒体

1. 以社会主义核心价值观为引领打造修身教育网上平台

大力拓展网上传统修身教育阵地，确保大学生思想道德教育进网络，使其形成正确的世界观、人生观、价值观。要围绕一些重大的政治问题，旗帜鲜明地发表评论，进行积极的引导，对错误言论、思潮要严厉批评、及时纠正。要正视网络对修身教育工作的影响，采取有力措施，摒弃网络带来的负面效应，让广大大学生在虚拟网络世界中扬善弃恶，自警自律，积极打造大学生文明修身教育工作新平台。

2. 以提升修身教育实效性为目标开展网络道德实践活动

修身是中国传统文化中的重要组成部分，也是中国古代德育思想史上的核心命题。因此，可以结合自身特点，积极开展大学生网络道德实践活动。可以利用网络开展大学生思想道德状况调查和搭建大学生道德大看台；开辟专门的大学生修身教育工作室，主动对新时代大学生中反映的信息进行反馈，并将服务性、权威性、指导性有机地结合起来；在网上创建"修身教育社区"，定期发布各类大众道德事件，进而围绕着这些事件建立"道德聊天室"，"主持人"可以在大学生广泛讨论的基础上发布具有正面导向作用的观点。这些实践活动无疑会使道德观点的交流更具真实性和及时性，使修身教育更具有开放性和互动性，从而大大增强大学生文明修身教育的效果。

3. 以培养大学生慎独精神为宗旨强化网络伦理意识教育

网络使用中的道德问题，是当前的主要社会问题之一。大学生强化网络伦理意识，对于培养自己的慎独品质有极其重要的意义。慎独是中华民族的一种传统美德，即在无人监督的情况之下，也坚守自己的道德信念，对自己的言行小心谨慎，不做任何不道德的事。网络是无人看管的自由世界，在这虚拟的世界里，大学生也在虚拟自我，导致社会生活中的双重人格与两面行为。所以，在网络背景下，我们呼唤大学生自律意识的觉醒，更呼唤大学生自我意识的健全。

七、尊重学生主体性

所谓尊重学生主体性，是指尊重学生主体地位。众所周知，影响教育的因素是多种多样的，但归结起来主要是内因与外因两个方面。在教育的过程中，学生主体是唯一的内因，相对学生来说，其余的一切客体都是外因。外因通过内因而起作用，只有把学生始终作为主体对待，调动学生主动学习的积极性，才能使学生内因起变化，积极接受教育。因此，在大学生文明修身教育过程中，必须尊重学生的主体地位，促进学生个体主动发展。

（一）为何尊重学生主体性

1. 尊重学生主体性是贯彻以人为本教育理念的重要前提

新时期加强和改进大学生思想政治教育要坚持以学生为本的基本原则，并运用到学生思想政治教育的各方面各环节中。思想政治教育要坚持"以人为本"，必须要坚持马克思主义人学理论，其是思想政治教育的重要理论基础之一。马克思主义人学理论的核心就是人的本质论，关注人的需要、实践和社会关系。以人为本的教育理念是指要以学生为中心，以实现学生的全面发展为目标，强调学生是教育的主体，认为学生是教育活动的根本，提倡调动学生的积极性和主动性。文明修身教育是促进学生全面发展的重要途径，贯彻了以学生为本的教育理念。高校文明修身教育只有贴近学生，贴近实际，贴近生活，确立学生在教育活动过程中的主体地位，才能达到教育的良好效果。

2. 尊重学生主体性是坚持思想政治教育原则的内在要求

思想政治工作从根本上说是做人的工作，必须围绕学生、关照学生、服务学生，不断提高学生的思想水平、政治觉悟、道德品质、文化素养，让学生成为德才兼备、全面发展的人才。因此，高校在开展思想政治教育活动时，必须充分尊重教育对象的主体地位。主体原则是思想政治教育的主要原则之一，指的是思想政治教育工作者调动受教育者自我教育的积极性以达到思想政治教育目标的行为准则。坚持文明修身教育的主体性原则，是由我国人民群众的主人翁地位决定的，是坚持思想政治教育主要原则的本质要求。学生的教育和自我教育是一致的，学生是教育客体也是主体。因此，坚持主体性原则，是发挥文明修身教育对受教育者积极影响的主要途径，是协调文明修身教育主客体辩证关系的基本需求，是提高大学生文明修身教育有效性的内在要求。

3. 尊重学生主体性是体现修身自觉自律本质的根本要求

修身是指道德的自我修养，是主体根据道德规范所表现出来的一种自觉自律行为，是主体需要进行长期自觉自律修炼的过程，是主体内心对自我的自觉要求。儒家学说中修身的方法主要有内省、慎独、主敬等，个人内心修养的培养是一个重要因素。如果文明修身教育一味强调他律，把灌输作为唯一的教育方法，忽视自律的积极作用，"道德教育也就变成对丧失尊严的受教主体人的一种单纯驯服教育"。因此，文明修身不能忽视受教育者的主体性，不能否定人作为意志主体的能动性，必须强调个体自身作用，注重对受教育者内在道德动机的发掘。立德修身教育的长期性和连续性特征势必要求发挥受教育者的主体性，提高受教育者自我教育能力，通过唤醒学生主体意识，激发学生自律意识，才能形成学生文明修身的自觉行为。

4. 尊重学生主体性是符合学生身心发展特征的现实需求

大学阶段是学生世界观、人生观、价值观形成的重要阶段，也是道德品质、行为习惯、健全人格形成的关键时期。文明修身教育是高校思想政治教育的重要内容，聚焦当前部分大学生道德失范现状，关注大学生成长成才过程中的薄弱环节，符合大学生身心发展的独特特征。新时代大学生在身心成长过程中具有主动性、自主性、独立性、能动性和创造性等特征，他们具有较强的主体意识和个性特征。马克思主义人学理论的最终归宿是人的发展论，人的全面发展指的是人的劳动能力、社会关系、自由个性的全面发展等。文明修身教育应重视受教育者的个性发展，在约束规范行为的基础上，致力于塑造个体人格。文明修身教育只有尊重受教育者，遵循学生身心发展规律，体现学生在学校教育管理中的主体地位，才能促进学生的健康成长和发展。

（二）何为尊重学生主体性

1. 强化自我教育能力，提升大学生文明修身境界

道德的基础是人类精神的自律，道德的最高境界是自律，道德的最高原则也是自律。大学生道德是他律与自律的统一，他律是靠外部力量约束，自律则是借内心力量规范，从被动服从到主动律己。著名教育家陶行知先生曾经说过"教是为了不教"，这句话，指的就是受教育者通过教育具有主体意识、自我教育能力之后，可以通过自我教育实现自我发展。可见，思想政治教育除了要充分发挥教育者的主导作用之外，更要引发学生的自觉性，着力培养学生的自我教育能力。因此，高校文明修身教育必须重视受教育者的自我教育活动，它是学生主体性品质生成、思想道德主动建构的基础和源泉。文明修身教育的终极目标就是使大学生从外部强制需要转化为内心约束需要，从道德他律走向道德自律，表现为大学生自主自为精神、自我管理能力。作为道德自律的自我教育，强调学生在形成正确的道德认知基础上，通过自我省视、自我调节，内化为坚定的道德情感，从而自觉规范自身行为，形成较强的自我教育能力，达到较高的道德境界。因此，自我教育是实现大学生道德自律的最佳路径，大学生只有将道德主动内化，才能真正实现文明修身教育的积极影响。

2. 遵循发展变化规律，丰富大学生文明修身内涵

创新与继承是相辅相成的，没有继承就没有创新，同样没有创新一味继承最终只能落伍淘汰。创新与继承是辩证统一的关系，应立足于继承，着力于创新，将批判继承与发展创新有机结合起来。新时代背景下，文明修身被赋予了新的内涵，文明修身教育也应在批判继承传统修身教育的基础上进行综合创新。高校文明修身教育应利用抖音、钉钉、微信等新媒体平台，运用艺术、文化等时尚元素的作用，满足新形势下的教育需求。在文明修身教育过程中，学生是受教育者，是教育的客体，但是同时他们又不断进行着自我教育，因而从这个意义上来说也是教育的主体。因此，学生的主体能动性是影响高校文明修身教育效果的重要因素之一，只有坚持思想政治教育的主体原则，发挥学生在教育过程中的主体能动性，才能提高文明修身教育的效益。高校在建设文明修身教育体系时，应把握学生成长特点，遵循学生发展规律，丰富活动内容，创新活动形式。

3. 开展教育实践活动，提高大学生文明修身效益

实践是理论的来源，是理论发展的动力。理论对实践有能动反作用，能更好地指导实践。古希腊哲学家亚里士多德曾说："德有两种：一种是智慧的德，是从学习中得来的；另一种是行为的德，是从实践中得来的。"意思就是说，除了获得道德理论知识，还要从实践中去加强认知。道德强调理论联系实践，强调知行合一，文明修身教育也是如此。因此，注重修身教育的实践性，是提高修身效果的重要手段。在高校文明修身教育中，学生除了接受教育内容，又直接践行教育内容，在同一过程中统一"接受"和"践行"，两者紧密相连、相互促进，理论联系实践，知与行相统一。文明修身教育的实践性特征要求高校要有效平衡"知道"与"体道"，鼓励学生通过积极的道德实践，来认同道德规范与准则，并内化为自身的道德意志与品质。只有将文明修身内化于心，外化于行，才能真正促进学生自觉的道德行为。

（三）如何尊重学生主体性

1. 在明理上下功夫，发挥课堂主阵地作用

崇德是大学生文明修身的基础，只有崇德知德才能立德修身。大学生只有准确把握新时代文明修身的丰富内涵,深刻认识文明修身教育的本质,才能真正入耳、入脑、入心。高校应将修身贯穿于学校教育教学全过程,成为全体师生的思想共识。应充分发挥课堂教学的主渠道作用,扎实推进文明修身进课堂进教材。加强文明修身教育,发挥学生的主体作用固然重要,但是教师的主导地位不可忽视,因为没有教师的引导,片面夸大学生的能动作用也是不可取的。教师的教育是学生修身素养提高的外因,学生的主体能动性是内因,因此,教师的主导作用发挥得越好,就越能充分调动学生的主体性。高校应抓住思想政治理论课这个爱国主义教育主阵地,教师应上好"思想政治课",将加强文明修身作为重要内容,以文明修身故事、身边文明修身典型等素材充实课堂案例,深入开展大学生文明修身教育,让学生在课堂上明确文明修身教育的理论体系,获取文明修身的科学内涵,即"为何要修身""要修什么身"和"如何来修身"三大重要组成部分。高校教师还应上好"专业课",将文明修身与专业课程相结合,通过"课程思政",将思政元素融入专业课程之中,在知识传授中引导文明修身。

2. 在认同上下功夫,挖掘先进典型示范效应

情怀是大学生文明修身的前提,只有情感认同才能坚定信念。高校应立体式、多维度培育文明修身情怀,通过选树先进典型,深度宣传优秀事迹,增强学生主体体验,强化文明修身的思想认同、理论认同、情感认同。教师教书育人、同学文明修身故事,这些发生在身边的真实素材,是最直观、最生动、最鲜活的教材,更具有说服力、感染力和号召力,更能发挥教师榜样的示范引领作用和朋辈力量的模范带头作用。学生的道德认识只有内化为道德情感,才能在道德实践中体现。也就是说,没有情感上的认同内化,学生的道德认知只能停留在理论阶段,难以转化为日常生活中的主动行为。高校应唱响"修身正能量"之歌,积极运用微博微信、社交媒体、视频网站、手机客户端等传播平台,定期推送修身知识,大力宣传修身精神,传播振奋人心的正能量,发挥媒体平台"传播器"作用。坚持内外联动,将挖掘校内资源与运用社会资源相结合,一方面邀请社会上的文明修身先进人物进校园开展报告会,另一方面培育校园文明修身模范典型在校园内开展思想政治教育,从而达到双管齐下,共同发力的良好效果。高校还应唱响"最美修身者"之歌,组织开展诸如"优秀团员""文明寝室""文明标兵""自强之星""文明风尚专项奖学金"等评比活动,深入挖掘感人事迹,深度讲述修身故事,以榜样的力量激励人、鼓舞人,发挥先进榜样"强心针"作用。

3. 在力行上下功夫，运用活动载体活化功能

实践是大学生文明修身的关键，只有行动体现才能促进发展。高校应倡导道德理论与道德实践相结合，积极搭建修身实践平台，引导学生"修身行"，做知行合一的"实干家"，用行动诠释修身之志，用行动促进修身行为养成。只有在实践活动中，学生才能形成并巩固良好的品德，才能外化为行为并形成行为习惯。修身教育活动载体是指教育者围绕教育目标，开展形式多样的活动，寓教育内容于活动中，使受教育者在活动中提高修身素质，其显著特征是受教育者在接受教育的同时直接践行着教育要求。活动载体有助于促进受教育者在接受理论教育的同时，实现教育和自我教育的统一，具有使得文明修身教育的客体主体化功能。作为文明修身教育载体的活动，是指社会服务、社会调查、社会实践、参观访问、劳动实践、学习模范人物等。高校应深入实施"文明修身工程"，组织开展诸如"礼敬中华优秀传统文化""传承中华传统美德""诵读经典""学习礼仪文化""创建文明班级""创建文明宿舍"等活动，在实践活动中锤炼道德修养，促进道德品质的发展。高校还应深入推进"特殊时期文明修身教育活动"，在重大纪念日、重大历史事件日，组织开展参观文明修身教育基地、瞻仰纪念碑、祭扫烈士墓等纪念活动，同时在新生入学、实习前夕、毕业离校这些关键时期抓好阶段性教育，将常规教育与特殊时期教育相结合，真正全方位、立体化构建文明修身教育体系。

八、落实教育主制度

所谓教育主制度，是指素质教育制度。素质教育是指一种与应试教育相对应，以提高受教育者诸方面素质为目标的教育模式，是以全面提高人的基本素质为根本目的，以尊重人的主体性和主动精神，以人为的性格为基础，注重开发人的智慧潜能，注重形成人的健全个性为根本特征的教育。推进素质教育，是社会发展的实际需要，对于加强大学生文明修身教育具有重要意义。党的十九大报告指出，要全面贯彻党的教育方针，落实立德树人根本任务，发展素质教育，推进教育公平，培养德智体美全面发展的社会主义建设者和接班人。《国家中长期教育改革和发展规划纲要（2010—2020年）》也明确指出："坚持以人为本、全面实施素质教育是教育改革发展的战略主题。"大学生是中国特色社会主义事业的建设者和接班人，其综合素质的高低不仅关系到自身的发展，更是中国特色社会主义事业发展强有力的基石。而教育制度的完善与否，将直接影响到大学生综合素质和能力的高低。加强新

时代大学生文明修身教育，需要从思想政治教育、道德品质教育、身体和心理素质教育、文化素养和能力教育等四个方面去落实好素质教育的主要内容。

（一）为何落实教育主制度

1. 落实教育主制度是落实"立德树人"根本任务的客观要求

中国共产党历来对人才培养十分重视。高校教育水平的高低直接关系到社会主义教育事业的好坏，应当始终将"德"放在人才标准衡量的首位。党的十八大报告首次提出将"立德树人"作为教育的根本任务，全国高校思想政治工作会议强调要坚持把立德树人作为中心环节，把思想政治工作贯穿教育教学全过程，实现全程育人、全方位育人。2017年2月，中共中央、国务院印发的《关于加强和改进新形势下高校思想政治工作的意见》指出，高校要"坚持社会主义办学方向，扎根中国大地办大学，以立德树人为根本，以理想信念教育为核心，以社会主义核心价值观为引领"。党的十九大进一步提出要"落实立德树人根本任务"。而要实现立德树人根本任务，离不开教育主制度的引领支撑，即由"应试教育"转向"素质教育"，不断完善社会主义教育制度。

2. 落实教育主制度是引领大学生全面成才的根本保障

思想政治工作从根本上说是做人的工作，必须围绕学生、关照学生、服务学生，不断提高学生思想水平、政治觉悟、道德品质、文化素养，让学生成为德才兼备、全面发展的人才。让青年成长成才是党的青年工作的重要目标，青年不仅要在书本上学习成才的本领，更要在基层实践中积累成才的智慧和力量。社会主义青年是"顶天立地"的，青年的"地"在基层实践，在群众之间。基层是青年增长才干、磨炼意志的大熔炉。大学生全面成才符合马克思主义关于人的全面发展理论，不仅关注素质的提升，也重视能力的锻炼。高校教育工作要时刻关注学生的素质和能力发展，搭建学生素质拓展平台，全面提高大学生的综合能力素质，这就对落实教育主制度提出了更高要求。

3. 落实教育主制度是迎接社会和国际竞争的现实需要

在当前经济全球化、信息网络化、思想多元化的新形势下，大学生的竞争环境瞬息万变，更应该掌握真才实学，以适应新环境的需要。西方国家无论是从国际战略格局上，还是从意识形态上，都不希望看到我们这样一个社会主义大国顺利实现和平发展。我们越是发展壮大，他们就会越焦虑，就越要加大对我国实施西化、分化的力度。大学生是青年群体当中的优秀代表，是祖国的未来和民族的希望，也是我们党的未来和希望，必须勇于担当起时代重任，努力成为推动实现中华民族伟大复兴的中国梦的栋梁之材。当今世界正经历百年未有之大变局，大学生必须始终维护国家利益，发扬以爱国主义为核心的民族精神和以改革创新为核心的时代精神，不断提升自身竞争力，助力国家富强、民族振兴和人民幸福。

（二）何为落实教育主制度

1. 思想政治教育是基础

思想政治教育主要包括理想信念教育和社会主义核心价值观教育。马克思主义信仰和中国特色社会主义信念是大学生健康发展的"精神之钙"，为大学生的发展提供源源不断的动力。如果大学生没有理想信念，就不会有明确的奋斗目标，更不能奉献自己、服务社会。坚定的理想信念是大学生前进道路上的灯塔，照亮前行的道路，使自我定位更加准确，从而为实现伟大梦想贡献力量。社会主义核心价值观教育对大学生来讲至关重要。大学生接受新鲜事物的能力非常强，思想观念的可塑性高，但因为涉世未深，鉴别能力不强，很容易被坏人利用。大学生的价值取向影响着整个社会未来的价值取向，而大学生处在价值观确立的关键阶段，抓好这一时期的社会主义核心价值观教育显得尤为重要。

2. 道德品质教育是关键

所谓"立德树人"，就是要在培养塑造良好道德品质的基础上培养人才。大学生道德水平的高低，关系到社会主义建设者和接班人能否健康成长、全面成才和走向成功。道德品质教育是一个内化的过程，从认可道德的标准到转化为稳定的心理状态和行为，是一个逐渐渗透和发展的过程，道德品质的培养具有长期性和相对稳定性。大学生在走上社会之前，良好道德品质的培养是关键。因此，高校在开展大学生道德品质培养中应该更加注重过程教育，克服短期目标，避免工具性倾向，全覆盖分层推进，让大学生学会做人、学会做事，努力做到知、情、意、行的统一，从而整体提升大学生的思想道德水平。

3. 身体健康和心理健康教育是重点

大学生正处在青春发育期，身体素质的提升至关重要，有了强健的体魄，才能更好地奉献祖国、服务人民。但是随着网络时代的到来，很多大学生花在网络上的时间过长，"无网不在""每日必网"成为常态。据 2020 年 4 月中国互联网信息中心（CNNIC）发布的第 45 次《中国互联网络发展状况统计报告》显示，截至 2020 年 3 月，我国网民规模达 9.04 亿，较 2018 年底增长 7508 万，互联网普及率达

64.5%，较 2018 年底提升 4.9 个百分点。其中，学生最多，占比为 26.9%。事实上，网络在给大学生提供信息获取方便的同时也带来了影响大学生锻炼提升身体素质的副作用。据国家体育总局调查，大学生身体素质继续呈现下降趋势，视力不良检出率居高不下，继续呈现低龄化倾向，肥胖检出率持续上升。同时，由于国家经济飞速发展，社会压力与日俱增，大学生面临更具挑战性的学习、家庭和社会环境，各种负担加重，极易出现压抑、孤独、焦虑、抑郁等心理问题，影响思想状态和行为习惯。因此，加强青年大学生的心理健康教育至关重要。此外，大学生心理素质的培养引起了全社会的关注与重视。中共中央、国务院出台了《关于进一步加强和改进大学生思想政治教育的意见》（中发〔2004〕16 号）和《教育部卫生部共青团中央关于进一步加强和改进大学生心理健康教育的意见》（教社政〔2005〕1 号）等文件，对大学生心理健康素质的培养提出了指导性意见。

4. 文化素养和能力教育是核心

文化素养和能力教育，应贯穿高校教育的始终，是高校素质教育的核心内容。大学生文化素养和学习能力的高低，直接关系到国家的高等学校教育水平和教育能力的高低。目前来看，大学生文化素养培育处在上升阶段，但能力教育仍存在不足。学习的主动性和内驱力需要进一步增强，自主学习意识不强，仍然离不开应试教育下的强化学习模式。因此，在大学生文明修身教育中，应突出素质教育，重视学生学习自主性和能力水平的提升。在教育过程中，要突出以学生为本，充分尊重学生和信任学生，及时做好教育反馈，培养学生的创新能力，激发学生学习的内驱力，让每一个学生都能主动开展学习和实践活动。

（三）如何落实教育主制度

1. 深化课程思想政治建设

课堂是将抽象的理论知识转化为课程教学的具体内容，通过教授、讨论、答疑等途径完成知识的内化，是完善大学生教育主制度的主要渠道。而在大学生文明修身教育中，课堂更是发挥了不可替代的主要作用。为了提高德育课堂的时效性，要进一步深化课程思想政治教育。全国高校思想政治工作会议强调，要用好课堂教学这个主渠道，各类课程都要与思想政治理论课同向同行，形成协同效应。长期以来，高校大学生思想政治教育面临困境，思想政治教育与通识教育、专业教学往往分头行动，互不相通。打破单一的"思政课程"，转向"课程思政"，更多的是在强调将思想政治理论课、综合素养课、专业教育课三者融会贯通，从而更好地实现文明修身的目的。完善课程思想政治教育，要注意将课堂变成一个可以对话、交流、批判、共享的民主课堂，学生可以主动选择和构建自己的世界观、人生观和价值观。如果课堂上出现了不道德事件，学生可在课堂上自由提出，并获得解答，充分发挥学生的积极性、主动性和创造性。因此，广大教师要厘清教育思路、转变教学方法，在培养大学生文明修身、落实教育主制度上下功夫。

2. 形成家校社会合力

大学生要更好地做到文明修身，教育主制度的完善，离不开家庭教育这个重要阵地。人的素质最早是受父母的影响，在社会环境中培养起来的，除了学校教育的主渠道外，家庭教育同样至关重要。学校思想政治教育的初步成果，需要家庭教育进一步巩固，双方互相配合，共同协作，才能真正培养出文明的大学生。要动员社会各界广泛参与，推动形成爱国爱家、相亲相爱、向上向善共建共享的社会主义家庭文明新风尚。这就要求我们重视家庭教育和影响，以良好的家风、家教、家品，将团结友爱、谦虚谨慎、诚实守信、明辨是非、相互合作、自我约束等优良品质潜移默化地传递给大学生，以行导人，以情感人，潜移默化地对大学生进行家庭教育和影响。此外，重视社会力量，无论是在校园的文化活动，还是在校外的如尊老敬老的送温暖活动，都是大学生文明修身的重要途径。落实教育主制度，不仅要发挥学校的主体作用，还要发挥家庭、社会的重要作用，形成家庭、学校、社会的教育合力，才能达到事半功倍的教育效果。

3. 利用校园文化载体

大学生积极参与学校公共事务，培养学生的文化意识和公民意识，是学生构建民主、道德空间的重要途径。校园文化氛围的渲染，是将大学生置身于一个强有力的文化教育环境中，在直接参与、间接欣赏、互动交流等过程中，逐渐完善自己的道德感、价值感和责任感。学生应该成为学校管理的主体之一，参与学校文化氛围的营造和建设，而不是一个被管理和被控制的对象。尤其有关学生重大利益事件，需要通过文化渠道，公开、透明地呈现给学生，达到"实质民主"效果。学校文化作用的发挥，不仅在课堂上，也在校园里，不仅发生在特定的时间，也出现在偶然事件中。此外，学校可通过完善各级各类学生组织，让大学生充分参与到学校的决策和管理中，培养学生的责任心和主体性。

4. 拓宽社会实践渠道

实践既是育人的途径，也是育人的目的。大学生尤其应该注重社会实践，充分利用第二课堂载体，在实践中形成不同的道德理解和体验，这对大学生文明修身将会产生深远影响。高校的第二课堂,是第一课堂的有效补充和实践延伸,和第一课堂有着同样重要的育人功能。新时代背景下,高校更应注重发挥第二课堂的实践育人作用,完善制度建设,重视大学生自律意识的培养、体验感悟的促成和综合能力的提升,从而使他们更好地与社会衔接。此外,还要正确处理第一课堂与第二课堂的关系,推动两者的有效结合,共同服务于大学生健康成长、全面成才和走向成功。

附 录
新时代大学生文明修身教育状况问卷调查数据

为全面把握新时代大学生文明修身教育现状，课题组于 2018 年 3 月在全国 30 所高校中开展了新时代大学生文明修身教育状况抽样问卷调查。本次调查以网络问卷形式开展，共有 13090 名学生参与。经问卷星平台自动统计，形成了问卷调查综合统计数据和分类交叉分析数据，总体上反映了新时代大学生文明修身教育状况。

一、问卷调查综合统计数据

1. 被调查人员的基本信息

性别：[单选题]

选项	小计	比例
A. 男	4878	37.27%
B. 女	8212	62.73%
总计	13090	100%

政治面貌：[单选题]

选项	小计	比例
A. 共青团员	10000	76.39%
B. 入党积极分子	2266	17.31%
C. 中共党员	403	3.08%
D. 非党员团员	421	3.22%
总计	13090	100%

个人身份：[单选题]

选项	小计	比例
A. 班级学生干部	3673	28.06%
B. 校级学生干部	2095	16.00%
C. 非学生干部	7322	55.94%
总计	13090	100%

个人年级：[单选题]

选项	小计	比例
A. 大一	7742	59.14%
B. 大二	3351	25.60%
C. 大三	1594	12.18%
D. 大四	288	2.20%
E. 大五	33	0.25%
F. 研究生	82	0.63%
总计	13090	100%

学科专业：[单选题]

选项	小计	比例
A. 哲学	105	0.80%
B. 经济学	1236	9.44%
C. 法学	207	1.58%
D. 教育学	357	2.73%
E. 文学	730	5.58%
F. 历史学	25	0.19%
G. 理学	1662	12.70%
H. 工学	2686	20.52%
I. 农学	221	1.69%
J. 医学	3716	28.39%
K. 军事学	23	0.18%
L. 管理学	1414	10.80%
M. 艺术学	708	5.41%
总计	13090	100%

学校类别：[单选题]

选项	小计	比例
A. 部属院校	546	4.17%
B. 省属本科院校	8057	61.55%
C. 市属本科院校	996	7.61%
D. 高职高专院校	3491	26.67%
总计	13090	100%

学校属性：[单选题]

选项	小计	比例
A. 中医药院校	5127	39.17%
B. 师范院校	1341	10.24%
C. 艺术院校	347	2.65%
D. 其他院校	6275	47.94%
总计	13090	100%

学校地域：[单选题]

选项	小计	比例
A. 东部院校	2593	19.81%
B. 南部院校	3118	23.82%
C. 西部院校	2518	19.24%
D. 北部院校	2570	19.63%
E. 中部院校	2291	17.50%
总计	13090	100%

家庭条件：[单选题]

选项	小计	比例
A. 优越	148	1.13%
B. 良好	1469	11.22%
C. 一般	7212	55.10%
D. 贫困	4261	32.55%
总计	13090	100%

父母职业：[单选题]

选项	小计	比例
A. 农民	6540	49.96%
B. 工人	2274	17.37%
C. 教师	428	3.27%
D. 干部	323	2.47%
E. 商人	902	6.89%
F. 医生	184	1.41%
G. 艺术家	28	0.21%
H. 其他	2411	18.42%
总计	13090	100%

2. 你所在的院校重视大学生文明修身教育吗？[单选题]

选项	小计	比例
A. 非常重视	4489	34.29%
B. 比较重视	6493	49.60%
C. 不太重视	1192	9.11%
D. 不重视	212	1.62%
E. 不知道	704	5.38%
总计	13090	100%

3. 你认为你所在院校的学生注重个人文明修身吗？[单选题]

选项	小计	比例
A. 非常重视	3978	30.39%
B. 比较重视	6560	50.11%
C. 不太重视	1667	12.73%
D. 不重视	268	2.05%
E. 不知道	617	4.71%
总计	13090	100%

4. 你对自己所在院校开展的大学生文明修身教育活动的兴趣评价：[单选题]

选项	小计	比例
A. 很感兴趣	3637	27.78%
B. 较感兴趣	7006	53.52%

续表

选项	小计	比例
C. 不感兴趣	1725	13.18%
D. 有点反感	155	1.18%
E. 不知道	567	4.33%
总计	13090	100%

5. 你所在院校开展的大学生文明修身教育活动对你有作用吗？[单选题]

选项	小计	比例
A. 非常有作用	4392	33.55%
B. 有点作用	7046	53.83%
C. 没有作用	798	6.10%
D. 不知道	854	6.52%
总计	13090	100%

6. 你对自己所在院校开展的大学生文明修身教育活动的满意度评价：[单选题]

选项	小计	比例
A. 非常满意	3567	27.25%
B. 比较满意	6920	52.86%
C. 不太满意	1364	10.42%
D. 不满意	271	2.07%
E. 不知道	968	7.39%
总计	13090	100%

7. 请你对照"品德好、品行优、品位高"的标准来衡量一下自己的文明修身水平：[单选题]

选项	小计	比例
A. 完全达标	2960	22.61%
B. 基本达标	9133	69.77%
C. 未达标	586	4.48%
D. 不知道	411	3.14%
总计	13090	100%

8. 你认为当代大学生的整体文明修身素养如何？[单选题]

选项	小计	比例
A. 很好	2074	15.84%
B. 较好	5653	43.19%
C. 一般	4714	36.01%
D. 不好	401	3.06%
E. 不知道	248	1.89%
总计	13090	100%

9. 你认为当代大学生有必要加强个人文明修身吗？[单选题]

选项	小计	比例
A. 非常必要	7393	56.48%
B. 有必要	5303	40.51%
C. 没有必要	161	1.23%
D. 不知道	233	1.78%
总计	13090	100%

10. 你对高校开展大学生文明修身教育活动的态度是：[单选题]

选项	小计	比例
A. 非常赞同	7397	56.51%
B. 基本赞同	5118	39.10%
C. 不太赞同	228	1.74%
D. 不赞同	76	0.58%
E. 不知道	271	2.07%
总计	13090	100%

11. 你愿意参加学校组织的大学生文明修身教育活动吗？[单选题]

选项	小计	比例
A. 非常愿意	5852	44.71%
B. 基本愿意	5994	45.79%
C. 不太愿意	682	5.21%
D. 不愿意	159	1.21%
E. 无所谓	403	3.08%
总计	13090	100%

12. 你认为大学生在公德意识方面常见的不文明行为有：[多选题]

选项	小计	比例
A. 购物就餐夹塞拥挤	8505	64.97%
B. 公共场合大声喧哗	9558	73.02%
C. 乱丢垃圾随地吐痰	7782	59.45%
D. 如厕之后一走了之	6781	51.8%
E. 需静场所手机声响	7308	55.83%
F. 争先乘坐公共交通工具	5520	42.17%
G. 不懂谦让老弱病残	5322	40.66%
H. 自修教室占位占座	7672	58.61%
总计	13090	—

13. 你认为大学生在尊重意识方面常见的不文明行为有：[多选题]

选项	小计	比例
A. 见了师长不会问候	7891	60.28%
B. 对待他人不懂尊重	8542	65.26%
C. 遇事不满语言粗俗	9366	71.55%
D. 情侣恋爱过分亲昵	7126	54.44%
总计	13090	—

14. 你认为大学生在仪容意识方面常见的不文明行为有：[多选题]

选项	小计	比例
A. 衣着打扮奇形怪异	5776	44.13%
B. 不分场合穿着随便	6761	51.65%
C. "课桌文化"屡见不鲜	8396	64.14%
D. 不切实际过度消费	8182	62.51%
总计	13090	—

15. 你认为大学生在诚信意识方面常见的不文明行为有：[多选题]

选项	小计	比例
A. 考试作弊五花八门	8890	67.91%
B. 对待朋友缺乏真诚	8064	61.60%
C. 约定之后不讲信用	7862	60.06%
D. 抄袭论文学术不端	7322	55.94%
总计	13090	—

16. 你认为大学生在法纪意识方面常见的不文明行为有：[多选题]

选项	小计	比例
A. 课堂纪律熟视无睹	8957	68.43%
B. 宿舍规定置若罔闻	7531	57.53%
C. 交通规则随意违反	6488	49.56%
D. 网络交流随心所欲	8068	61.63%
E. 旅游景点乱涂乱画	5593	42.73%
总计	13090	—

17. 你认为大学生在学习意识方面常见的不文明行为有：[多选题]

选项	小计	比例
A. 迟到早退旷课	9072	69.30%
B. 上课玩手机吃东西	9602	73.35%
C. 考前抱佛脚	7508	57.36%
D. 沉迷网络游戏	8840	67.53%
总计	13090	—

18. 你认为大学生在安全意识方面常见的不文明行为有：[多选题]

选项	小计	比例
A. 在寝室使用违章电器与明火	8262	63.12%
B. 不遵守交通规则	6686	51.08%
C. 回家或抵校不及时报告	5615	42.90%
D. 乱购乱放实验所需危化物品	6308	48.19%
E. 漠视学校安全教育	6979	53.32%
总计	13090	—

19. 你对大学生身上存在的奇装异服、不雅行为等不文明现象的态度是：[单选题]

选项	小计	比例
A. 非常厌恶	3043	23.25%
B. 有点厌恶	6336	48.4%
C. 可以理解	2922	22.32%
D. 无所谓	789	6.03%
总计	13090	100%

20. 你认为影响大学生文明修身素养的因素有：[多选题]

选项	小计	比例
A. 家庭环境：独生子女的过分溺爱	9015	68.87%
B. 社会环境：公民素质不高的负面影响	8454	64.58%
C. 应试教育：评价学生素质看分数	7879	60.19%
D. 管理滞后：缺乏中学式的严格管理	5538	42.31%
E. 教育片面：不太重视养成教育	7495	57.26%
F. 选人标准：招聘选拔主要看专业技术水平	5024	38.38%
总计	13090	—

21. 你对学校开展文明寝室建设活动的态度是：[单选题]

选项	小计	比例
A. 非常赞同：寝室应当保持整洁	7091	54.17%
B. 基本赞同：老是检查评比让人有点厌烦	4252	32.48%
C. 不太赞同：有点影响个人生活	1084	8.28%
D. 不赞同：寝室卫生好坏纯属个人事务	401	3.06%
E. 无所谓	262	2.00%
总计	13090	100%

22. 你对大学生在寝室使用违章电器的态度是：[单选题]

选项	小计	比例
A. 为了安全应该禁止使用违章电器	5097	38.94%
B. 电吹风等电器应当可以使用	6740	51.49%
C. 不应该禁止使用违章电器	849	6.49%
D. 无所谓	404	3.09%
总计	13090	100%

23. 如果你在校园里看到学生有不文明行为时的态度是：[单选题]

选项	小计	比例
A. 勇于制止或提醒	3011	23.00%
B. 有制止的想法但没有行动	4577	34.97%
C. 自省自警自励	5055	38.62%
D. 事不关己高高挂起	447	3.41%
总计	13090	100%

24. 你认为下列哪几种修德教育方式是可行的？[多选题]

选项	小计	比例
A. 学校师德引领	10244	78.26%
B. 社会公德约束	9968	76.15%
C. 家庭美德熏陶	9820	75.02%
D. 职业道德塑造	8276	63.22%
总计	13090	—

25. 你个人的思想道德素养主要得益于下列哪种途径？[多选题]

选项	小计	比例
A. 学校师德引领	9347	71.41%
B. 社会公德约束	9123	69.69%
C. 家庭美德熏陶	10034	76.65%
D. 职业道德塑造	6000	45.84%
总计	13090	—

26. 你认为高校通过开展哪些活动可以提高大学生的文明修身素养？[多选题]

选项	小计	比例
A. 树文明典型学先进事迹	8462	64.64%
B. 美化校园文化环境	9376	71.63%
C. 加强对不文明行为治理	8877	67.82%
D. 开设文明修身教育课程	7722	58.99%
E. 提高评奖推优中的德育比重	7185	54.89%
F. 完善学校规章制度	6485	49.54%
总计	13090	—

27. 你最喜欢下列哪种修德教育形式？[单选题]

选项	小计	比例
A. 教师在专业课程中融入修德教育	4728	36.12%
B. 辅导员通过大会来开展修德教育	1054	8.05%
C. 参加大会聆听先进榜样事迹报告	1293	9.88%
D. 通过网络平台浏览学习修德知识	1570	11.99%

续表

选项	小计	比例
E. 父母在日常生活中引领修德教育	3651	27.89%
F. 学校严明规章制度促进修德教育	794	6.07%
总计	13090	100%

28. 你认为当代大学生文明修身教育最需要修好以下哪几种"德"？[多选题]

选项	小计	比例
A. 柔韧之德：理想信念	9204	70.31%
B. 进取之德：追求卓越	9143	69.85%
C. 创新之德：勇于创新	9168	70.04%
D. 谦虚之德：不骄不躁	9475	72.38%
E. 包容之德：爱国爱人	8806	67.27%
F. 自律之德：自我约束	9591	73.27%
G. 奉献之德：敬业奉献	7795	59.55%
H. 清廉之德：清正廉洁	7156	54.67%
总计	13090	—

29. 你了解习近平总书记关于青年修德的重要论述吗？[单选题]

选项	小计	比例
A. 完全了解	1288	9.84%
B. 基本了解	6026	46.04%
C. 不太了解	4984	38.07%
D. 不了解	792	6.05%
总计	13090	100%

30. 习近平总书记在2014年"五四"讲话中对广大青年提出了修德哪"八字箴言"？[多选题]

选项	小计	比例
A. 理想	5095	38.92%
B. 勤学	9424	71.99%
C. 实践	5965	45.57%
D. 修德	8650	66.08%

续表

选项	小计	比例
E. 创新	7053	53.88%
F. 明辨	5879	44.91%
G. 奉献	3720	28.42%
H. 笃实	7093	54.19%
总计	13090	—

二、问卷调查分类交叉分析数据

（一）基于个人性别交叉分析

1. 你所在的院校重视大学生文明修身教育吗？[单选题]

性别	A. 非常重视	B. 比较重视	C. 不太重视	D. 不重视	E. 不知道	小计
A. 男	1954(40.06%)	2058(42.19%)	483(9.9%)	121(2.48%)	262(5.37%)	4878
B. 女	2535(30.87%)	4435(54.01%)	709(8.63%)	91(1.11%)	442(5.38%)	8212

2. 你认为你所在院校的学生注重个人文明修身吗？[单选题]

性别	A. 非常重视	B. 比较重视	C. 不太重视	D. 不重视	E. 不知道	小计
A. 男	1789(36.67%)	2046(41.94%)	674(13.82%)	144(2.95%)	225(4.61%)	4878
B. 女	2189(26.66%)	4514(54.97%)	993(12.09%)	124(1.51%)	392(4.77%)	8212

3. 你对自己所在院校开展的大学生文明修身教育活动的兴趣评价：[单选题]

性别	A. 很感兴趣	B. 较感兴趣	C. 不感兴趣	D. 有点反感	E. 不知道	小计
A. 男	1681(34.46%)	2292(46.99%)	609(12.48%)	80(1.64%)	216(4.43%)	4878
B. 女	1956(23.82%)	4714(57.4%)	1116(13.59%)	75(0.91%)	351(4.27%)	8212

4. 你所在院校开展的大学生文明修身教育活动对你有作用吗？[单选题]

性别	A. 非常有作用	B. 有点作用	C. 没有作用	D. 不知道	小计
A. 男	1943(39.83%)	2308(47.31%)	328(6.72%)	299(6.13%)	4878
B. 女	2449(29.82%)	4738(57.7%)	470(5.72%)	555(6.76%)	8212

5. 你对自己所在院校开展的大学生文明修身教育活动的满意度评价：[单选题]

性别	A. 非常满意	B. 比较满意	C. 不太满意	D. 不满意	E. 不知道	小计
A. 男	1628(33.37%)	2234(45.80%)	548(11.23%)	144(2.95%)	324(6.64%)	4878
B. 女	1939(23.61%)	4686(57.06%)	816(9.94%)	127(1.55%)	644(7.84%)	8212

6. 请你对照"品德好、品行优、品位高"的标准来衡量一下自己的文明修身水平：[单选题]

性别	A. 完全达标	B. 基本达标	C. 未达标	D. 不知道	小计
A. 男	1429(29.29%)	3047(62.46%)	243(4.98%)	159(3.26%)	4878
B. 女	1531(18.64%)	6086(74.11%)	343(4.18%)	252(3.07%)	8212

7. 你认为当代大学生的整体文明修身素养如何？[单选题]

性别	A. 很好	B. 较好	C. 一般	D. 不好	E. 不知道	小计
A. 男	1082(22.18%)	1837(37.66%)	1592(32.64%)	237(4.86%)	130(2.67%)	4878
B. 女	992(12.08%)	3816(46.47%)	3122(38.02%)	164(2.00%)	118(1.44%)	8212

8. 你认为当代大学生有必要加强个人文明修身吗？[单选题]

性别	A. 非常必要	B. 有必要	C. 没有必要	D. 不知道	小计
A. 男	2829(58.00%)	1821(37.33%)	91(1.87%)	137(2.81%)	4878
B. 女	4564(55.58%)	3482(42.40%)	70(0.85%)	96(1.17%)	8212

9. 你对高校开展大学生文明修身教育活动的态度是：[单选题]

性别	A. 非常赞同	B. 基本赞同	C. 不太赞同	D. 不赞同	E. 不知道	小计
A. 男	2797(57.34%)	1779(36.47%)	125(2.56%)	41(0.84%)	136(2.79%)	4878
B. 女	4600(56.02%)	3339(40.66%)	103(1.25%)	35(0.43%)	135(1.64%)	8212

10. 你愿意参加学校组织的大学生文明修身教育活动吗？[单选题]

性别	A. 非常愿意	B. 基本愿意	C. 不太愿意	D. 不太愿意	E. 无所谓	小计
A. 男	2318(47.52%)	2013(41.27%)	287(5.88%)	82(1.68%)	178(3.65%)	4878
B. 女	3534(43.03%)	3981(48.48%)	395(4.81%)	77(0.94%)	225(2.74%)	8212

11. 你认为大学生在公德意识方面常见的不文明行为有：[多选题]

性别	A. 购物就餐夹塞拥挤	B. 公共场合大声喧哗	C. 乱丢垃圾随地吐痰	D. 如厕之后一走了之	E. 需静场所手机声响	F. 争先乘坐公共交通工具	G. 不懂谦让老弱病残	H. 自修教室占位占座	小计
A. 男	3036(62.24%)	3495(71.65%)	3084(63.22%)	2765(56.68%)	2565(52.58%)	1991(40.82%)	2036(41.74%)	2567(52.62%)	4878
B. 女	5469(66.6%)	6063(73.83%)	4698(57.21%)	4016(48.90%)	4743(57.76%)	3529(42.97%)	3286(40.01%)	5105(62.17%)	8212

12. 你认为大学生在尊重意识方面常见的不文明行为有：[多选题]

性别	A. 见了师长不会问候	B. 对待他人不懂尊重	C. 遇事不满语言粗俗	D. 情侣恋爱过分亲昵	小计
A. 男	3003(61.56%)	3235(66.32%)	3445(70.62%)	2315(47.46%)	4878
B. 女	4888(59.52%)	5307(64.62%)	5921(72.10%)	4811(58.58%)	8212

13. 你认为大学生在仪容意识方面常见的不文明行为有：[多选题]

性别	A. 衣着打扮奇形怪异	B. 不分场合穿着随便	C. "课桌文化"屡见不鲜	D. 不切实际过度消费	小计
A. 男	2469(50.62%)	2573(52.75%)	2933(60.13%)	2979(61.07%)	4878
B. 女	3307(40.27%)	4188(51.00%)	5463(66.52%)	5203(63.36%)	8212

14. 你认为大学生在诚信意识方面常见的不文明行为有：[多选题]

性别	A. 考试作弊五花八门	B. 对待朋友缺乏真诚	C. 约定之后不讲信用	D. 抄袭论文学术不端	小计
A. 男	3238(66.38%)	3077(63.08%)	2938(60.23%)	2646(54.24%)	4878
B. 女	5652(68.83%)	4987(60.73%)	4924(59.96%)	4676(56.94%)	8212

15. 你认为大学生在法纪意识方面常见的不文明行为有：[多选题]

性别	A. 课堂纪律熟视无睹	B. 宿舍规定置若罔闻	C. 交通规则随意违反	D. 网络交流随心所欲	E. 旅游景点乱涂乱画	小计
A. 男	3339(68.45%)	2856(58.55%)	2537(52.01%)	2859(58.61%)	1990(40.8%)	4878
B. 女	5618(68.41%)	4675(56.93%)	3951(48.11%)	5209(63.43%)	3603(43.87%)	8212

16. 你认为大学生在学习意识方面常见的不文明行为有：[多选题]

性别	A. 迟到早退旷课	B. 上课玩手机吃东西	C. 考前抱佛脚	D. 沉迷网络游戏	小计
A. 男	3395(69.60%)	3517(72.10%)	2776(56.91%)	3196(65.52%)	4878
B. 女	5677(69.13%)	6085(74.10%)	4732(57.62%)	5644(68.73%)	8212

17. 你认为大学生在安全意识方面常见的不文明行为有：[多选题]

性别	A. 在寝室使用违章电器与明火	B. 不遵守交通规则	C. 回家或抵校不及时报告	D. 乱购乱放实验所需危化物品	E. 漠视学校安全教育	小计
A. 男	2915(59.76%)	2666(54.65%)	2248(46.08%)	2312(47.40%)	2579(52.87%)	4878
B. 女	5347(65.11%)	4020(48.95%)	3367(41.00%)	3996(48.66%)	4400(53.58%)	8212

18. 你对大学生身上存在的奇装异服、不雅行为等不文明现象的态度是：[单选题]

性别	A. 非常厌恶	B. 有点厌恶	C. 可以理解	D. 无所谓	小计
A. 男	1350(27.68%)	2121(43.48%)	1099(22.53%)	308(6.31%)	4878
B. 女	1693(20.62%)	4215(51.33%)	1823(22.20%)	481(5.86%)	8212

19. 你认为影响大学生文明修身素养的因素有：[多选题]

性别	A. 家庭环境：独生子女的过分溺爱	B. 社会环境：公民素质不高的负面影响	C. 应试教育：评价学生素质看分数	D. 管理滞后：缺乏中学式的严格管理	E. 教育片面：不太重视养成教育	F. 选人标准：招聘选拔主要看专业技术水平	小计
A. 男	3196(65.52%)	3084(63.22%)	2753(56.44%)	2006(41.12%)	2565(52.58%)	1666(34.15%)	4878
B. 女	5819(70.86%)	5370(65.39%)	5126(62.42%)	3532(43.01%)	4930(60.03%)	3358(40.89%)	8212

20. 你对学校开展文明寝室建设活动的态度是：[单选题]

性别	A. 非常赞同：寝室应当保持整洁	B. 基本赞同：老是检查评比让人有点厌烦	C. 不太赞同：有点影响个人生活	D. 不赞同：寝室卫生好坏纯属个人事务	E. 无所谓	小计
A. 男	2629(53.90%)	1446(29.64%)	460(9.43%)	217(4.45%)	126(2.58%)	4878
B. 女	4462(54.34%)	2806(34.17%)	624(7.60%)	184(2.24%)	136(1.66%)	8212

21. 你对大学生在寝室使用违章电器的态度是：[单选题]

性别	A. 为了安全应该禁止使用违章电器	B. 电吹风等电器应当可以使用	C. 不应该禁止使用违章电器	D. 无所谓	小计
A. 男	2071(42.46%)	2184(44.77%)	409(8.38%)	214(4.39%)	4878
B. 女	3026(36.85%)	4556(55.48%)	440(5.36%)	190(2.31%)	8212

22. 如果你在校园里看到学生有不文明行为时的态度是：[单选题]

性别	A. 勇于制止或提醒	B. 有制止的想法但没有行动	C. 自省自警自励	D. 事不关己高高挂起	小计
A. 男	1475(30.24%)	1469(30.11%)	1699(34.83%)	235(4.82%)	4878
B. 女	1536(18.70%)	3108(37.85%)	3356(40.87%)	212(2.58%)	8212

23. 你认为下列哪几种修德教育方式是可行的？[多选题]

性别	A. 学校师德引领	B. 社会公德约束	C. 家庭美德熏陶	D. 职业道德塑造	小计
A. 男	3602(73.84%)	3423(70.17%)	3299(67.63%)	2710(55.56%)	4878
B. 女	6642(80.88%)	6545(79.70%)	6521(79.41%)	5566(67.78%)	8212

24. 你个人的思想道德素养主要得益于下列哪种途径？[多选题]

性别	A. 学校师德引领	B. 社会公德约束	C. 家庭美德熏陶	D. 职业道德塑造	小计
A. 男	3302(67.69%)	3184(65.27%)	3315(67.96%)	2083(42.70%)	4878
B. 女	6045(73.61%)	5939(72.32%)	6719(81.82%)	3917(47.70%)	8212

25. 你认为高校通过开展哪些活动可以提高大学生的文明修身素养？[多选题]

性别	A. 树文明典型学先进事迹	B. 美化校园文化环境	C. 加强对不文明行为治理	D. 开设文明修身教育课程	E. 提高评奖推优中的德育比重	F. 完善学校规章制度	小计
A. 男	3102(63.59%)	3257(66.77%)	3024(61.99%)	2670(54.74%)	2342(48.01%)	2124(43.54%)	4878
B. 女	5360(65.27%)	6119(74.51%)	5853(71.27%)	5052(61.52%)	4843(58.97%)	4361(53.11%)	8212

26. 你最喜欢下列哪种修德教育形式？[单选题]

性别	A. 教师在专业课程中融入修德教育	B. 辅导员通过大会来开展修德教育	C. 参加大会聆听先进榜样事迹报告	D. 通过网络平台浏览学习修德知识	E. 父母在日常生活中引领修德教育	F. 学校严明规章制度促进修德教育	小计
A. 男	1829(37.49%)	539(11.05%)	562(11.52%)	597(12.24%)	1059(21.71%)	292(5.99%)	4878
B. 女	2899(35.30%)	515(6.27%)	731(8.90%)	973(11.85%)	2592(31.56%)	502(6.11%)	8212

27. 你认为当代大学生文明修身教育最需要修好以下哪几种"德"？[多选题]

性别	A. 柔韧之德：理想信念	B. 进取之德：追求卓越	C. 创新之德：勇于创新	D. 谦虚之德：不骄不躁	E. 包容之德：爱国爱人	F. 自律之德：自我约束	G. 奉献之德：敬业奉献	H. 清廉之德：清正廉洁	小计
A. 男	3181 (65.21%)	3215 (65.91%)	3152 (64.62%)	3161 (64.80%)	2935 (60.17%)	3111 (63.78%)	2566 (52.60%)	2362 (48.42%)	4878
B. 女	6023 (73.34%)	5928 (72.19%)	6016 (73.26%)	6314 (76.89%)	5871 (71.49%)	6480 (78.91%)	5229 (63.68%)	4794 (58.38%)	8212

28. 你了解习近平总书记关于青年修德的重要论述吗？[单选题]

性别	A. 完全了解	B. 基本了解	C. 不太了解	D. 不了解	小计
A. 男	764 (15.66%)	2318 (47.52%)	1458 (29.89%)	338 (6.93%)	4878
B. 女	524 (6.38%)	3708 (45.15%)	3526 (42.94%)	454 (5.53%)	8212

29. 习近平总书记在2014年"五四"讲话中对广大青年提出了修德哪"八字箴言"？[多选题]

性别	A. 理想	B. 勤学	C. 实践	D. 修德	E. 创新	F. 明辨	G. 奉献	H. 笃实	小计
A. 男	2079 (42.62%)	3409 (69.89%)	2285 (46.84%)	3055 (62.63%)	2481 (50.86%)	1997 (40.94%)	1445 (29.62%)	2395 (49.10%)	4878
B. 女	3016 (36.73%)	6015 (73.25%)	3680 (44.81%)	5595 (68.13%)	4572 (55.67%)	3882 (47.27%)	2275 (27.7%)	4698 (57.21%)	8212

（二）基于政治面貌交叉分析

1. 你所在的院校重视大学生文明修身教育吗？[单选题]

政治面貌	A. 非常重视	B. 比较重视	C. 不太重视	D. 不重视	E. 不知道	小计
A. 共青团员	3531 (35.31%)	4883 (48.83%)	892 (8.92%)	154 (1.54%)	540 (5.4%)	10000
B. 入党积极分子	696 (30.71%)	1199 (52.91%)	224 (9.89%)	40 (1.77%)	107 (4.72%)	2266
C. 中共党员	124 (30.77%)	214 (53.10%)	40 (9.93%)	7 (1.74%)	18 (4.47%)	403
D. 非党员团员	138 (32.78%)	197 (46.79%)	36 (8.55%)	11 (2.61%)	39 (9.26%)	421

2. 你认为你所在院校的学生注重个人文明修身吗？[单选题]

政治面貌	A. 非常重视	B. 比较重视	C. 不太重视	D. 不重视	E. 不知道	小计
A. 共青团员	3132 (31.32%)	4993 (49.93%)	1219 (12.19%)	196 (1.96%)	460 (4.60%)	10000
B. 入党积极分子	615 (27.14%)	1169 (51.59%)	335 (14.78%)	51 (2.25%)	96 (4.24%)	2266

续表

政治面貌	A. 非常重视	B. 比较重视	C. 不太重视	D. 不重视	E. 不知道	小计
C. 中共党员	103(25.56%)	215(53.35%)	58(14.39%)	7(1.74%)	20(4.96%)	403
D. 非党员团员	128(30.40%)	183(43.47%)	55(13.06%)	14(3.33%)	41(9.74%)	421

3. 你对自己所在院校开展的大学生文明修身教育活动的兴趣评价：[单选题]

政治面貌	A. 很感兴趣	B. 较感兴趣	C. 不感兴趣	D. 有点反感	E. 不知道	小计
A. 共青团员	2800(28.00%)	5339(53.39%)	1315(13.15%)	123(1.23%)	423(4.23%)	10000
B. 入党积极分子	611(26.96%)	1240(54.72%)	307(13.55%)	19(0.84%)	89(3.93%)	2266
C. 中共党员	114(28.29%)	221(54.84%)	42(10.42%)	4(0.99%)	22(5.46%)	403
D. 非党员团员	112(26.60%)	206(48.93%)	61(14.49%)	9(2.14%)	33(7.84%)	421

4. 你所在院校开展的大学生文明修身教育活动对你有作用吗？[单选题]

政治面貌	A. 非常有作用	B. 有点作用	C. 没有作用	D. 不知道	小计
A. 共青团员	3399(33.99%)	5358(53.58%)	590(5.90%)	653(6.53%)	10000
B. 入党积极分子	732(32.30%)	1254(55.34%)	137(6.05%)	143(6.31%)	2266
C. 中共党员	135(33.50%)	218(54.09%)	25(6.20%)	25(6.20%)	403
D. 非党员团员	126(29.93%)	216(51.31%)	46(10.93%)	33(7.84%)	421

5. 你对自己所在院校开展的大学生文明修身教育活动的满意度评价：[单选题]

政治面貌	A. 非常满意	B. 比较满意	C. 不太满意	D. 不满意	E. 不知道	小计
A. 共青团员	2820(28.20%)	5282(52.82%)	981(9.81%)	193(1.93%)	724(7.24%)	10000
B. 入党积极分子	557(24.58%)	1218(53.75%)	275(12.14%)	47(2.07%)	169(7.46%)	2266
C. 中共党员	85(21.09%)	227(56.33%)	50(12.41%)	12(2.98%)	29(7.20%)	403
D. 非党员团员	105(24.94%)	193(45.84%)	58(13.78%)	19(4.51%)	46(10.93%)	421

6. 请你对照"品德好、品行优、品位高"的标准来衡量一下自己的文明修身水平：[单选题]

政治面貌	A. 完全达标	B. 基本达标	C. 未达标	D. 不知道	小计
A. 共青团员	2270(22.70%)	6971(69.71%)	452(4.52%)	307(3.07%)	10000
B. 入党积极分子	508(22.42%)	1600(70.61%)	92(4.06%)	66(2.91%)	2266
C. 中共党员	92(22.83%)	288(71.46%)	11(2.73%)	12(2.98%)	403
D. 非党员团员	90(21.38%)	274(65.08%)	31(7.36%)	26(6.18%)	421

7. 你认为当代大学生的整体文明修身素养如何?[单选题]

政治面貌	A. 很好	B. 较好	C. 一般	D. 不好	E. 不知道	小计
A. 共青团员	1636(16.36%)	4365(43.65%)	3518(35.18%)	297(2.97%)	184(1.84%)	10000
B. 入党积极分子	329(14.52%)	963(42.50%)	875(38.61%)	64(2.82%)	35(1.54%)	2266
C. 中共党员	41(10.17%)	169(41.94%)	170(42.18%)	14(3.47%)	9(2.23%)	403
D. 非党员团员	68(16.15%)	156(37.05%)	151(35.87%)	26(6.18%)	20(4.75%)	421

8. 认为当代大学生有必要加强个人文明修身吗?[单选题]

政治面貌	A. 非常必要	B. 有必要	C. 没有必要	D. 不知道	小计
A. 共青团员	5597(55.97%)	4131(41.31%)	106(1.06%)	166(1.66%)	10000
B. 入党积极分子	1328(58.61%)	872(38.48%)	29(1.28%)	37(1.63%)	2266
C. 中共党员	236(58.56%)	147(36.48%)	8(1.99%)	12(2.98%)	403
D. 非党员团员	232(55.11%)	153(36.34%)	18(4.28%)	18(4.28%)	421

9. 你对高校开展大学生文明修身教育活动的态度是:[单选题]

政治面貌	A. 非常赞同	B. 基本赞同	C. 不太赞同	D. 不赞同	E. 不知道	小计
A. 共青团员	5648(56.48%)	3916(39.16%)	175(1.75%)	49(0.49%)	212(2.12%)	10000
B. 入党积极分子	1272(56.13%)	911(40.20%)	38(1.68%)	13(0.57%)	32(1.41%)	2266
C. 中共党员	263(65.26%)	121(30.02%)	6(1.49%)	4(0.99%)	9(2.23%)	403
D. 非党员团员	214(50.83%)	170(40.38%)	9(2.14%)	10(2.38%)	18(4.28%)	421

10. 你愿意参加学校组织的大学生文明修身教育活动吗?[单选题]

政治面貌	A. 非常愿意	B. 基本愿意	C. 不太愿意	D. 不愿意	E. 无所谓	小计
A. 共青团员	4462(44.62%)	4596(45.96%)	519(5.19%)	112(1.12%)	311(3.11%)	10000
B. 入党积极分子	1018(44.92%)	1047(46.2%)	115(5.08%)	23(1.02%)	63(2.78%)	2266
C. 中共党员	205(50.87%)	167(41.44%)	14(3.47%)	6(1.49%)	11(2.73%)	403
D. 非党员团员	167(39.67%)	184(43.71%)	34(8.08%)	18(4.28%)	18(4.28%)	421

11. 你认为大学生在公德意识方面常见的不文明行为有:[多选题]

政治面貌	A. 购物就餐夹塞拥挤	B. 公共场合大声喧哗	C. 乱丢垃圾随地吐痰	D. 如厕之后一走了之	E. 需静场所手机声响	F. 争先乘坐公共交通工具	G. 不懂谦让老弱病残	H. 自修教室占位占座	小计
A. 共青团员	6453(64.53%)	7298(72.98%)	5904(59.04%)	5073(50.73%)	5557(55.57%)	4182(41.82%)	4037(40.37%)	5761(57.61%)	10000
B. 入党积极分子	1523(67.21%)	1688(74.49%)	1383(61.03%)	1254(55.34%)	1277(56.35%)	988(43.60%)	935(41.26%)	1396(61.61%)	2266

续表

政治面貌	A. 购物就餐夹塞拥挤	B. 公共场合大声喧哗	C. 乱丢垃圾随地吐痰	D. 如厕之后一走了之	E. 需静场所手机声响	F. 争先乘坐公共交通工具	G. 不懂谦让老弱病残	H. 自修教室占位占座	小计
C. 中共党员	248(61.54%)	291(72.21%)	223(55.33%)	215(53.35%)	256(63.52%)	171(42.43%)	159(39.45%)	292(72.46%)	403
D. 非党员团员	281(66.75%)	281(66.75%)	272(64.61%)	239(56.77%)	218(51.78%)	179(42.52%)	191(45.37%)	223(52.97%)	421

12. 你认为大学生在尊重意识方面常见的不文明行为有：[多选题]

政治面貌	A. 见了师长不会问候	B. 对待他人不懂尊重	C. 遇事不满语言粗俗	D. 情侣恋爱过分亲昵	小计
A. 共青团员	6008(60.08%)	6482(64.82%)	7113(71.13%)	5357(53.57%)	10000
B. 入党积极分子	1361(60.06%)	1521(67.12%)	1656(73.08%)	1308(57.72%)	2266
C. 中共党员	252(62.53%)	262(65.01%)	291(72.21%)	244(60.55%)	403
D. 非党员团员	270(64.13%)	277(65.80%)	306(72.68%)	217(51.54%)	421

13. 你认为大学生在仪容意识方面常见的不文明行为有：[多选题]

政治面貌	A. 衣着打扮奇形怪异	B. 不分场合穿着随便	C. "课桌文化"屡见不鲜	D. 不切实际过度消费	小计
A. 共青团员	4399(43.99%)	5123(51.23%)	6359(63.59%)	6197(61.97%)	10000
B. 入党积极分子	986(43.51%)	1205(53.18%)	1521(67.12%)	1462(64.52%)	2266
C. 中共党员	179(44.42%)	215(53.35%)	264(65.51%)	252(62.53%)	403
D. 非党员团员	212(50.36%)	218(51.78%)	252(59.86%)	271(64.37%)	421

14. 你认为大学生在诚信意识方面常见的不文明行为有：[多选题]

政治面貌	A. 考试作弊五花八门	B. 对待朋友缺乏真诚	C. 约定之后不讲信用	D. 抄袭论文学术不端	小计
A. 共青团员	6698(66.98%)	6109(61.09%)	5978(59.78%)	5502(55.02%)	10000
B. 入党积极分子	1582(69.81%)	1461(64.47%)	1402(61.87%)	1307(57.68%)	2266
C. 中共党员	312(77.42%)	236(58.56%)	227(56.33%)	254(63.03%)	403
D. 非党员团员	298(70.78%)	258(61.28%)	255(60.57%)	259(61.52%)	421

15. 你认为大学生在法纪意识方面常见的不文明行为有：[多选题]

政治面貌	A. 课堂纪律熟视无睹	B. 宿舍规定置若罔闻	C. 交通规则随意违反	D. 网络交流随心所欲	E. 旅游景点乱涂乱画	小计
A. 共青团员	6789(67.89%)	5688(56.88%)	4894(48.94%)	6092(60.92%)	4204(42.04%)	10000
B. 入党积极分子	1598(70.52%)	1355(59.80%)	1179(52.03%)	1431(63.15%)	1022(45.10%)	2266

续表

政治面貌	A. 课堂纪律熟视无睹	B. 宿舍规定置若罔闻	C. 交通规则随意违反	D. 网络交流随心所欲	E. 旅游景点乱涂乱画	小计
C. 中共党员	287(71.22%)	251(62.28%)	186(46.15%)	270(67.00%)	167(41.44%)	403
D. 非党员团员	283(67.22%)	237(56.29%)	229(54.39%)	275(65.32%)	200(47.51%)	421

16. 你认为大学生在学习意识方面常见的不文明行为有：[多选题]

政治面貌	A. 迟到早退旷课	B. 上课玩手机吃东西	C. 考前抱佛脚	D. 沉迷网络游戏	小计
A. 共青团员	6885(68.85%)	7261(72.61%)	5653(56.53%)	6682(66.82%)	10000
B. 入党积极分子	1584(69.90%)	1707(75.33%)	1342(59.22%)	1606(70.87%)	2266
C. 中共党员	306(75.93%)	324(80.40%)	251(62.28%)	276(68.49%)	403
D. 非党员团员	297(70.55%)	310(73.63%)	262(62.23%)	276(65.56%)	421

17. 你认为大学生在安全意识方面常见的不文明行为有：[多选题]

政治面貌	A. 在寝室使用违章电器与明火	B. 不遵守交通规则	C. 回家或抵校不及时报告	D. 乱购乱放实验所需危化物品	E. 漠视学校安全教育	小计
A. 共青团员	6279(62.79%)	5066(50.66%)	4241(42.41%)	4755(47.55%)	5248(52.48%)	10000
B. 入党积极分子	1456(64.25%)	1196(52.78%)	994(43.87%)	1144(50.49%)	1263(55.74%)	2266
C. 中共党员	268(66.50%)	191(47.39%)	185(45.91%)	196(48.64%)	225(55.83%)	403
D. 非党员团员	259(61.52%)	233(55.34%)	195(46.32%)	213(50.59%)	243(57.72%)	421

18. 你对大学生身上存在的奇装异服、不雅行为等不文明现象的态度是：[单选题]

政治面貌	A. 非常厌恶	B. 有点厌恶	C. 可以理解	D. 无所谓	小计
A. 共青团员	2317(23.17%)	4851(48.51%)	2219(22.19%)	613(6.13%)	10000
B. 入党积极分子	538(23.74%)	1108(48.90%)	506(22.33%)	114(5.03%)	2266
C. 中共党员	97(24.07%)	193(47.89%)	91(22.58%)	22(5.46%)	403
D. 非党员团员	91(21.62%)	184(43.71%)	106(25.18%)	40(9.50%)	421

19. 你认为影响大学生文明修身素养的因素有：[多选题]

政治面貌	A. 家庭环境：独生子女的过分溺爱	B. 社会环境：公民素质不高的负面影响	C. 应试教育：评价学生素质看分数	D. 管理滞后：缺乏中学式的严格管理	E. 教育片面：不太重视养成教育	F. 选人标准：招聘选拔主要看专业技术水平	小计
A. 共青团员	6867(68.67%)	6430(64.30%)	5991(59.91%)	4157(41.57%)	5616(56.16%)	3776(37.76%)	10000
B. 入党积极分子	1586(69.99%)	1480(65.31%)	1393(61.47%)	1020(45.01%)	1372(60.55%)	921(40.64%)	2266
C. 中共党员	287(71.22%)	268(66.50%)	253(62.78%)	189(46.90%)	250(62.03%)	169(41.94%)	403
D. 非党员团员	275(65.32%)	276(65.56%)	242(57.48%)	172(40.86%)	257(61.05%)	158(37.53%)	421

20. 你对学校开展文明寝室建设活动的态度是：[单选题]

政治面貌	A. 非常赞同：寝室应当保持整洁	B. 基本赞同：老是检查评比让人有点厌烦	C. 不太赞同：有点影响个人生活	D. 不赞同：寝室卫生好坏纯属个人事务	E. 无所谓	小计
A. 共青团员	5443(54.43%)	3222(32.22%)	852(8.52%)	291(2.91%)	192(1.92%)	10000
B. 入党积极分子	1222(53.93%)	760(33.54%)	173(7.63%)	70(3.09%)	41(1.81%)	2266
C. 中共党员	223(55.33%)	134(33.25%)	21(5.21%)	13(3.23%)	12(2.98%)	403
D. 非党员团员	203(48.22%)	136(32.30%)	38(9.03%)	27(6.41%)	17(4.04%)	421

21. 你对大学生在寝室使用违章电器的态度是：[单选题]

政治面貌	A. 为了安全应该禁止使用违章电器	B. 电吹风等电器应当可以使用	C. 不应该禁止使用违章电器	D. 无所谓	小计
A. 共青团员	3910(39.10%)	5117(51.17%)	662(6.62%)	311(3.11%)	10000
B. 入党积极分子	887(39.14%)	1182(52.16%)	138(6.09%)	59(2.60%)	2266
C. 中共党员	138(34.24%)	230(57.07%)	21(5.21%)	14(3.47%)	403
D. 非党员团员	162(38.48%)	211(50.12%)	28(6.65%)	20(4.75%)	421

22. 如果你在校园里看到学生有不文明行为时的态度是：[单选题]

政治面貌	A. 勇于制止或提醒	B. 有制止的想法但没有行动	C. 自省自警自励	D. 事不关己高高挂起	小计
A. 共青团员	2305(23.05%)	3468(34.68%)	3882(38.82%)	345(3.45%)	10000
B. 入党积极分子	505(22.29%)	829(36.58%)	870(38.39%)	62(2.74%)	2266
C. 中共党员	106(26.30%)	139(34.49%)	145(35.98%)	13(3.23%)	403
D. 非党员团员	95(22.57%)	141(33.49%)	158(37.53%)	27(6.41%)	421

23. 你认为下列哪几种修德教育方式是可行的？［多选题］

政治面貌	A. 学校师德引领	B. 社会公德约束	C. 家庭美德熏陶	D. 职业道德塑造	小计
A. 共青团员	7806(78.06%)	7567(75.67%)	7488(74.88%)	6276(62.76%)	10000
B. 入党积极分子	1788(78.91%)	1755(77.45%)	1718(75.82%)	1475(65.09%)	2266
C. 中共党员	331(82.13%)	326(80.89%)	320(79.40%)	273(67.74%)	403
D. 非党员团员	319(75.77%)	320(76.01%)	294(69.83%)	252(59.86%)	421

24. 你个人的思想道德素养主要得益于下列哪种途径？［多选题］

政治面貌	A. 学校师德引领	B. 社会公德约束	C. 家庭美德熏陶	D. 职业道德塑造	小计
A. 共青团员	7118(71.18%)	6923(69.23%)	7628(76.28%)	4501(45.01%)	10000
B. 入党积极分子	1637(72.24%)	1601(70.65%)	1779(78.51%)	1101(48.59%)	2266
C. 中共党员	301(74.69%)	295(73.20%)	323(80.15%)	201(49.88%)	403
D. 非党员团员	291(69.12%)	304(72.21%)	304(72.21%)	197(46.79%)	421

25. 你认为高校通过开展哪些活动可以提高大学生的文明修身素养？［多选题］

政治面貌	A. 树文明典型学先进事迹	B. 美化校园文化环境	C. 加强对不文明行为治理	D. 开设文明修身教育课程	E. 提高评奖推优中的德育比重	F. 完善学校规章制度	小计
A. 共青团员	6431(64.31%)	7148(71.48%)	6719(67.19%)	5843(58.43%)	5385(53.85%)	4937(49.37%)	10000
B. 入党积极分子	1485(65.53%)	1650(72.82%)	1597(70.48%)	1375(60.68%)	1338(59.05%)	1146(50.57%)	2266
C. 中共党员	284(70.47%)	287(71.22%)	296(73.45%)	251(62.28%)	251(62.28%)	199(49.38%)	403
D. 非党员团员	262(62.23%)	291(69.12%)	265(62.95%)	253(60.10%)	211(50.12%)	203(48.22%)	421

26. 你最喜欢下列哪种修德教育形式？［单选题］

政治面貌	A. 教师在专业课程中融入修德教育	B. 辅导员通过大会来开展修德教育	C. 参加大会聆听先进榜样事迹报告	D. 通过网络平台浏览学习修德知识	E. 父母在日常生活中引领修德教育	F. 学校严明规章制度促进修德教育	小计
A. 共青团员	3639(36.39%)	812(8.12%)	997(9.97%)	1197(11.97%)	2749(27.49%)	606(6.06%)	10000
B. 入党积极分子	812(35.83%)	167(7.37%)	214(9.44%)	276(12.18%)	668(29.48%)	129(5.69%)	2266

续表

政治面貌	A. 教师在专业课程中融入修德教育	B. 辅导员通过大会来开展修德教育	C. 参加大会聆听先进榜样事迹报告	D. 通过网络平台浏览学习修德知识	E. 父母在日常生活中引领修德教育	F. 学校严明规章制度促进修德教育	小计
C. 中共党员	140 (34.74%)	40 (9.93%)	35 (8.68%)	39 (9.68%)	117 (29.03%)	32 (7.94%)	403
D. 非党员团员	137 (32.54%)	35 (8.31%)	47 (11.16%)	58 (13.78%)	117 (27.79%)	27 (6.41%)	421

27. 你认为当代大学生文明修身教育最需要修好以下哪几种"德"？[多选题]

政治面貌	A. 柔韧之德:理想信念	B. 进取之德:追求卓越	C. 创新之德:勇于创新	D. 谦虚之德:不骄不躁	E. 包容之德:爱国爱人	F. 自律之德:自我约束	G. 奉献之德:敬业奉献	H. 清廉之德:清正廉洁	小计
A. 共青团员	7013 (70.13%)	6969 (69.69%)	6994 (69.94%)	7200 (72.00%)	6714 (67.14%)	7290 (72.90%)	5899 (58.99%)	5387 (53.87%)	10000
B. 入党积极分子	1615 (71.27%)	1613 (71.18%)	1602 (70.70%)	1679 (74.10%)	1557 (68.71%)	1694 (74.76%)	1400 (61.78%)	1304 (57.55%)	2266
C. 中共党员	290 (71.96%)	270 (67.00%)	294 (72.95%)	293 (72.70%)	278 (68.98%)	312 (77.42%)	257 (63.77%)	241 (59.80%)	403
D. 非党员团员	286 (67.93%)	291 (69.12%)	278 (66.03%)	303 (71.97%)	257 (61.05%)	295 (70.07%)	239 (56.77%)	224 (53.21%)	421

28. 你了解习近平总书记关于青年修德的重要论述吗？[单选题]

政治面貌	A. 完全了解	B. 基本了解	C. 不太了解	D. 不了解	小计
A. 共青团员	985(9.85%)	4501(45.01%)	3902(39.02%)	612(6.12%)	10000
B. 入党积极分子	213(9.40%)	1111(49.03%)	828(36.54%)	114(5.03%)	2266
C. 中共党员	46(11.41%)	238(59.06%)	100(24.81%)	19(4.71%)	403
D. 非党员团员	44(10.45%)	176(41.81%)	154(36.58%)	47(11.16%)	421

29. 习近平总书记在2014年"五四"讲话中对广大青年提出了修德哪"八字箴言"？[多选题]

政治面貌	A. 理想	B. 勤学	C. 实践	D. 修德	E. 创新	F. 明辨	G. 奉献	H. 笃实	小计
A. 共青团员	3918 (39.18%)	7135 (71.35%)	4624 (46.24%)	6578 (65.78%)	5469 (54.69%)	4399 (43.99%)	2841 (28.41%)	5337 (53.37%)	10000
B. 入党积极分子	871 (38.44%)	1693 (74.71%)	1005 (44.35%)	1520 (67.08%)	1191 (52.56%)	1068 (47.13%)	650 (28.68%)	1292 (57.02%)	2266

续表

政治面貌	A. 理想	B. 勤学	C. 实践	D. 修德	E. 创新	F. 明辨	G. 奉献	H. 笃实	小计
C. 中共党员	136(33.75%)	302(74.94%)	126(31.27%)	293(72.70%)	169(41.94%)	236(58.56%)	101(25.06%)	253(62.78%)	403
D. 非党员团员	170(40.38%)	294(69.83%)	210(49.88%)	259(61.52%)	224(53.21%)	176(41.81%)	128(30.4%)	211(50.12%)	421

（三）基于个人年级交叉分析

1. 你所在的院校重视大学生文明修身教育吗？［单选题］

年级	A. 非常重视	B. 比较重视	C. 不太重视	D. 不重视	E. 不知道	小计
A. 大一	3035(39.2%)	3713(47.96%)	530(6.85%)	105(1.36%)	359(4.64%)	7742
B. 大二	930(27.75%)	1751(52.25%)	386(11.52%)	74(2.21%)	210(6.27%)	3351
C. 大三	440(27.60%)	820(51.44%)	209(13.11%)	25(1.57%)	100(6.27%)	1594
D. 大四	50(17.36%)	162(56.25%)	56(19.44%)	2(0.69%)	18(6.25%)	288
E. 大五	9(27.27%)	14(42.42%)	4(12.12%)	2(6.06%)	4(12.12%)	33
F. 研究生	25(30.49%)	33(40.24%)	7(8.54%)	4(4.88%)	13(15.85%)	82

2. 你认为你所在院校的学生注重个人文明修身吗？［单选题］

年级	A. 非常重视	B. 比较重视	C. 不太重视	D. 不重视	E. 不知道	小计
A. 大一	2649(34.22%)	3793(48.99%)	823(10.63%)	140(1.81%)	337(4.35%)	7742
B. 大二	851(25.40%)	1737(51.84%)	505(15.07%)	82(2.45%)	176(5.25%)	3351
C. 大三	399(25.03%)	825(51.76%)	258(16.19%)	37(2.32%)	75(4.71%)	1594
D. 大四	46(15.97%)	154(53.47%)	71(24.65%)	4(1.39%)	13(4.51%)	288
E. 大五	8(24.24%)	17(51.52%)	2(6.06%)	1(3.03%)	5(15.15%)	33
F. 研究生	25(30.49%)	34(41.46%)	8(9.76%)	4(4.88%)	11(13.41%)	82

3. 你对自己所在院校开展的大学生文明修身教育活动的兴趣评价:［单选题］

年级	A. 很感兴趣	B. 较感兴趣	C. 不感兴趣	D. 有点反感	E. 不知道	小计
A. 大一	2349(30.34%)	4138(53.45%)	881(11.38%)	87(1.12%)	287(3.71%)	7742
B. 大二	799(23.84%)	1811(54.04%)	525(15.67%)	49(1.46%)	167(4.98%)	3351
C. 大三	410(25.72%)	842(52.82%)	255(16.00%)	15(0.94%)	72(4.52%)	1594
D. 大四	51(17.71%)	159(55.21%)	53(18.40%)	2(0.69%)	23(7.99%)	288
E. 大五	9(27.27%)	17(51.52%)	3(9.09%)	0(0%)	4(12.12%)	33
F. 研究生	19(23.17%)	39(47.56%)	8(9.76%)	2(2.44%)	14(17.07%)	82

4. 你所在院校开展的大学生文明修身教育活动对你有作用吗?[单选题]

年级	A. 非常有作用	B. 有点作用	C. 没有作用	D. 不知道	小计
A. 大一	2827(36.52%)	4110(53.09%)	398(5.14%)	407(5.26%)	7742
B. 大二	977(29.16%)	1850(55.21%)	251(7.49%)	273(8.15%)	3351
C. 大三	489(30.68%)	872(54.71%)	113(7.09%)	120(7.53%)	1594
D. 大四	63(21.88%)	163(56.60%)	25(8.68%)	37(12.85%)	288
E. 大五	11(33.33%)	14(42.42%)	4(12.12%)	4(12.12%)	33
F. 研究生	25(30.49%)	37(45.12%)	7(8.54%)	13(15.85%)	82

5. 你对自己所在院校开展的大学生文明修身教育活动的满意度评价:[单选题]

年级	A. 非常满意	B. 比较满意	C. 不太满意	D. 不满意	E. 不知道	小计
A. 大一	2349(30.34%)	4154(53.66%)	660(8.52%)	129(1.67%)	450(5.81%)	7742
B. 大二	777(23.19%)	1749(52.19%)	430(12.83%)	89(2.66%)	306(9.13%)	3351
C. 大三	377(23.65%)	812(50.94%)	214(13.43%)	40(2.51%)	151(9.47%)	1594
D. 大四	40(13.89%)	148(51.39%)	52(18.06%)	7(2.43%)	41(14.24%)	288
E. 大五	7(21.21%)	19(57.58%)	3(9.09%)	0(0%)	4(12.12%)	33
F. 研究生	17(20.73%)	38(46.34%)	5(6.10%)	6(7.32%)	16(19.51%)	82

6. 请你对照"品德好、品行优、品位高"的标准来衡量一下自己的文明修身水平:[单选题]

年级	A. 完全达标	B. 基本达标	C. 未达标	D. 不知道	小计
A. 大一	1781(23.00%)	5414(69.93%)	319(4.12%)	228(2.94%)	7742
B. 大二	702(20.95%)	2363(70.52%)	177(5.28%)	109(3.25%)	3351
C. 大三	397(24.91%)	1081(67.82%)	72(4.52%)	44(2.76%)	1594
D. 大四	44(15.28%)	218(75.69%)	12(4.17%)	14(4.86%)	288
E. 大五	7(21.21%)	19(57.58%)	2(6.06%)	5(15.15%)	33
F. 研究生	29(35.37%)	38(46.34%)	4(4.88%)	11(13.41%)	82

7. 你认为当代大学生的整体文明修身素养如何?[单选题]

年级	A. 很好	B. 较好	C. 一般	D. 不好	E. 不知道	小计
A. 大一	1326(17.13%)	3380(43.66%)	2683(34.66%)	228(2.94%)	125(1.61%)	7742
B. 大二	466(13.91%)	1453(43.36%)	1252(37.36%)	103(3.07%)	77(2.30%)	3351
C. 大三	245(15.37%)	653(40.97%)	611(38.33%)	55(3.45%)	30(1.88%)	1594
D. 大四	20(6.94%)	119(41.32%)	136(47.22%)	8(2.78%)	5(1.74%)	288

续表

年级	A. 很好	B. 较好	C. 一般	D. 不好	E. 不知道	小计
E. 大五	6(18.18%)	12(36.36%)	11(33.33%)	1(3.03%)	3(9.09%)	33
F. 研究生	11(13.41%)	36(43.90%)	21(25.61%)	6(7.32%)	8(9.76%)	82

8. 你认为当代大学生有必要加强个人文明修身吗？[单选题]

年级	A. 非常必要	B. 有必要	C. 没有必要	D. 不知道	小计
A. 大一	4484(57.92%)	3057(39.49%)	78(1.01%)	123(1.59%)	7742
B. 大二	1803(53.80%)	1430(42.67%)	50(1.49%)	68(2.03%)	3351
C. 大三	904(56.71%)	639(40.09%)	23(1.44%)	28(1.76%)	1594
D. 大四	149(51.74%)	134(46.53%)	3(1.04%)	2(0.69%)	288
E. 大五	13(39.39%)	15(45.45%)	2(6.06%)	3(9.09%)	33
F. 研究生	40(48.78%)	28(34.15%)	5(6.10%)	9(10.98%)	82

9. 你对高校开展大学生文明修身教育活动的态度是:[单选题]

年级	A. 非常赞同	B. 基本赞同	C. 不太赞同	D. 不赞同	E. 不知道	小计
A. 大一	4478(57.84%)	2960(38.23%)	122(1.58%)	36(0.46%)	146(1.89%)	7742
B. 大二	1770(52.82%)	1416(42.26%)	65(1.94%)	23(0.69%)	77(2.30%)	3351
C. 大三	930(58.34%)	594(37.26%)	25(1.57%)	14(0.88%)	31(1.94%)	1594
D. 大四	156(54.17%)	116(40.28%)	11(3.82%)	0(0%)	5(1.74%)	288
E. 大五	18(54.55%)	11(33.33%)	1(3.03%)	0(0%)	3(9.09%)	33
F. 研究生	45(54.88%)	21(25.61%)	4(4.88%)	3(3.66%)	9(10.98%)	82

10. 你愿意参加学校组织的大学生文明修身教育活动吗？[单选题]

年级	A. 非常愿意	B. 基本愿意	C. 不太愿意	D. 不愿意	E. 无所谓	小计
A. 大一	3579(46.23%)	3529(45.58%)	353(4.56%)	81(1.05%)	200(2.58%)	7742
B. 大二	1385(41.33%)	1585(47.3%)	212(6.33%)	46(1.37%)	123(3.67%)	3351
C. 大三	722(45.29%)	698(43.79%)	92(5.77%)	24(1.51%)	58(3.64%)	1594
D. 大四	118(40.97%)	139(48.26%)	19(6.6%)	3(1.04%)	9(3.13%)	288
E. 大五	17(51.52%)	9(27.27%)	1(3.03%)	2(6.06%)	4(12.12%)	33
F. 研究生	31(37.8%)	34(41.46%)	5(6.10%)	3(3.66%)	9(10.98%)	82

11. 你认为大学生在公德意识方面常见的不文明行为有：[多选题]

年级	A. 购物就餐夹塞拥挤	B. 公共场合大声喧哗	C. 乱丢垃圾随地吐痰	D. 如厕之后一走了之	E. 需静场所手机声响	F. 争先乘坐公共交通工具	G. 不懂谦让老弱病残	H. 自修教室占位占座	小计
A. 大一	5010(64.71%)	5674(73.29%)	4657(60.15%)	4014(51.85%)	4227(54.6%)	3282(42.39%)	3234(41.77%)	4236(54.71%)	7742
B. 大二	2220(66.25%)	2461(73.44%)	1996(59.56%)	1686(50.31%)	1924(57.42%)	1426(42.55%)	1337(39.9%)	2047(61.09%)	3351
C. 大三	1020(63.99%)	1140(71.52%)	921(57.78%)	864(54.20%)	916(57.47%)	645(40.46%)	604(37.89%)	1088(68.26%)	1594
D. 大四	194(67.36%)	206(71.53%)	153(53.13%)	160(55.56%)	175(60.76%)	111(38.54%)	108(37.50%)	224(77.78%)	288
E. 大五	15(45.45%)	20(60.61%)	17(51.52%)	11(33.33%)	15(45.45%)	16(48.48%)	9(27.27%)	19(57.58%)	33
F. 研究生	46(56.10%)	57(69.51%)	38(46.34%)	46(56.1%)	51(62.20%)	40(48.78%)	30(36.59%)	58(70.73%)	82

12. 你认为大学生在尊重意识方面常见的不文明行为有：[多选题]

年级	A. 见了师长不会问候	B. 对待他人不懂尊重	C. 遇事不满语言粗俗	D. 情侣恋爱过分亲昵	小计
A. 大一	4710(60.84%)	5011(64.72%)	5517(71.26%)	4100(52.96%)	7742
B. 大二	2026(60.46%)	2249(67.11%)	2420(72.22%)	1839(54.88%)	3351
C. 大三	911(57.15%)	1020(63.99%)	1147(71.96%)	929(58.28%)	1594
D. 大四	171(59.38%)	183(63.54%)	208(72.22%)	186(64.58%)	288
E. 大五	19(57.58%)	19(57.58%)	23(69.70%)	19(57.58%)	33
F. 研究生	54(65.85%)	60(73.17%)	51(62.20%)	53(64.63%)	82

13. 你认为大学生在仪容意识方面常见的不文明行为有：[多选题]

年级	A. 衣着打扮奇形怪异	B. 不分场合穿着随便	C. "课桌文化"屡见不鲜	D. 不切实际过度消费	小计
A. 大一	3498(45.18%)	4012(51.82%)	4752(61.38%)	4872(62.93%)	7742
B. 大二	1432(42.73%)	1758(52.46%)	2297(68.55%)	2043(60.97%)	3351
C. 大三	661(41.47%)	783(49.12%)	1072(67.25%)	1007(63.17%)	1594
D. 大四	126(43.75%)	144(50.00%)	205(71.18%)	187(64.93%)	288
E. 大五	16(48.48%)	15(45.45%)	25(75.76%)	16(48.48%)	33
F. 研究生	43(52.44%)	49(59.76%)	45(54.88%)	57(69.51%)	82

14. 你认为大学生在诚信意识方面常见的不文明行为有：[多选题]

年级	A. 考试作弊五花八门	B. 对待朋友缺乏真诚	C. 约定之后不讲信用	D. 抄袭论文学术不端	小计
A. 大一	5035(65.03%)	4837(62.48%)	4645(60.00%)	4248(54.87%)	7742
B. 大二	2361(70.46%)	2050(61.18%)	2055(61.32%)	1935(57.74%)	3351
C. 大三	1174(73.65%)	934(58.59%)	923(57.90%)	901(56.52%)	1594
D. 大四	235(81.60%)	170(59.03%)	171(59.38%)	171(59.38%)	288
E. 大五	25(75.76%)	17(51.52%)	16(48.48%)	15(45.45%)	33
F. 研究生	60(73.17%)	56(68.29%)	52(63.41%)	52(63.41%)	82

15. 你认为大学生在法纪意识方面常见的不文明行为有：[多选题]

年级	A. 课堂纪律熟视无睹	B. 宿舍规定置若罔闻	C. 交通规则随意违反	D. 网络交流随心所欲	E. 旅游景点乱涂乱画	小计
A. 大一	5246(67.76%)	4423(57.13%)	3864(49.91%)	4718(60.94%)	3331(43.03%)	7742
B. 大二	2341(69.86%)	1963(58.58%)	1684(50.25%)	2074(61.89%)	1458(43.51%)	3351
C. 大三	1086(68.13%)	908(56.96%)	745(46.74%)	1011(63.43%)	641(40.21%)	1594
D. 大四	206(71.53%)	171(59.38%)	143(49.65%)	186(64.58%)	120(41.67%)	288
E. 大五	20(60.61%)	15(45.45%)	18(54.55%)	18(54.55%)	13(39.39%)	33
F. 研究生	58(70.73%)	51(62.20%)	34(41.46%)	61(74.39%)	30(36.59%)	82

16. 你认为大学生在学习意识方面常见的不文明行为有：[多选题]

年级	A. 迟到早退旷课	B. 上课玩手机吃东西	C. 考前抱佛脚	D. 沉迷网络游戏	小计
A. 大一	5222(67.45%)	5591(72.22%)	4331(55.94%)	5209(67.28%)	7742
B. 大二	2439(72.78%)	2491(74.34%)	1980(59.09%)	2303(68.73%)	3351
C. 大三	1106(69.39%)	1195(74.97%)	925(58.03%)	1057(66.31%)	1594
D. 大四	217(75.35%)	238(82.64%)	192(66.67%)	198(68.75%)	288
E. 大五	26(78.79%)	24(72.73%)	23(69.70%)	17(51.52%)	33
F. 研究生	62(75.61%)	63(76.83%)	57(69.51%)	56(68.29%)	82

17. 你认为大学生在安全意识方面常见的不文明行为有：[多选题]

年级	A. 在寝室使用违章电器与明火	B. 不遵守交通规则	C. 回家或抵校不及时报告	D. 乱购乱放实验所需危化物品	E. 漠视学校安全教育	小计
A. 大一	4843(62.55%)	3952(51.05%)	3352(43.30%)	3747(48.40%)	4149(53.59%)	7742
B. 大二	2142(63.92%)	1729(51.60%)	1433(42.76%)	1618(48.28%)	1781(53.15%)	3351
C. 大三	1014(63.61%)	810(50.82%)	652(40.90%)	743(46.61%)	818(51.32%)	1594
D. 大四	189(65.63%)	139(48.26%)	119(41.32%)	143(49.65%)	166(57.64%)	288

续表

年级	A. 在寝室使用违章电器与明火	B. 不遵守交通规则	C. 回家或抵校不及时报告	D. 乱购乱放实验所需危化物品	E. 漠视学校安全教育	小计
E. 大五	17(51.52%)	19(57.58%)	18(54.55%)	16(48.48%)	17(51.52%)	33
F. 研究生	57(69.51%)	37(45.12%)	41(50.00%)	41(50.00%)	48(58.54%)	82

18. 你对大学生身上存在的奇装异服、不雅行为等不文明现象的态度是：[单选题]

年级	A. 非常厌恶	B. 有点厌恶	C. 可以理解	D. 无所谓	小计
A. 大一	1825(23.57%)	3782(48.85%)	1732(22.37%)	403(5.21%)	7742
B. 大二	742(22.14%)	1641(48.97%)	736(21.96%)	232(6.92%)	3351
C. 大三	386(24.22%)	736(46.17%)	353(22.15%)	119(7.47%)	1594
D. 大四	56(19.44%)	138(47.92%)	70(24.31%)	24(8.33%)	288
E. 大五	11(33.33%)	9(27.27%)	10(30.30%)	3(9.09%)	33
F. 研究生	23(28.05%)	30(36.59%)	21(25.61%)	8(9.76%)	82

19. 你认为影响大学生文明修身素养的因素有：[多选题]

年级	A. 家庭环境：独生子女的过分溺爱	B. 社会环境：公民素质不高的负面影响	C. 应试教育：评价学生素质看分数	D. 管理滞后：缺乏中学式的严格管理	E. 教育片面：不太重视养成教育	F. 选人标准：招聘选拔主要看专业技术水平	小计
A. 大一	5354(69.16%)	4943(63.85%)	4577(59.12%)	3163(40.86%)	4250(54.9%)	2860(36.94%)	7742
B. 大二	2289(68.31%)	2213(66.04%)	2080(62.07%)	1520(45.36%)	2008(59.92%)	1346(40.17%)	3351
C. 大三	1099(68.95%)	1025(64.3%)	968(60.73%)	681(42.72%)	961(60.29%)	645(40.46%)	1594
D. 大四	211(73.26%)	203(70.49%)	184(63.89%)	131(45.49%)	198(68.75%)	132(45.83%)	288
E. 大五	14(42.42%)	21(63.64%)	25(75.76%)	12(36.36%)	18(54.55%)	11(33.33%)	33
F. 研究生	48(58.54%)	49(59.76%)	45(54.88%)	31(37.80%)	60(73.17%)	30(36.59%)	82

20. 你对学校开展文明寝室建设活动的态度是：[单选题]

年级	A. 非常赞同：寝室应当保持整洁	B. 基本赞同：老是检查评比让人有点厌烦	C. 不太赞同：有点影响个人生活	D. 不赞同：寝室卫生好坏纯属个人事务	E. 无所谓	小计
A. 大一	4385(56.64%)	2363(30.52%)	623(8.05%)	230(2.97%)	141(1.82%)	7742
B. 大二	1682(50.19%)	1200(35.81%)	288(8.59%)	109(3.25%)	72(2.15%)	3351

续表

年级	A. 非常赞同：寝室应当保持整洁	B. 基本赞同：老是检查评比让人有点厌烦	C. 不太赞同：有点影响个人生活	D. 不赞同：寝室卫生好坏纯属个人事务	E. 无所谓	小计
C. 大三	826 (51.82%)	554 (34.76%)	128 (8.03%)	53 (3.32%)	33 (2.07%)	1594
D. 大四	143 (49.65%)	100 (34.72%)	33 (11.46%)	6 (2.08%)	6 (2.08%)	288
E. 大五	15 (45.45%)	11 (33.33%)	4 (12.12%)	0 (0%)	3 (9.09%)	33
F. 研究生	40 (48.78%)	24 (29.27%)	8 (9.76%)	3 (3.66%)	7 (8.54%)	82

21. 你对大学生在寝室使用违章电器的态度是：[单选题]

年级	A. 为了安全应该禁止使用违章电器	B. 电吹风等电器应当可以使用	C. 不应该禁止使用违章电器	D. 无所谓	小计
A. 大一	3209(41.45%)	3807(49.17%)	504(6.51%)	222(2.87%)	7742
B. 大二	1201(35.84%)	1814(54.13%)	229(6.83%)	107(3.19%)	3351
C. 大三	568(35.63%)	878(55.08%)	95(5.96%)	53(3.32%)	1594
D. 大四	84(29.17%)	183(63.54%)	12(4.17%)	9(3.13%)	288
E. 大五	14(42.42%)	15(45.45%)	2(6.06%)	2(6.06%)	33
F. 研究生	21(25.61%)	43(52.44%)	7(8.54%)	11(13.41%)	82

22. 如果你在校园里看到学生有不文明行为时的态度是：[单选题]

年级	A. 勇于制止或提醒	B. 有制止的想法但没有行动	C. 自省自警自励	D. 事不关己高高挂起	小计
A. 大一	1910(24.67%)	2648(34.20%)	2931(37.86%)	253(3.27%)	7742
B. 大二	684(20.41%)	1237(36.91%)	1302(38.85%)	128(3.82%)	3351
C. 大三	349(21.89%)	555(34.82%)	642(40.28%)	48(3.01%)	1594
D. 大四	39(13.54%)	95(32.99%)	146(50.69%)	8(2.78%)	288
E. 大五	12(36.36%)	10(30.30%)	10(30.30%)	1(3.03%)	33
F. 研究生	17(20.73%)	32(39.02%)	24(29.27%)	9(10.98%)	82

23. 你认为下列哪几种修德教育方式是可行的？[多选题]

年级	A. 学校师德引领	B. 社会公德约束	C. 家庭美德熏陶	D. 职业道德塑造	小计
A. 大一	6079(78.52%)	5844(75.48%)	5741(74.15%)	4830(62.39%)	7742
B. 大二	2600(77.59%)	2549(76.07%)	2540(75.80%)	2127(63.47%)	3351

续表

年级	A. 学校师德引领	B. 社会公德约束	C. 家庭美德熏陶	D. 职业道德塑造	小计
C. 大三	1251(78.48%)	1254(78.67%)	1227(76.98%)	1041(65.31%)	1594
D. 大四	236(81.94%)	237(82.29%)	233(80.90%)	206(71.53%)	288
E. 大五	19(57.58%)	24(72.73%)	24(72.73%)	19(57.58%)	33
F. 研究生	59(71.95%)	60(73.17%)	55(67.07%)	53(64.63%)	82

24. 你个人的思想道德素养主要得益于下列哪种途径？[多选题]

年级	A. 学校师德引领	B. 社会公德约束	C. 家庭美德熏陶	D. 职业道德塑造	小计
A. 大一	5573(71.98%)	5348(69.08%)	5877(75.91%)	3481(44.96%)	7742
B. 大二	2378(70.96%)	2341(69.86%)	2586(77.17%)	1586(47.33%)	3351
C. 大三	1127(70.70%)	1138(71.39%)	1238(77.67%)	727(45.61%)	1594
D. 大四	193(67.01%)	215(74.65%)	242(84.03%)	153(53.13%)	288
E. 大五	20(60.61%)	25(75.76%)	29(87.88%)	15(45.45%)	33
F. 研究生	56(68.29%)	56(68.29%)	62(75.61%)	38(46.34%)	82

25. 你认为高校通过开展哪些活动可以提高大学生的文明修身素养？[多选题]

年级	A. 树文明典型学先进事迹	B. 美化校园文化环境	C. 加强对不文明行为治理	D. 开设文明修身教育课程	E. 提高评奖推优中的德育比重	F. 完善学校规章制度	小计
A. 大一	5024(64.89%)	5530(71.43%)	5124(66.18%)	4557(58.86%)	4192(54.15%)	3808(49.19%)	7742
B. 大二	2145(64.01%)	2428(72.46%)	2342(69.89%)	1963(58.58%)	1875(55.95%)	1682(50.19%)	3351
C. 大三	1029(64.55%)	1120(70.26%)	1122(70.39%)	943(59.16%)	872(54.71%)	785(49.25%)	1594
D. 大四	195(67.71%)	224(77.78%)	210(72.92%)	190(65.97%)	178(61.81%)	157(54.51%)	288
E. 大五	16(48.48%)	21(63.64%)	25(75.76%)	20(60.61%)	20(60.61%)	15(45.45%)	33
F. 研究生	53(64.63%)	53(64.63%)	54(65.85%)	49(59.76%)	48(58.54%)	38(46.34%)	82

26. 你最喜欢下列哪种修德教育形式？［单选题］

年级	A. 教师在专业课程中融入修德教育	B. 辅导员通过大会来开展修德教育	C. 参加大会聆听先进榜样事迹报告	D. 通过网络平台浏览学习修德知识	E. 父母在日常生活中引领修德教育	F. 学校严明规章制度促进修德教育	小计
A. 大一	2886 (37.28%)	678 (8.76%)	794 (10.26%)	916 (11.83%)	2021 (26.10%)	447 (5.77%)	7742
B. 大二	1149 (34.29%)	242 (7.22%)	319 (9.52%)	419 (12.50%)	1002 (29.90%)	220 (6.57%)	3351
C. 大三	564 (35.38%)	112 (7.03%)	135 (8.47%)	186 (11.67%)	500 (31.37%)	97 (6.09%)	1594
D. 大四	92 (31.94%)	12 (4.17%)	28 (9.72%)	35 (12.15%)	94 (32.64%)	27 (9.38%)	288
E. 大五	10 (30.30%)	3 (9.09%)	8 (24.24%)	3 (9.09%)	9 (27.27%)	0 (0%)	33
F. 研究生	27 (32.93%)	7 (8.54%)	9 (10.98%)	11 (13.41%)	25 (30.49%)	3 (3.66%)	82

27. 你认为当代大学生文明修身教育最需要修好以下哪几种"德"？［多选题］

年级	A. 柔韧之德:理想信念	B. 进取之德:追求卓越	C. 创新之德:勇于创新	D. 谦虚之德:不骄不躁	E. 包容之德:爱国爱人	F. 自律之德:自我约束	G. 奉献之德:敬业奉献	H. 清廉之德:清正廉洁	小计
A. 大一	5399 (69.74%)	5424 (70.06%)	5453 (70.43%)	5540 (71.56%)	5189 (67.02%)	5587 (72.16%)	4592 (59.31%)	4179 (53.98%)	7742
B. 大二	2393 (71.41%)	2338 (69.77%)	2329 (69.50%)	2473 (73.80%)	2246 (67.02%)	2471 (73.74%)	2014 (60.10%)	1855 (55.36%)	3351
C. 大三	1127 (70.70%)	1112 (69.76%)	1103 (69.20%)	1154 (72.40%)	1083 (67.94%)	1216 (76.29%)	932 (58.47%)	881 (55.27%)	1594
D. 大四	209 (72.57%)	189 (65.63%)	208 (72.22%)	226 (78.47%)	213 (73.96%)	244 (84.72%)	185 (64.24%)	177 (61.46%)	288
E. 大五	20 (60.61%)	20 (60.61%)	19 (57.58%)	24 (72.73%)	21 (63.64%)	23 (69.70%)	20 (60.61%)	20 (60.61%)	33
F. 研究生	56 (68.29%)	60 (73.17%)	56 (68.29%)	58 (70.73%)	54 (65.85%)	50 (60.98%)	52 (63.41%)	44 (53.66%)	82

28. 你了解习近平总书记关于青年修德的重要论述吗？［单选题］

年级	A. 完全了解	B. 基本了解	C. 不太了解	D. 不了解	小计
A. 大一	780(10.07%)	3599(46.49%)	2956(38.18%)	407(5.26%)	7742
B. 大二	301(8.98%)	1518(45.30%)	1293(38.59%)	239(7.13%)	3351
C. 大三	170(10.66%)	729(45.73%)	591(37.08%)	104(6.52%)	1594
D. 大四	18(6.25%)	127(44.10%)	119(41.32%)	24(8.33%)	288

续表

年级	A. 完全了解	B. 基本了解	C. 不太了解	D. 不了解	小计
E. 大五	6(18.18%)	12(36.36%)	10(30.3%)	5(15.15%)	33
F. 研究生	13(15.85%)	41(50.00%)	15(18.29%)	13(15.85%)	82

29. 习近平总书记在 2014 年"五四"讲话中对广大青年提出了修德哪"八字箴言"？[多选题]

年级	A. 理想	B. 勤学	C. 实践	D. 修德	E. 创新	F. 明辨	G. 奉献	H. 笃实	小计
A. 大一	3123(40.34%)	5453(70.43%)	3674(47.46%)	5016(64.79%)	4306(55.62%)	3276(42.31%)	2256(29.14%)	4085(52.76%)	7742
B. 大二	1267(37.81%)	2463(73.50%)	1484(44.29%)	2248(67.08%)	1779(53.09%)	1586(47.33%)	922(27.51%)	1849(55.18%)	3351
C. 大三	580(36.39%)	1207(75.72%)	676(42.41%)	1100(69.01%)	784(49.18%)	794(49.81%)	436(27.35%)	910(57.09%)	1594
D. 大四	88(30.56%)	222(77.08%)	91(31.60%)	213(73.96%)	138(47.92%)	157(54.51%)	77(26.74%)	185(64.24%)	288
E. 大五	9(27.27%)	24(72.73%)	12(36.36%)	19(57.58%)	13(39.39%)	20(60.61%)	11(33.33%)	17(51.52%)	33
F. 研究生	28(34.15%)	55(67.07%)	28(34.15%)	54(65.85%)	33(40.24%)	46(56.1%)	18(21.95%)	47(57.32%)	82

（四）基于学校类别交叉分析

1. 你所在的院校重视大学生文明修身教育吗？[单选题]

学校类别	A. 非常重视	B. 比较重视	C. 不太重视	D. 不重视	E. 不知道	小计
A. 部属院校	205(37.55%)	257(47.07%)	50(9.16%)	7(1.28%)	27(4.95%)	546
B. 省属本科院校	2513(31.19%)	4230(52.50%)	795(9.87%)	108(1.34%)	411(5.10%)	8057
C. 市属本科院校	309(31.02%)	506(50.80%)	82(8.23%)	24(2.41%)	75(7.53%)	996
D. 高职高专院校	1462(41.88%)	1500(42.97%)	265(7.59%)	73(2.09%)	191(5.47%)	3491

2. 你认为你所在院校的学生注重个人文明修身吗？[单选题]

学校类别	A. 非常重视	B. 比较重视	C. 不太重视	D. 不重视	E. 不知道	小计
A. 部属院校	189(34.62%)	260(47.62%)	64(11.72%)	9(1.65%)	24(4.40%)	546
B. 省属本科院校	2224(27.60%)	4308(53.47%)	1043(12.95%)	124(1.54%)	358(4.44%)	8057
C. 市属本科院校	278(27.91%)	481(48.29%)	142(14.26%)	26(2.61%)	69(6.93%)	996
D. 高职高专院校	1287(36.87%)	1511(43.28%)	418(11.97%)	109(3.12%)	166(4.76%)	3491

3. 你对自己所在院校开展的大学生文明修身教育活动的兴趣评价：[单选题]

学校类别	A. 很感兴趣	B. 较感兴趣	C. 不感兴趣	D. 有点反感	E. 不知道	小计
A. 部属院校	172(31.50%)	263(48.17%)	78(14.29%)	4(0.73%)	29(5.31%)	546
B. 省属本科院校	1998(24.80%)	4514(56.03%)	1138(14.12%)	78(0.97%)	329(4.08%)	8057
C. 市属本科院校	260(26.10%)	516(51.81%)	141(14.16%)	22(2.21%)	57(5.72%)	996
D. 高职高专院校	1207(34.57%)	1713(49.07%)	368(10.54%)	51(1.46%)	152(4.35%)	3491

4. 你所在院校开展的大学生文明修身教育活动对你有作用吗？[单选题]

学校类别	A. 非常有作用	B. 有点作用	C. 没有作用	D. 不知道	小计
A. 部属院校	202(37.00%)	263(48.17%)	43(7.88%)	38(6.96%)	546
B. 省属本科院校	2474(30.71%)	4552(56.50%)	497(6.17%)	534(6.63%)	8057
C. 市属本科院校	307(30.82%)	522(52.41%)	72(7.23%)	95(9.54%)	996
D. 高职高专院校	1409(40.36%)	1709(48.95%)	186(5.33%)	187(5.36%)	3491

5. 你对自己所在院校开展的大学生文明修身教育活动的满意度评价：[单选题]

学校类别	A. 非常满意	B. 比较满意	C. 不太满意	D. 不满意	E. 不知道	小计
A. 部属院校	165(30.22%)	276(50.55%)	50(9.16%)	13(2.38%)	42(7.69%)	546
B. 省属本科院校	1930(23.95%)	4432(55.01%)	910(11.29%)	161(2.00%)	624(7.74%)	8057
C. 市属本科院校	264(26.51%)	509(51.10%)	108(10.84%)	23(2.31%)	92(9.24%)	996
D. 高职高专院校	1208(34.60%)	1703(48.78%)	296(8.48%)	74(2.12%)	210(6.02%)	3491

6. 请你对照"品德好、品行优、品位高"的标准来衡量一下自己的文明修身水平：[单选题]

学校类别	A. 完全达标	B. 基本达标	C. 未达标	D. 不知道	小计
A. 部属院校	172(31.50%)	324(59.34%)	26(4.76%)	24(4.40%)	546
B. 省属本科院校	1605(19.92%)	5841(72.50%)	373(4.63%)	238(2.95%)	8057
C. 市属本科院校	227(22.79%)	683(68.57%)	45(4.52%)	41(4.12%)	996
D. 高职高专院校	956(27.38%)	2285(65.45%)	142(4.07%)	108(3.09%)	3491

7. 你认为当代大学生的整体文明修身素养如何？[单选题]

学校类别	A. 很好	B. 较好	C. 一般	D. 不好	E. 不知道	小计
A. 部属院校	111(20.33%)	224(41.03%)	177(32.42%)	17(3.11%)	17(3.11%)	546
B. 省属本科院校	1024(12.71%)	3656(45.38%)	3044(37.78%)	208(2.58%)	125(1.55%)	8057

续表

学校类别	A. 很好	B. 较好	C. 一般	D. 不好	E. 不知道	小计
C. 市属本科院校	158(15.86%)	383(38.45%)	396(39.76%)	34(3.41%)	25(2.51%)	996
D. 高职高专院校	781(22.37%)	1390(39.82%)	1097(31.42%)	142(4.07%)	81(2.32%)	3491

8. 你认为当代大学生有必要加强个人文明修身吗？［单选题］

学校类别	A. 非常必要	B. 有必要	C. 没有必要	D. 不知道	小计
A. 部属院校	309(56.59%)	203(37.18%)	14(2.56%)	20(3.66%)	546
B. 省属本科院校	4542(56.37%)	3331(41.34%)	78(0.97%)	106(1.32%)	8057
C. 市属本科院校	529(53.11%)	422(42.37%)	16(1.61%)	29(2.91%)	996
D. 高职高专院校	2013(57.66%)	1347(38.58%)	53(1.52%)	78(2.23%)	3491

9. 你对高校开展大学生文明修身教育活动的态度是：［单选题］

学校类别	A. 非常赞同	B. 基本赞同	C. 不太赞同	D. 不赞同	E. 不知道	小计
A. 部属院校	316(57.88%)	191(34.98%)	15(2.75%)	5(0.92%)	19(3.48%)	546
B. 省属本科院校	4581(56.86%)	3177(39.43%)	118(1.46%)	42(0.52%)	139(1.73%)	8057
C. 市属本科院校	533(53.51%)	396(39.76%)	23(2.31%)	9(0.90%)	35(3.51%)	996
D. 高职高专院校	1967(56.34%)	1354(38.79%)	72(2.06%)	20(0.57%)	78(2.23%)	3491

10. 你愿意参加学校组织的大学生文明修身教育活动吗？［单选题］

学校类别	A. 非常愿意	B. 基本愿意	C. 不太愿意	D. 不愿意	E. 无所谓	小计
A. 部属院校	259(47.44%)	219(40.11%)	31(5.68%)	12(2.20%)	25(4.58%)	546
B. 省属本科院校	3448(42.80%)	3893(48.32%)	414(5.14%)	82(1.02%)	220(2.73%)	8057
C. 市属本科院校	433(43.47%)	422(42.37%)	74(7.43%)	17(1.71%)	50(5.02%)	996
D. 高职高专院校	1712(49.04%)	1460(41.82%)	163(4.67%)	48(1.37%)	108(3.09%)	3491

11. 你认为大学生在公德意识方面常见的不文明行为有：［多选题］

学校类别	A. 购物就餐夹塞拥挤	B. 公共场合大声喧哗	C. 乱丢垃圾随地吐痰	D. 如厕之后一走了之	E. 需静场所手机声响	F. 争先乘坐公共交通工具	G. 不懂谦让老弱病残	H. 自修教室占位占座	小计
A. 部属院校	332(60.81%)	366(67.03%)	298(54.58%)	253(46.34%)	293(53.66%)	227(41.58%)	213(39.01%)	299(54.76%)	546
B. 省属本科院校	5196(64.49%)	5729(71.11%)	4406(54.69%)	3985(49.46%)	4625(57.40%)	3351(41.59%)	3102(38.50%)	5426(67.35%)	8057

续表

学校类别	A. 购物就餐夹塞拥挤	B. 公共场合大声喧哗	C. 乱丢垃圾随地吐痰	D. 如厕之后一走了之	E. 需静场所手机声响	F. 争先乘坐公共交通工具	G. 不懂谦让老弱病残	H. 自修教室占位占座	小计
C. 市属本科院校	635(63.76%)	724(72.69%)	573(57.53%)	484(48.59%)	544(54.62%)	402(40.36%)	364(36.55%)	558(56.02%)	996
D. 高职高专院校	2342(67.09%)	2739(78.46%)	2505(71.76%)	2059(58.98%)	1846(52.88%)	1540(44.11%)	1643(47.06%)	1389(39.79%)	3491

12. 你认为大学生在尊重意识方面常见的不文明行为有：[多选题]

学校类别	A. 见了师长不会问候	B. 对待他人不懂尊重	C. 遇事不满语言粗俗	D. 情侣恋爱过分亲昵	小计
A. 部属院校	317(58.06%)	330(60.44%)	375(68.68%)	248(45.42%)	546
B. 省属本科院校	4792(59.48%)	5134(63.72%)	5610(69.63%)	4665(57.90%)	8057
C. 市属本科院校	582(58.43%)	650(65.26%)	710(71.29%)	553(55.52%)	996
D. 高职高专院校	2200(63.02%)	2428(69.55%)	2671(76.51%)	1660(47.55%)	3491

13. 你认为大学生在仪容意识方面常见的不文明行为有：[多选题]

学校类别	A. 衣着打扮奇形怪异	B. 不分场合穿着随便	C."课桌文化"屡见不鲜	D. 不切实际过度消费	小计
A. 部属院校	235(43.04%)	258(47.25%)	330(60.44%)	297(54.40%)	546
B. 省属本科院校	3269(40.57%)	4055(50.33%)	5356(66.48%)	5068(62.90%)	8057
C. 市属本科院校	426(42.77%)	474(47.59%)	635(63.76%)	592(59.44%)	996
D. 高职高专院校	1846(52.88%)	1974(56.55%)	2075(59.44%)	2225(63.74%)	3491

14. 你认为大学生在诚信意识方面常见的不文明行为有：[多选题]

学校类别	A. 考试作弊五花八门	B. 对待朋友缺乏真诚	C. 约定之后不讲信用	D. 抄袭论文学术不端	小计
A. 部属院校	344(63.00%)	308(56.41%)	307(56.23%)	298(54.58%)	546
B. 省属本科院校	5595(69.44%)	4798(59.55%)	4773(59.24%)	4644(57.64%)	8057
C. 市属本科院校	630(63.25%)	601(60.34%)	605(60.74%)	528(53.01%)	996
D. 高职高专院校	2321(66.49%)	2357(67.52%)	2177(62.36%)	1852(53.05%)	3491

15. 你认为大学生在法纪意识方面常见的不文明行为有：[多选题]

学校类别	A. 课堂纪律熟视无睹	B. 宿舍规定置若罔闻	C. 交通规则随意违反	E. 网络交流随心所欲	F. 旅游景点乱涂乱画	小计
A. 部属院校	362(66.30%)	296(54.21%)	254(46.52%)	287(52.56%)	207(37.91%)	546
B. 省属本科院校	5523(68.55%)	4694(58.26%)	3798(47.14%)	5107(63.39%)	3278(40.69%)	8057

续表

学校类别	A. 课堂纪律熟视无睹	B. 宿舍规定置若罔闻	C. 交通规则随意违反	E. 网络交流随心所欲	F. 旅游景点乱涂乱画	小计
C. 市属本科院校	647(64.96%)	523(52.51%)	455(45.68%)	580(58.23%)	429(43.07%)	996
D. 高职高专院校	2425(69.46%)	2018(57.81%)	1981(56.75%)	2094(59.98%)	1679(48.10%)	3491

16. 你认为大学生在学习意识方面常见的不文明行为有：[多选题]

学校类别	A. 迟到早退旷课	B. 上课玩手机吃东西	C. 考前抱佛脚	D. 沉迷网络游戏	小计
A. 部属院校	379(69.41%)	372(68.13%)	282(51.65%)	303(55.49%)	546
B. 省属本科院校	5571(69.14%)	6033(74.88%)	4907(60.90%)	5547(68.85%)	8057
C. 市属本科院校	662(66.47%)	684(68.67%)	567(56.93%)	651(65.36%)	996
D. 高职高专院校	2460(70.47%)	2513(71.99%)	1752(50.19%)	2339(67.00%)	3491

17. 你认为大学生在安全意识方面常见的不文明行为有：[多选题]

学校类别	A. 在寝室使用违章电器与明火	B. 不遵守交通规则	C. 回家或抵校不及时报告	D. 乱购乱放实验所需危化物品	E. 漠视学校安全教育	小计
A. 部属院校	331(60.62%)	264(48.35%)	215(39.38%)	242(44.32%)	267(48.90%)	546
B. 省属本科院校	5206(64.61%)	3939(48.89%)	3392(42.10%)	3746(46.49%)	4255(52.81%)	8057
C. 市属本科院校	572(57.43%)	452(45.38%)	383(38.45%)	476(47.79%)	530(53.21%)	996
D. 高职高专院校	2153(61.67%)	2031(58.18%)	1625(46.55%)	1844(52.82%)	1927(55.2%)	3491

18. 你对大学生身上存在的奇装异服、不雅行为等不文明现象的态度是：[单选题]

学校类别	A. 非常厌恶	B. 有点厌恶	C. 可以理解	D. 无所谓	小计
A. 部属院校	134(24.54%)	228(41.76%)	133(24.36%)	51(9.34%)	546
B. 省属本科院校	1782(22.12%)	4044(50.19%)	1770(21.97%)	461(5.72%)	8057
C. 市属本科院校	192(19.28%)	503(50.50%)	235(23.59%)	66(6.63%)	996
D. 高职高专院校	935(26.78%)	1561(44.71%)	784(22.46%)	211(6.04%)	3491

19. 你认为影响大学生文明修身素养的因素有：[多选题]

学校类别	A. 家庭环境；独生子女的过分溺爱	B. 社会环境；公民素质不高的负面影响	C. 应试教育；评价学生素质看分数	D. 管理滞后；缺乏中学式的严格管理	E. 教育片面；不太重视养成教育	F. 选人标准；招聘选拔主要看专业技术水平	小计
A. 部属院校	345(63.19%)	321(58.79%)	292(53.48%)	216(39.56%)	272(49.82%)	181(33.15%)	546
B. 省属本科院校	5645(70.06%)	5282(65.56%)	5225(64.85%)	3435(42.63%)	4836(60.02%)	3304(41.01%)	8057
C. 市属本科院校	669(67.17%)	625(62.75%)	573(57.53%)	449(45.08%)	557(55.92%)	368(36.95%)	996
D. 高职高专院校	2356(67.49%)	2226(63.76%)	1789(51.25%)	1438(41.19%)	1830(52.42%)	1171(33.54%)	3491

20. 你对学校开展文明寝室建设活动的态度是：[单选题]

学校类别	A. 非常赞同：寝室应当保持整洁	B. 基本赞同：老是检查评比让人有点厌烦	C. 不太赞同：有点影响个人生活	D. 不赞同：寝室卫生好坏纯属个人事务	E. 无所谓	小计
A. 部属院校	299(54.76%)	154(28.21%)	54(9.89%)	25(4.58%)	14(2.56%)	546
B. 省属本科院校	4358(54.09%)	2742(34.03%)	610(7.57%)	214(2.66%)	133(1.65%)	8057
C. 市属本科院校	499(50.10%)	343(34.44%)	85(8.53%)	35(3.51%)	34(3.41%)	996
D. 高职高专院校	1935(55.43%)	1013(29.02%)	335(9.60%)	127(3.64%)	81(2.32%)	3491

21. 你对大学生在寝室使用违章电器的态度是：[单选题]

学校类别	A. 为了安全应该禁止使用违章电器	B. 电吹风等电器应当可以使用	C. 不应该禁止使用违章电器	D. 无所谓	小计
A. 部属院校	183(33.52%)	289(52.93%)	52(9.52%)	22(4.03%)	546
B. 省属本科院校	2988(37.09%)	4412(54.76%)	465(5.77%)	192(2.38%)	8057
C. 市属本科院校	339(34.04%)	537(53.92%)	65(6.53%)	55(5.52%)	996
D. 高职高专院校	1587(45.46%)	1502(43.02%)	267(7.65%)	135(3.87%)	3491

22. 如果你在校园里看到学生有不文明行为时的态度是：[单选题]

学校类别	A. 勇于制止或提醒	B. 有制止的想法但没有行动	C. 自省自警自励	D. 事不关己高高挂起	小计
A. 部属院校	140(25.64%)	185(33.88%)	197(36.08%)	24(4.40%)	546
B. 省属本科院校	1572(19.51%)	3032(37.63%)	3217(39.93%)	236(2.93%)	8057
C. 市属本科院校	237(23.80%)	348(34.94%)	365(36.65%)	46(4.62%)	996
D. 高职高专院校	1062(30.42%)	1012(28.99%)	1276(36.55%)	141(4.04%)	3491

23. 你认为下列哪几种修德教育方式是可行的？[多选题]

学校类别	A. 学校师德引领	B. 社会公德约束	C. 家庭美德熏陶	D. 职业道德塑造	小计
A. 部属院校	397(72.71%)	378(69.23%)	380(69.60%)	301(55.13%)	546
B. 省属本科院校	6456(80.13%)	6337(78.65%)	6283(77.98%)	5285(65.60%)	8057
C. 市属本科院校	768(77.11%)	744(74.70%)	710(71.29%)	590(59.24%)	996
D. 高职高专院校	2623(75.14%)	2509(71.87%)	2447(70.09%)	2100(60.15%)	3491

24. 你个人的思想道德素养主要得益于下列哪种途径？[多选题]

学校类别	A. 学校师德引领	B. 社会公德约束	C. 家庭美德熏陶	D. 职业道德塑造	小计
A. 部属院校	364(66.67%)	338(61.90%)	388(71.06%)	227(41.58%)	546
B. 省属本科院校	5840(72.48%)	5749(71.35%)	6411(79.57%)	3735(46.36%)	8057
C. 市属本科院校	679(68.17%)	654(65.66%)	730(73.29%)	391(39.26%)	996
D. 高职高专院校	2464(70.58%)	2382(68.23%)	2505(71.76%)	1647(47.18%)	3491

25. 你认为高校通过开展哪些活动可以提高大学生的文明修身素养？[多选题]

学校类别	A. 树文明典型学先进事迹	B. 美化校园文化环境	C. 加强对不文明行为治理	D. 开设文明修身教育课程	E. 提高评奖推优中的德育比重	F. 完善学校规章制度	小计
A. 部属院校	328(60.07%)	365(66.85%)	333(60.99%)	277(50.73%)	260(47.62%)	242(44.32%)	546
B. 省属本科院校	5246(65.11%)	5930(73.60%)	5643(70.04%)	4864(60.37%)	4607(57.18%)	4212(52.28%)	8057
C. 市属本科院校	609(61.14%)	686(68.88%)	634(63.65%)	548(55.02%)	533(53.51%)	437(43.88%)	996
D. 高职高专院校	2279(65.28%)	2395(68.60%)	2267(64.94%)	2033(58.24%)	1785(51.13%)	1594(45.66%)	3491

26. 你最喜欢下列哪种修德教育形式？[单选题]

学校类别	A. 教师在专业课程中融入修德教育	B. 辅导员通过大会来开展修德教育	C. 参加大会聆听先进榜样事迹报告	D. 通过网络平台浏览学习修德知识	E. 父母在日常生活中引领修德教育	F. 学校严明规章制度促进修德教育	小计
A. 部属院校	196(35.90%)	63(11.54%)	59(10.81%)	69(12.64%)	134(24.54%)	25(4.58%)	546
B. 省属本科院校	2902(36.02%)	540(6.70%)	722(8.96%)	941(11.68%)	2440(30.28%)	512(6.35%)	8057

续表

学校类别	A. 教师在专业课程中融入修德教育	B. 辅导员通过大会来开展修德教育	C. 参加大会聆听先进榜样事迹报告	D. 通过网络平台浏览学习修德知识	E. 父母在日常生活中引领修德教育	F. 学校严明规章制度促进修德教育	小计
C. 市属本科院校	372 (37.35%)	83 (8.33%)	97 (9.74%)	109 (10.94%)	291 (29.22%)	44 (4.42%)	996
D. 高职高专院校	1258 (36.04%)	368 (10.54%)	415 (11.89%)	451 (12.92%)	786 (22.52%)	213 (6.10%)	3491

27. 你认为当代大学生文明修身教育最需要修好以下哪几种"德"？[多选题]

学校类别	A. 柔韧之德：理想信念	B. 进取之德：追求卓越	C. 创新之德：勇于创新	D. 谦虚之德：不骄不躁	E. 包容之德：爱国爱人	F. 自律之德：自我约束	G. 奉献之德：敬业奉献	H. 清廉之德：清正廉洁	小计
A. 部属院校	375 (68.68%)	352 (64.47%)	343 (62.82%)	350 (64.10%)	319 (58.42%)	350 (64.10%)	286 (52.38%)	275 (50.37%)	546
B. 省属本科院校	5817 (72.20%)	5744 (71.29%)	5767 (71.58%)	6038 (74.94%)	5638 (69.98%)	6194 (76.88%)	4999 (62.05%)	4533 (56.26%)	8057
C. 市属本科院校	690 (69.28%)	678 (68.07%)	676 (67.87%)	679 (68.17%)	644 (64.66%)	686 (68.88%)	542 (54.42%)	517 (51.91%)	996
D. 高职高专院校	2322 (66.51%)	2369 (67.86%)	2382 (68.23%)	2408 (68.98%)	2205 (63.16%)	2361 (67.63%)	1968 (56.37%)	1831 (52.45%)	3491

28. 你了解习近平总书记关于青年修德的重要论述吗？[单选题]

学校类别	A. 完全了解	B. 基本了解	C. 不太了解	D. 不了解	小计
A. 部属院校	92(16.85%)	223(40.84%)	187(34.25%)	44(8.06%)	546
B. 省属本科院校	609(7.56%)	3643(45.22%)	3293(40.87%)	512(6.35%)	8057
C. 市属本科院校	81(8.13%)	412(41.37%)	421(42.27%)	82(8.23%)	996
D. 高职高专院校	506(14.49%)	1748(50.07%)	1083(31.02%)	154(4.41%)	3491

29. 习近平总书记在2014年"五四"讲话中对广大青年提出了修德哪"八字箴言"？[多选题]

学校类别	A. 理想	B. 勤学	C. 实践	D. 修德	E. 创新	F. 明辨	G. 奉献	H. 笃实	小计
A. 部属院校	228 (41.76%)	354 (64.84%)	231 (42.31%)	321 (58.79%)	266 (48.72%)	256 (46.89%)	128 (23.44%)	278 (50.92%)	546
B. 省属本科院校	2913 (36.15%)	5948 (73.82%)	3314 (41.13%)	5502 (68.29%)	4128 (51.23%)	3951 (49.04%)	2073 (25.73%)	4745 (58.89%)	8057

续表

学校类别	A. 理想	B. 勤学	C. 实践	D. 修德	E. 创新	F. 明辨	G. 奉献	H. 笃实	小计
C. 市属本科院校	383(38.45%)	687(68.98%)	498(50.00%)	629(63.15%)	578(58.03%)	412(41.37%)	296(29.72%)	517(51.91%)	996
D. 高职高专院校	1571(45.00%)	2435(69.75%)	1922(55.06%)	2198(62.96%)	2081(59.61%)	1260(36.09%)	1223(35.03%)	1553(44.49%)	3491

（五）基于学校地域交叉分析

1. 你所在的院校重视大学生文明修身教育吗？[单选题]

学校地域	A. 非常重视	B. 比较重视	C. 不太重视	D. 不重视	E. 不知道	小计
A. 东部院校	950(36.64%)	1259(48.55%)	206(7.94%)	33(1.27%)	145(5.59%)	2593
B. 南部院校	1002(32.14%)	1630(52.28%)	290(9.30%)	33(1.06%)	163(5.23%)	3118
C. 西部院校	844(33.52%)	1276(50.68%)	251(9.97%)	45(1.79%)	102(4.05%)	2518
D. 北部院校	1066(41.48%)	1069(41.60%)	219(8.52%)	57(2.22%)	159(6.19%)	2570
E. 中部院校	627(27.37%)	1259(54.95%)	226(9.86%)	44(1.92%)	135(5.89%)	2291

2. 你所在院校的学生注重个人文明修身吗？[单选题]

学校地域	A. 非常重视	B. 比较重视	C. 不太重视	D. 不重视	E. 不知道	小计
A. 东部院校	834(32.16%)	1278(49.29%)	311(11.99%)	48(1.85%)	122(4.70%)	2593
B. 南部院校	871(27.93%)	1663(53.34%)	390(12.51%)	46(1.48%)	148(4.75%)	3118
C. 西部院校	712(28.28%)	1285(51.03%)	361(14.34%)	61(2.42%)	99(3.93%)	2518
D. 北部院校	996(38.75%)	1088(42.33%)	295(11.48%)	62(2.41%)	129(5.02%)	2570
E. 中部院校	565(24.66%)	1246(54.39%)	310(13.53%)	51(2.23%)	119(5.19%)	2291

3. 你自己所在院校开展的大学生文明修身教育活动的兴趣评价：[单选题]

学校地域	A. 很感兴趣	B. 较感兴趣	C. 不感兴趣	D. 有点反感	E. 不知道	小计
A. 东部院校	762(29.39%)	1327(51.18%)	360(13.88%)	27(1.04%)	117(4.51%)	2593
B. 南部院校	781(25.05%)	1755(56.29%)	427(13.69%)	33(1.06%)	122(3.91%)	3118
C. 西部院校	653(25.93%)	1422(56.47%)	322(12.79%)	32(1.27%)	89(3.53%)	2518
D. 北部院校	942(36.65%)	1194(46.46%)	283(11.01%)	39(1.52%)	112(4.36%)	2570
E. 中部院校	499(21.78%)	1308(57.09%)	333(14.54%)	24(1.05%)	127(5.54%)	2291

4. 你所在院校开展的大学生文明修身教育活动对你有作用吗？[单选题]

学校地域	A. 非常有作用	B. 有点作用	C. 没有作用	D. 不知道	小计
A. 东部院校	888(34.25%)	1381(53.26%)	159(6.13%)	165(6.36%)	2593
B. 南部院校	985(31.59%)	1743(55.90%)	178(5.71%)	212(6.80%)	3118
C. 西部院校	821(32.61%)	1403(55.72%)	149(5.92%)	145(5.76%)	2518
D. 北部院校	1061(41.28%)	1195(46.50%)	156(6.07%)	158(6.15%)	2570
E. 中部院校	637(27.80%)	1324(57.79%)	156(6.81%)	174(7.59%)	2291

5. 你对自己所在院校开展的大学生文明修身教育活动的满意度评价：[单选题]

学校地域	A. 非常满意	B. 比较满意	C. 不太满意	D. 不满意	E. 不知道	小计
A. 东部院校	755(29.12%)	1344(51.83%)	252(9.72%)	41(1.58%)	201(7.75%)	2593
B. 南部院校	758(24.31%)	1728(55.42%)	341(10.94%)	50(1.60%)	241(7.73%)	3118
C. 西部院校	631(25.06%)	1394(55.36%)	277(11.00%)	63(2.50%)	153(6.08%)	2518
D. 北部院校	945(36.77%)	1186(46.15%)	207(8.05%)	65(2.53%)	167(6.50%)	2570
E. 中部院校	478(20.86%)	1268(55.35%)	287(12.53%)	52(2.27%)	206(8.99%)	2291

6. 请你对照"品德好、品行优、品位高"的标准来衡量一下自己的文明修身水平：[单选题]

学校地域	A. 完全达标	B. 基本达标	C. 未达标	D. 不知道	小计
A. 东部院校	630(24.30%)	1768(68.18%)	98(3.78%)	97(3.74%)	2593
B. 南部院校	599(19.21%)	2275(72.96%)	150(4.81%)	94(3.01%)	3118
C. 西部院校	495(19.66%)	1822(72.36%)	132(5.24%)	69(2.74%)	2518
D. 北部院校	769(29.92%)	1609(62.61%)	106(4.12%)	86(3.35%)	2570
E. 中部院校	467(20.38%)	1659(72.41%)	100(4.36%)	65(2.84%)	2291

7. 你认为当代大学生的整体文明修身素养如何？[单选题]

学校地域	A. 很好	B. 较好	C. 一般	D. 不好	E. 不知道	小计
A. 东部院校	465(17.93%)	1089(42.00%)	906(34.94%)	75(2.89%)	58(2.24%)	2593
B. 南部院校	383(12.28%)	1403(45.00%)	1200(38.49%)	94(3.01%)	38(1.22%)	3118
C. 西部院校	338(13.42%)	1086(43.13%)	970(38.52%)	85(3.38%)	39(1.55%)	2518
D. 北部院校	630(24.51%)	1002(38.99%)	796(30.97%)	81(3.15%)	61(2.37%)	2570
E. 中部院校	258(11.26%)	1073(46.84%)	842(36.75%)	66(2.88%)	52(2.27%)	2291

8. 你认为当代大学生有必要加强个人文明修身吗？[单选题]

学校地域	A. 非常必要	B. 有必要	C. 没有必要	D. 不知道	小计
A. 东部院校	1446(55.77%)	1072(41.34%)	26(1.00%)	49(1.89%)	2593
B. 南部院校	1788(57.34%)	1261(40.44%)	30(0.96%)	39(1.25%)	3118
C. 西部院校	1462(58.06%)	975(38.72%)	38(1.51%)	43(1.71%)	2518
D. 北部院校	1508(58.68%)	966(37.59%)	36(1.40%)	60(2.33%)	2570
E. 中部院校	1189(51.90%)	1029(44.91%)	31(1.35%)	42(1.83%)	2291

9. 你对所在院校开展大学生文明修身教育活动的态度是：[单选题]

学校地域	A. 非常赞同	B. 基本赞同	C. 不太赞同	D. 不赞同	E. 不知道	小计
A. 东部院校	1447(55.80%)	1031(39.76%)	45(1.74%)	13(0.50%)	57(2.20%)	2593
B. 南部院校	1743(55.90%)	1265(40.57%)	47(1.51%)	16(0.51%)	47(1.51%)	3118
C. 西部院校	1420(56.39%)	988(39.24%)	50(1.99%)	14(0.56%)	46(1.83%)	2518
D. 北部院校	1526(59.38%)	907(35.29%)	52(2.02%)	19(0.74%)	66(2.57%)	2570
E. 中部院校	1261(55.04%)	927(40.46%)	34(1.48%)	14(0.61%)	55(2.40%)	2291

10. 你愿意参加学校组织的大学生文明修身教育活动吗？[单选题]

学校地域	A. 非常愿意	B. 基本愿意	C. 不太愿意	D. 不愿意	E. 无所谓	小计
A. 东部院校	1164(44.89%)	1164(44.89%)	146(5.63%)	32(1.23%)	87(3.36%)	2593
B. 南部院校	1318(42.27%)	1532(49.13%)	161(5.16%)	26(0.83%)	81(2.60%)	3118
C. 西部院校	1168(46.39%)	1141(45.31%)	111(4.41%)	29(1.15%)	69(2.74%)	2518
D. 北部院校	1290(50.19%)	1007(39.18%)	134(5.21%)	45(1.75%)	94(3.66%)	2570
E. 中部院校	912(39.81%)	1150(50.20%)	130(5.67%)	27(1.18%)	72(3.14%)	2291

11. 你认为大学生在公德意识方面常见的不文明行为有：[多选题]

学校地域	A. 购物就餐夹塞拥挤	B. 公共场合大声喧哗	C. 乱丢垃圾随地吐痰	D. 如厕之后一走了之	E. 需静场所手机声响	F. 争先恐后坐公共交通工具	G. 不懂谦让老弱病残	H. 自修教室占位占座	小计
A. 东部院校	1642(63.32%)	1828(70.50%)	1493(57.58%)	1349(52.02%)	1415(54.57%)	1057(40.76%)	1024(39.49%)	1471(56.73%)	2593
B. 南部院校	2026(64.98%)	2284(73.25%)	1723(55.26%)	1361(43.65%)	1843(59.11%)	1409(45.19%)	1308(41.95%)	1913(61.35%)	3118
C. 西部院校	1720(68.31%)	1910(75.85%)	1623(64.46%)	1450(57.59%)	1397(55.48%)	1111(44.12%)	1096(43.53%)	1451(57.63%)	2518
D. 北部院校	1617(62.92%)	1880(73.15%)	1652(64.28%)	1399(54.44%)	1348(52.45%)	1001(38.95%)	1046(40.70%)	1275(49.61%)	2570

续表

学校地域	A. 购物就餐夹塞拥挤	B. 公共场合大声喧哗	C. 乱丢垃圾随地吐痰	D. 如厕之后一走了之	E. 需静场所手机声响	F. 争先乘坐公共交通工具	G. 不懂谦让老弱病残	H. 自修教室占位占座	小计
E. 中部院校	1500(65.47%)	1656(72.28%)	1291(56.35%)	1222(53.34%)	1305(56.96%)	942(41.12%)	848(37.01%)	1562(68.18%)	2291

12. 你认为大学生在尊重意识方面常见的不文明行为有：[多选题]

学校地域	A. 见了师长不会问候	B. 对待他人不懂尊重	C. 遇事不满语言粗俗	D. 情侣恋爱过分亲昵	小计
A. 东部院校	1564(60.32%)	1654(63.79%)	1813(69.92%)	1371(52.87%)	2593
B. 南部院校	1918(61.51%)	2053(65.84%)	2204(70.69%)	1647(52.82%)	3118
C. 西部院校	1597(63.42%)	1731(68.75%)	1883(74.78%)	1367(54.29%)	2518
D. 北部院校	1456(56.65%)	1641(63.85%)	1856(72.22%)	1361(52.96%)	2570
E. 中部院校	1356(59.19%)	1463(63.86%)	1610(70.27%)	1380(60.24%)	2291

13. 你认为大学生在仪容意识方面常见的不文明行为有：[多选题]

学校地域	A. 衣着打扮奇形怪异	B. 不分场合穿着随便	C. "课桌文化"屡见不鲜	D. 不切实际过度消费	小计
A. 东部院校	1166(44.97%)	1322(50.98%)	1589(61.28%)	1610(62.09%)	2593
B. 南部院校	1279(41.02%)	1601(51.35%)	2040(65.43%)	1997(64.05%)	3118
C. 西部院校	1185(47.06%)	1431(56.83%)	1639(65.09%)	1607(63.82%)	2518
D. 北部院校	1172(45.60%)	1254(48.79%)	1533(59.65%)	1579(61.44%)	2570
E. 中部院校	974(42.51%)	1153(50.33%)	1595(69.62%)	1389(60.63%)	2291

14. 你认为大学生在诚信意识方面常见的不文明行为有：[多选题]

学校地域	A. 考试作弊五花八门	B. 对待朋友缺乏真诚	C. 约定之后不讲信用	D. 抄袭论文学术不端	小计
A. 东部院校	1715(66.14%)	1565(60.35%)	1533(59.12%)	1357(52.33%)	2593
B. 南部院校	2117(67.90%)	1909(61.23%)	1951(62.57%)	1801(57.76%)	3118
C. 西部院校	1716(68.15%)	1657(65.81%)	1541(61.20%)	1495(59.37%)	2518
D. 北部院校	1719(66.89%)	1605(62.45%)	1490(57.98%)	1316(51.21%)	2570
E. 中部院校	1623(70.84%)	1328(57.97%)	1347(58.80%)	1353(59.06%)	2291

15. 你认为大学生在法纪意识方面常见的不文明行为有：[多选题]

学校地域	A. 课堂纪律熟视无睹	B. 宿舍规定置若罔闻	C. 交通规则随意违反	D. 网络交流随心所欲	E. 旅游景点乱涂乱画	小计
A. 东部院校	1785(68.84%)	1441(55.57%)	1208(46.59%)	1552(59.85%)	1050(40.49%)	2593
B. 南部院校	2131(68.35%)	1785(57.25%)	1572(50.42%)	1986(63.69%)	1347(43.20%)	3118
C. 西部院校	1726(68.55%)	1553(61.68%)	1269(50.40%)	1617(64.22%)	1133(45.00%)	2518
D. 北部院校	1674(65.14%)	1423(55.37%)	1343(52.26%)	1466(57.04%)	1107(43.07%)	2570
E. 中部院校	1641(71.63%)	1329(58.01%)	1096(47.84%)	1447(63.16%)	956(41.73%)	2291

16. 你认为大学生在学习意识方面常见的不文明行为有：[多选题]

学校地域	A. 迟到早退旷课	B. 上课玩手机吃东西	C. 考前抱佛脚	D. 沉迷网络游戏	小计
A. 东部院校	1758(67.80%)	1874(72.27%)	1463(56.42%)	1674(64.56%)	2593
B. 南部院校	2229(71.49%)	2304(73.89%)	1859(59.62%)	2210(70.88%)	3118
C. 西部院校	1751(69.54%)	1889(75.02%)	1429(56.75%)	1752(69.58%)	2518
D. 北部院校	1733(67.43%)	1768(68.79%)	1324(51.52%)	1629(63.39%)	2570
E. 中部院校	1601(69.88%)	1767(77.13%)	1433(62.55%)	1575(68.75%)	2291

17. 你认为大学生在安全意识方面常见的不文明行为有：[多选题]

学校地域	A. 在寝室使用违章电器与明火	B. 不遵守交通规则	C. 回家或抵校不及时报告	D. 乱购乱放实验所需危化物品	E. 漠视学校安全教育	小计
A. 东部院校	1605(61.90%)	1254(48.36%)	1081(41.69%)	1194(46.05%)	1332(51.37%)	2593
B. 南部院校	2069(66.36%)	1560(50.03%)	1296(41.57%)	1519(48.72%)	1699(54.49%)	3118
C. 西部院校	1629(64.69%)	1287(51.11%)	1159(46.03%)	1262(50.12%)	1416(56.24%)	2518
D. 北部院校	1507(58.64%)	1392(54.16%)	1078(41.95%)	1256(48.87%)	1320(51.36%)	2570
E. 中部院校	1452(63.38%)	1193(52.07%)	1001(43.69%)	1077(47.01%)	1212(52.90%)	2291

18. 你对大学生身上存在的奇装异服、不雅行为等不文明现象的态度是：[单选题]

学校地域	A. 非常厌恶	B. 有点厌恶	C. 可以理解	D. 无所谓	小计
A. 东部院校	652(25.14%)	1239(47.78%)	545(21.02%)	157(6.05%)	2593
B. 南部院校	640(20.53%)	1562(50.10%)	723(23.19%)	193(6.19%)	3118
C. 西部院校	587(23.31%)	1199(47.62%)	601(23.87%)	131(5.20%)	2518
D. 北部院校	644(25.06%)	1195(46.50%)	563(21.91%)	168(6.54%)	2570
E. 中部院校	520(22.70%)	1141(49.80%)	490(21.39%)	140(6.11%)	2291

19. 你认为影响大学生文明修身素养的因素有：[多选题]

学校地域	A. 家庭环境：独生子女的过分溺爱	B. 社会环境：公民素质不高的负面影响	C. 应试教育：评价学生素质看分数	D. 管理滞后：缺乏中学式的严格管理	E. 教育片面：不太重视养成教育	F. 选人标准：招聘选拔主要看专业技术水平	小计
A. 东部院校	1767 (68.15%)	1599 (61.67%)	1465 (56.50%)	1077 (41.53%)	1416 (54.61%)	923 (35.60%)	2593
B. 南部院校	2174 (69.72%)	2085 (66.87%)	1989 (63.79%)	1326 (42.53%)	1893 (60.71%)	1261 (40.44%)	3118
C. 西部院校	1780 (70.69%)	1689 (67.08%)	1538 (61.08%)	1092 (43.37%)	1448 (57.51%)	976 (38.76%)	2518
D. 北部院校	1718 (66.85%)	1571 (61.13%)	1394 (54.24%)	1038 (40.39%)	1323 (51.48%)	893 (34.75%)	2570
E. 中部院校	1576 (68.79%)	1510 (65.91%)	1493 (65.17%)	1005 (43.87%)	1415 (61.76%)	971 (42.38%)	2291

20. 你对学校开展文明寝室建设活动的态度是：[单选题]

学校地域	A. 非常赞同：寝室应当保持整洁	B. 基本赞同：老是检查评比让人有点厌烦	C. 不太赞同：有点影响个人生活	D. 不赞同：寝室卫生好坏纯属个人事务	E. 无所谓	小计
A. 东部院校	1432(55.23%)	817(31.51%)	213(8.21%)	85(3.28%)	46(1.77%)	2593
B. 南部院校	1733(55.58%)	1025(32.87%)	224(7.18%)	82(2.63%)	54(1.73%)	3118
C. 西部院校	1341(53.26%)	814(32.33%)	229(9.09%)	87(3.46%)	47(1.87%)	2518
D. 北部院校	1398(54.40%)	769(29.92%)	253(9.84%)	88(3.42%)	62(2.41%)	2570
E. 中部院校	1187(51.81%)	827(36.10%)	165(7.20%)	59(2.58%)	53(2.31%)	2291

21. 你对学生在寝室使用违章电器的态度是：[单选题]

学校地域	A. 为了安全应该禁止使用违章电器	B. 电吹风等电器应当可以使用	C. 不应该禁止使用违章电器	D. 无所谓	小计
A. 东部院校	1130(43.58%)	1208(46.59%)	168(6.48%)	87(3.36%)	2593
B. 南部院校	874(28.03%)	1986(63.69%)	169(5.42%)	89(2.85%)	3118
C. 西部院校	968(38.44%)	1326(52.66%)	170(6.75%)	54(2.14%)	2518
D. 北部院校	1195(46.50%)	1068(41.56%)	202(7.86%)	105(4.09%)	2570
E. 中部院校	930(40.59%)	1152(50.28%)	140(6.11%)	69(3.01%)	2291

22. 如果你在校园里看到学生有不文明行为时的态度是：[单选题]

学校地域	A. 勇于制止或提醒	B. 有制止的想法但没有行动	C. 自省自警自励	D. 事不关己高高挂起	小计
A. 东部院校	643(24.80%)	906(34.94%)	961(37.06%)	83(3.20%)	2593
B. 南部院校	629(20.17%)	1142(36.63%)	1260(40.41%)	87(2.79%)	3118

学校地域	A. 勇于制止或提醒	B. 有制止的想法但没有行动	C. 自省自警自励	D. 事不关己高高挂起	小计
C. 西部院校	563(22.36%)	872(34.63%)	1000(39.71%)	83(3.30%)	2518
D. 北部院校	752(29.26%)	762(29.65%)	945(36.77%)	111(4.32%)	2570
E. 中部院校	424(18.51%)	895(39.07%)	889(38.80%)	83(3.62%)	2291

23. 你认为下列哪几种修德教育方式是可行的？[多选题]

学校地域	A. 学校师德引领	B. 社会公德约束	C. 家庭美德熏陶	D. 职业道德塑造	小计
A. 东部院校	2022(77.98%)	1936(74.66%)	1864(71.89%)	1604(61.86%)	2593
B. 南部院校	2485(79.70%)	2482(79.60%)	2447(78.48%)	2094(67.16%)	3118
C. 西部院校	1970(78.24%)	1920(76.25%)	1930(76.65%)	1601(63.58%)	2518
D. 北部院校	1934(75.25%)	1843(71.71%)	1804(70.19%)	1464(56.96%)	2570
E. 中部院校	1833(80.01%)	1787(78.00%)	1775(77.48%)	1513(66.04%)	2291

24. 你个人的思想道德素养主要得益于下列哪种途径？[多选题]

学校地域	A. 学校师德引领	B. 社会公德约束	C. 家庭美德熏陶	D. 职业道德塑造	小计
A. 东部院校	1863(71.85%)	1767(68.15%)	1920(74.05%)	1139(43.93%)	2593
B. 南部院校	2236(71.71%)	2256(72.35%)	2481(79.57%)	1532(49.13%)	3118
C. 西部院校	1771(70.33%)	1784(70.85%)	1948(77.36%)	1119(44.44%)	2518
D. 北部院校	1813(70.54%)	1689(65.72%)	1857(72.26%)	1124(43.74%)	2570
E. 中部院校	1664(72.63%)	1627(71.02%)	1828(79.79%)	1086(47.40%)	2291

25. 你认为高校通过开展哪些活动可以提高大学生的文明修身素养？[多选题]

学校地域	A. 树文明典型学先进事迹	B. 美化校园文化环境	C. 加强对不文明行为治理	D. 开设文明修身教育课程	E. 提高评奖推优中的德育比重	F. 完善学校规章制度	小计
A. 东部院校	1661(64.06%)	1793(69.15%)	1710(65.95%)	1509(58.20%)	1364(52.60%)	1214(46.82%)	2593
B. 南部院校	2042(65.49%)	2322(74.47%)	2199(70.53%)	1880(60.30%)	1835(58.85%)	1685(54.04%)	3118
C. 西部院校	1656(65.77%)	1819(72.24%)	1730(68.71%)	1546(61.40%)	1381(54.85%)	1218(48.37%)	2518
D. 北部院校	1627(63.31%)	1764(68.64%)	1623(63.15%)	1389(54.05%)	1287(50.08%)	1160(45.14%)	2570
E. 中部院校	1476(64.43%)	1678(73.24%)	1615(70.49%)	1398(61.02%)	1318(57.53%)	1208(52.73%)	2291

26. 你最喜欢下列哪种修德教育形式？［单选题］

学校地域	A. 教师在专业课程中融入修德教育	B. 辅导员通过大会来开展修德教育	C. 参加大会聆听先进榜样事迹报告	D. 通过网络平台浏览学习修德知识	E. 父母在日常生活中引领修德教育	F. 学校严明规章制度促进修德教育	小计
A. 东部院校	948 (36.56%)	247 (9.53%)	222 (8.56%)	323 (12.46%)	682 (26.30%)	171 (6.59%)	2593
B. 南部院校	1106 (35.47%)	225 (7.22%)	287 (9.20%)	368 (11.80%)	954 (30.60%)	178 (5.71%)	3118
C. 西部院校	887 (35.23%)	187 (7.43%)	303 (12.03%)	297 (11.80%)	702 (27.88%)	142 (5.64%)	2518
D. 北部院校	973 (37.86%)	208 (8.09%)	296 (11.52%)	311 (12.10%)	630 (24.51%)	152 (5.91%)	2570
E. 中部院校	814 (35.53%)	187 (8.16%)	185 (8.08%)	271 (11.83%)	683 (29.81%)	151 (6.59%)	2291

27. 你认为当代大学生文明修身教育最需要修好以下哪几种"德"？［多选题］

学校地域	A. 柔韧之德：理想信念	B. 进取之德：追求卓越	C. 创新之德：勇于创新	D. 谦虚之德：不骄不躁	E. 包容之德：爱国爱人	F. 自律之德：自我约束	G. 奉献之德：敬业奉献	H. 清廉之德：清正廉洁	小计
A. 东部院校	1825 (70.38%)	1771 (68.30%)	1816 (70.03%)	1806 (69.65%)	1685 (64.98%)	1832 (70.65%)	1542 (59.47%)	1385 (53.41%)	2593
B. 南部院校	2219 (71.17%)	2211 (70.91%)	2229 (71.49%)	2344 (75.18%)	2221 (71.23%)	2406 (77.16%)	1979 (63.47%)	1821 (58.40%)	3118
C. 西部院校	1764 (70.06%)	1774 (70.45%)	1767 (70.17%)	1853 (73.59%)	1690 (67.12%)	1880 (74.66%)	1487 (59.05%)	1355 (53.81%)	2518
D. 北部院校	1743 (67.82%)	1723 (67.04%)	1685 (65.56%)	1754 (68.25%)	1630 (63.42%)	1723 (67.04%)	1391 (54.12%)	1292 (50.27%)	2570
E. 中部院校	1653 (72.15%)	1664 (72.63%)	1671 (72.94%)	1718 (74.99%)	1580 (68.97%)	1750 (76.39%)	1396 (60.93%)	1303 (56.87%)	2291

28. 你了解习近平总书记关于青年修德的重要论述吗？［单选题］

学校地域	A. 完全了解	B. 基本了解	C. 不太了解	D. 不了解	小计
A. 东部院校	286(11.03%)	1189(45.85%)	981(37.83%)	137(5.28%)	2593
B. 南部院校	216(6.93%)	1378(44.19%)	1305(41.85%)	219(7.02%)	3118
C. 西部院校	199(7.90%)	1258(49.96%)	921(36.58%)	140(5.56%)	2518
D. 北部院校	409(15.91%)	1234(48.02%)	779(30.31%)	148(5.76%)	2570
E. 中部院校	178(7.77%)	967(42.21%)	998(43.56%)	148(6.46%)	2291

29. 习近平总书记在2014年"五四"讲话中对广大青年提出了修德哪"八字箴言"？[多选题]

学校地域	A. 理想	B. 勤学	C. 实践	D. 修德	E. 创新	F. 明辨	G. 奉献	H. 笃实	小计
A. 东部院校	1045(40.30%)	1824(70.34%)	1260(48.59%)	1636(63.09%)	1446(55.77%)	1101(42.46%)	755(29.12%)	1301(50.17%)	2593
B. 南部院校	1177(37.75%)	2264(72.61%)	1431(45.89%)	2096(67.22%)	1709(54.81%)	1421(45.57%)	863(27.68%)	1770(56.77%)	3118
C. 西部院校	1057(41.98%)	1795(71.29%)	1135(45.08%)	1631(64.77%)	1412(56.08%)	1066(42.34%)	788(31.29%)	1348(53.53%)	2518
D. 北部院校	1008(39.22%)	1835(71.40%)	1179(45.88%)	1730(67.32%)	1269(49.38%)	1193(46.42%)	713(27.74%)	1387(53.97%)	2570
E. 中部院校	808(35.27%)	1706(74.47%)	960(41.90%)	1557(67.96%)	1217(53.12%)	1098(47.93%)	601(26.23%)	1287(56.18%)	2291

（六）基于家庭条件交叉分析

1. 你所在的院校重视大学生文明修身教育吗？[单选题]

家庭条件	A. 非常重视	B. 比较重视	C. 不太重视	D. 不重视	E. 不知道	小计
A. 优越	91(61.49%)	32(21.62%)	11(7.43%)	4(2.70%)	10(6.76%)	148
B. 良好	569(38.73%)	734(49.97%)	101(6.88%)	17(1.16%)	48(3.27%)	1469
C. 一般	2221(30.80%)	3843(53.29%)	689(9.55%)	89(1.23%)	370(5.13%)	7212
D. 贫困	1608(37.74%)	1884(44.21%)	391(9.18%)	102(2.39%)	276(6.48%)	4261

2. 你认为你所在院校的学生注重个人文明修身吗？[单选题]

家庭条件	A. 非常重视	B. 比较重视	C. 不太重视	D. 不重视	E. 不知道	小计
A. 优越	91(61.49%)	29(19.59%)	13(8.78%)	8(5.41%)	7(4.73%)	148
B. 良好	544(37.03%)	708(48.20%)	151(10.28%)	20(1.36%)	46(3.13%)	1469
C. 一般	1958(27.15%)	3893(53.98%)	908(12.59%)	118(1.64%)	335(4.65%)	7212
D. 贫困	1385(32.50%)	1930(45.29%)	595(13.96%)	122(2.86%)	229(5.37%)	4261

3. 你对自己所在院校开展的大学生文明修身教育活动的兴趣评价：[单选题]

家庭条件	A. 很感兴趣	B. 较感兴趣	C. 不感兴趣	D. 有点反感	E. 不知道	小计
A. 优越	91(61.49%)	30(20.27%)	14(9.46%)	5(3.38%)	8(5.41%)	148
B. 良好	447(30.43%)	765(52.08%)	186(12.66%)	14(0.95%)	57(3.88%)	1469
C. 一般	1723(23.89%)	4125(57.20%)	1008(13.98%)	66(0.92%)	290(4.02%)	7212
D. 贫困	1376(32.29%)	2086(48.96%)	517(12.13%)	70(1.64%)	212(4.98%)	4261

4. 你所在院校开展的大学生文明修身教育活动对你有作用吗？[单选题]

家庭条件	A. 非常有作用	B. 有点作用	C. 没有作用	D. 不知道	小计
A. 优越	93(62.84%)	31(20.95%)	13(8.78%)	11(7.43%)	148
B. 良好	533(36.28%)	782(53.23%)	77(5.24%)	77(5.24%)	1469
C. 一般	2161(29.96%)	4152(57.57%)	431(5.98%)	468(6.49%)	7212
D. 贫困	1605(37.67%)	2081(48.84%)	277(6.50%)	298(6.99%)	4261

5. 你对自己所在院校开展的大学生文明修身教育活动的满意度评价：[单选题]

家庭条件	A. 非常满意	B. 比较满意	C. 不太满意	D. 不满意	E. 不知道	小计
A. 优越	89(60.14%)	32(21.62%)	9(6.08%)	5(3.38%)	13(8.78%)	148
B. 良好	460(31.31%)	779(53.03%)	113(7.69%)	28(1.91%)	89(6.06%)	1469
C. 一般	1746(24.21%)	4028(55.85%)	790(10.95%)	109(1.51%)	539(7.47%)	7212
D. 贫困	1272(29.85%)	2081(48.84%)	452(10.61%)	129(3.03%)	327(7.67%)	4261

6. 请你对照"品德好、品行优、品位高"的标准来衡量一下自己的文明修身水平：[单选题]

家庭条件	A. 完全达标	B. 基本达标	C. 未达标	D. 不知道	小计
A. 优越	94(63.51%)	45(30.41%)	2(1.35%)	7(4.73%)	148
B. 良好	417(28.39%)	986(67.12%)	40(2.72%)	26(1.77%)	1469
C. 一般	1392(19.30%)	5292(73.38%)	319(4.42%)	209(2.90%)	7212
D. 贫困	1057(24.81%)	2810(65.95%)	225(5.28%)	169(3.97%)	4261

7. 你认为当代大学生的整体文明修身素养如何？[单选题]

家庭条件	A. 很好	B. 较好	C. 一般	D. 不好	E. 不知道	小计
A. 优越	79(53.38%)	23(15.54%)	27(18.24%)	11(7.43%)	8(5.41%)	148
B. 良好	290(19.74%)	648(44.11%)	478(32.54%)	32(2.18%)	21(1.43%)	1469
C. 一般	931(12.91%)	3305(45.83%)	2713(37.62%)	160(2.22%)	103(1.43%)	7212
D. 贫困	774(18.16%)	1677(39.36%)	1496(35.11%)	198(4.65%)	116(2.72%)	4261

8. 你认为当代大学生有必要加强个人文明修身吗？[单选题]

家庭条件	A. 非常必要	B. 有必要	C. 没有必要	D. 不知道	小计
A. 优越	100(67.57%)	32(21.62%)	8(5.41%)	8(5.41%)	148
B. 良好	892(60.72%)	550(37.44%)	12(0.82%)	15(1.02%)	1469

续表

家庭条件	A. 非常必要	B. 有必要	C. 没有必要	D. 不知道	小计
C. 一般	3879(53.79%)	3158(43.79%)	74(1.03%)	101(1.40%)	7212
D. 贫困	2522(59.19%)	1563(36.68%)	67(1.57%)	109(2.56%)	4261

9. 你对高校开展大学生文明修身教育活动的态度是：[单选题]

家庭条件	A. 非常赞同	B. 基本赞同	C. 不太赞同	D. 不赞同	E. 不知道	小计
A. 优越	105(70.95%)	29(19.59%)	7(4.73%)	0(0%)	7(4.73%)	148
B. 良好	840(57.18%)	577(39.28%)	28(1.91%)	9(0.61%)	15(1.02%)	1469
C. 一般	3921(54.37%)	3025(41.94%)	105(1.46%)	35(0.49%)	126(1.75%)	7212
D. 贫困	2531(59.40%)	1487(34.90%)	88(2.07%)	32(0.75%)	123(2.89%)	4261

10. 你愿意参加学校组织的大学生文明修身教育活动吗？[单选题]

家庭条件	A. 非常愿意	B. 基本愿意	C. 不太愿意	D. 不愿意	E. 无所谓	小计
A. 优越	96(64.86%)	31(20.95%)	10(6.76%)	4(2.70%)	7(4.73%)	148
B. 良好	670(45.61%)	673(45.81%)	71(4.83%)	16(1.09%)	39(2.65%)	1469
C. 一般	3033(42.05%)	3515(48.74%)	398(5.52%)	75(1.04%)	191(2.65%)	7212
D. 贫困	2053(48.18%)	1775(41.66%)	203(4.76%)	64(1.50%)	166(3.90%)	4261

11. 你认为大学生在公德意识方面常见的不文明行为有：[多选题]

家庭条件	A. 购物就餐夹塞拥挤	B. 公共场合大声喧哗	C. 乱丢垃圾随地吐痰	D. 如厕之后一走了之	E. 需静场所手机声响	F. 争先乘坐公共交通工具	G. 不懂谦让老弱病残	H. 自修教室占位占座	小计
A. 优越	106(71.62%)	83(56.08%)	65(43.92%)	60(40.54%)	57(38.51%)	55(37.16%)	49(33.11%)	64(43.24%)	148
B. 良好	910(61.95%)	1066(72.57%)	836(56.91%)	714(48.60%)	834(56.77%)	596(40.57%)	580(39.48%)	851(57.93%)	1469
C. 一般	4637(64.30%)	5240(72.66%)	4181(57.97%)	3634(50.39%)	4095(56.78%)	2995(41.53%)	2866(39.74%)	4267(59.17%)	7212
D. 贫困	2852(66.93%)	3169(74.37%)	2700(63.37%)	2373(55.69%)	2322(54.49%)	1874(43.98%)	1827(42.88%)	2490(58.44%)	4261

12. 你认为大学生在尊重意识方面常见的不文明行为有：[多选题]

家庭条件	A. 见了师长 不会问候	B. 对待他人 不懂尊重	C. 遇事不满 语言粗俗	D. 情侣恋爱 过分亲昵	小计
A. 优越	100(67.57%)	90(60.81%)	79(53.38%)	69(46.62%)	148
B. 良好	869(59.16%)	979(66.64%)	1046(71.20%)	758(51.60%)	1469
C. 一般	4241(58.80%)	4645(64.41%)	5150(71.41%)	3927(54.45%)	7212
D. 贫困	2681(62.92%)	2828(66.37%)	3091(72.54%)	2372(55.67%)	4261

13. 你认为大学生在仪容意识方面常见的不文明行为有：[多选题]

家庭条件	A. 衣着打扮 奇形怪异	B. 不分场合 穿着随便	C. "课桌文化" 屡见不鲜	D. 不切实际 过度消费	小计
A. 优越	99(66.89%)	71(47.97%)	74(50.00%)	62(41.89%)	148
B. 良好	599(40.78%)	787(53.57%)	953(64.87%)	855(58.20%)	1469
C. 一般	3037(42.11%)	3628(50.31%)	4657(64.57%)	4508(62.51%)	7212
D. 贫困	2041(47.90%)	2275(53.39%)	2712(63.65%)	2757(64.70%)	4261

14. 你认为大学生在诚信意识方面常见的不文明行为有：[多选题]

家庭条件	A. 考试作弊 五花八门	B. 对待朋友 缺乏真诚	C. 约定之后 不讲信用	D. 抄袭论文 学术不端	小计
A. 优越	100(67.57%)	90(60.81%)	77(52.03%)	60(40.54%)	148
B. 良好	1020(69.43%)	851(57.93%)	903(61.47%)	850(57.86%)	1469
C. 一般	4843(67.15%)	4362(60.48%)	4285(59.41%)	3988(55.30%)	7212
D. 贫困	2927(68.69%)	2761(64.80%)	2597(60.95%)	2424(56.89%)	4261

15. 你认为大学生在法纪意识方面常见的不文明行为有：[多选题]

家庭条件	A. 课堂纪律 熟视无睹	B. 宿舍规定 置若罔闻	C. 交通规则 随意违反	D. 网络交流 随心所欲	E. 旅游景点 乱涂乱画	小计
A. 优越	101(68.24%)	81(54.73%)	55(37.16%)	75(50.68%)	55(37.16%)	148
B. 良好	988(67.26%)	830(56.50%)	738(50.24%)	878(59.77%)	595(40.50%)	1469
C. 一般	4909(68.07%)	4111(57.00%)	3511(48.68%)	4406(61.09%)	3009(41.72%)	7212
D. 贫困	2959(69.44%)	2509(58.88%)	2184(51.26%)	2709(63.58%)	1934(45.39%)	4261

16. 你认为大学生在学习意识方面常见的不文明行为有：[多选题]

家庭条件	A. 迟到早退旷课	B. 上课玩手机吃东西	C. 考前抱佛脚	D. 沉迷网络游戏	小计
A. 优越	99(66.89%)	92(62.16%)	64(43.24%)	75(50.68%)	148
B. 良好	1023(69.64%)	1039(70.73%)	793(53.98%)	944(64.26%)	1469
C. 一般	4961(68.79%)	5304(73.54%)	4147(57.50%)	4819(66.82%)	7212
D. 贫困	2989(70.15%)	3167(74.33%)	2504(58.77%)	3002(70.45%)	4261

17. 你认为大学生在安全意识方面常见的不文明行为有：[多选题]

家庭条件	A. 在寝室使用违章电器与明火	B. 不遵守交通规则	C. 回家或抵校不及时报告	D. 乱购乱放实验所需危化物品	E. 漠视学校安全教育	小计
A. 优越	91(61.49%)	75(50.68%)	60(40.54%)	65(43.92%)	54(36.49%)	148
B. 良好	908(61.81%)	765(52.08%)	602(40.98%)	703(47.86%)	750(51.06%)	1469
C. 一般	4568(63.34%)	3601(49.93%)	2999(41.58%)	3442(47.73%)	3805(52.76%)	7212
D. 贫困	2695(63.25%)	2245(52.69%)	1954(45.86%)	2098(49.24%)	2370(55.62%)	4261

18. 你对大学生身上存在的奇装异服、不雅行为等不文明现象的态度是：[单选题]

家庭条件	A. 非常厌恶	B. 有点厌恶	C. 可以理解	D. 无所谓	小计
A. 优越	58(39.19%)	50(33.78%)	30(20.27%)	10(6.76%)	148
B. 良好	393(26.75%)	708(48.20%)	292(19.88%)	76(5.17%)	1469
C. 一般	1442(19.99%)	3719(51.57%)	1628(22.57%)	423(5.87%)	7212
D. 贫困	1150(26.99%)	1859(43.63%)	972(22.81%)	280(6.57%)	4261

19. 你认为影响大学生文明修身素养的因素有：[多选题]

家庭条件	A. 家庭环境：独生子女的过分溺爱	B. 社会环境：公民素质不高的负面影响	C. 应试教育：评价学生素质看分数	D. 管理滞后：缺乏中学式的严格管理	E. 教育片面：不太重视养成教育	F. 选人标准：招聘选拔主要看专业技术水平	小计
A. 优越	90 (60.81%)	85 (57.43%)	66 (44.59%)	47 (31.76%)	59 (39.86%)	38 (25.68%)	148
B. 良好	975 (66.37%)	960 (65.35%)	881 (59.97%)	602 (40.98%)	828 (56.36%)	538 (36.62%)	1469
C. 一般	4980 (69.05%)	4679 (64.88%)	4388 (60.84%)	3002 (41.63%)	4150 (57.54%)	2725 (37.78%)	7212
D. 贫困	2970 (69.7%)	2730 (64.07%)	2544 (59.7%)	1887 (44.29%)	2458 (57.69%)	1723 (40.44%)	4261

20. 你对学校开展文明寝室建设活动的态度是：[单选题]

家庭条件	A. 非常赞同：寝室应当保持整洁	B. 基本赞同：老是检查评比让人有点厌烦	C. 不太赞同：有点影响个人生活	D. 不赞同：寝室卫生好坏纯属个人事务	E. 无所谓	小计
A. 优越	88(59.46%)	32(21.62%)	13(8.78%)	10(6.76%)	5(3.38%)	148
B. 良好	808(55.00%)	472(32.13%)	129(8.78%)	39(2.65%)	21(1.43%)	1469
C. 一般	3843(53.29%)	2500(34.66%)	566(7.85%)	183(2.54%)	120(1.66%)	7212
D. 贫困	2352(55.20%)	1248(29.29%)	376(8.82%)	169(3.97%)	116(2.72%)	4261

21. 你对大学生在寝室使用违章电器的态度是：[单选题]

家庭条件	A. 为了安全应该禁止使用违章电器	B. 电吹风等电器应当可以使用	C. 不应该禁止使用违章电器	D. 无所谓	小计
A. 优越	67(45.27%)	49(33.11%)	23(15.54%)	9(6.08%)	148
B. 良好	554(37.71%)	771(52.48%)	92(6.26%)	52(3.54%)	1469
C. 一般	2734(37.91%)	3842(53.27%)	441(6.11%)	195(2.70%)	7212
D. 贫困	1742(40.88%)	2078(48.77%)	293(6.88%)	148(3.47%)	4261

22. 如果你在校园里看到学生有不文明行为时的态度是：[单选题]

家庭条件	A. 勇于制止或提醒	B. 有制止的想法但没有行动	C. 自省自警自励	D. 事不关己高高挂起	小计
A. 优越	60(40.54%)	41(27.70%)	40(27.03%)	7(4.73%)	148
B. 良好	375(25.53%)	554(37.71%)	494(33.63%)	46(3.13%)	1469
C. 一般	1499(20.78%)	2646(36.69%)	2861(39.67%)	206(2.86%)	7212
D. 贫困	1077(25.28%)	1336(31.35%)	1660(38.96%)	188(4.41%)	4261

23. 你认为下列哪几种修德教育方式是可行的？[多选题]

家庭条件	A. 学校师德引领	B. 社会公德约束	C. 家庭美德熏陶	D. 职业道德塑造	小计
A. 优越	98(66.22%)	90(60.81%)	90(60.81%)	61(41.22%)	148
B. 良好	1130(76.92%)	1133(77.13%)	1078(73.38%)	900(61.27%)	1469
C. 一般	5684(78.81%)	5572(77.26%)	5518(76.51%)	4614(63.98%)	7212
D. 贫困	3332(78.20%)	3173(74.47%)	3134(73.55%)	2701(63.39%)	4261

24. 你个人的思想道德素养主要得益于下列哪种途径？[多选题]

家庭条件	A. 学校师德引领	B. 社会公德约束	C. 家庭美德熏陶	D. 职业道德塑造	小计
A. 优越	92(62.16%)	82(55.41%)	87(58.78%)	48(32.43%)	148
B. 良好	1042(70.93%)	1025(69.78%)	1119(76.17%)	666(45.34%)	1469
C. 一般	5153(71.45%)	5083(70.48%)	5624(77.98%)	3282(45.51%)	7212
D. 贫困	3060(71.81%)	2933(68.83%)	3204(75.19%)	2004(47.03%)	4261

25. 你认为高校通过开展哪些活动可以提高大学生的文明修身素养？[多选题]

家庭条件	A. 树文明典型学先进事迹	B. 美化校园文化环境	C. 加强对不文明行为治理	D. 开设文明修身教育课程	E. 提高评奖推优中的德育比重	F. 完善学校规章制度	小计
A. 优越	91(61.49%)	81(54.73%)	73(49.32%)	68(45.95%)	60(40.54%)	53(35.81%)	148
B. 良好	959(65.28%)	1028(69.98%)	968(65.90%)	804(54.73%)	776(52.83%)	724(49.29%)	1469
C. 一般	4598(63.75%)	5220(72.38%)	4962(68.80%)	4272(59.23%)	3991(55.34%)	3612(50.08%)	7212
D. 贫困	2814(66.04%)	3047(71.51%)	2874(67.45%)	2578(60.5%)	2358(55.34%)	2096(49.19%)	4261

26. 你最喜欢下列哪种修德教育形式？[单选题]

家庭条件	A. 教师在专业课程中融入修德教育	B. 辅导员通过大会来开展修德教育	C. 参加大会聆听先进榜样事迹报告	D. 通过网络平台浏览学习修德知识	E. 父母在日常生活中引领修德教育	F. 学校严明规章制度促进修德教育	小计
A. 优越	65(43.92%)	25(16.89%)	14(9.46%)	16(10.81%)	23(15.54%)	5(3.38%)	148
B. 良好	533(36.28%)	121(8.24%)	131(8.92%)	184(12.53%)	428(29.14%)	72(4.90%)	1469
C. 一般	2575(35.7%)	557(7.72%)	686(9.51%)	835(11.58%)	2102(29.15%)	457(6.34%)	7212
D. 贫困	1555(36.49%)	351(8.24%)	462(10.84%)	535(12.56%)	1098(25.77%)	260(6.10%)	4261

27. 你认为当代大学生文明修身教育最需要修好以下哪几种"德"？[多选题]

家庭条件	A. 柔韧之德:理想信念	B. 进取之德:追求卓越	C. 创新之德:勇于创新	D. 谦虚之德:不骄不躁	E. 包容之德:爱国爱人	F. 自律之德:自我约束	G. 奉献之德:敬业奉献	H. 清廉之德:清正廉洁	小计
A. 优越	90 (60.81%)	82 (55.41%)	69 (46.62%)	68 (45.95%)	62 (41.89%)	66 (44.59%)	57 (38.51%)	50 (33.78%)	148
B. 良好	1022 (69.57%)	987 (67.19%)	970 (66.03%)	1023 (69.64%)	938 (63.85%)	1028 (69.98%)	823 (56.02%)	762 (51.87%)	1469
C. 一般	5037 (69.84%)	5073 (70.34%)	5092 (70.60%)	5334 (73.96%)	4951 (68.65%)	5404 (74.93%)	4322 (59.93%)	3950 (54.77%)	7212
D. 贫困	3055 (71.70%)	3001 (70.43%)	3037 (71.27%)	3050 (71.58%)	2855 (67.00%)	3093 (72.59%)	2593 (60.85%)	2394 (56.18%)	4261

28. 你了解习近平总书记关于青年修德的重要论述吗？[单选题]

家庭条件	A. 完全了解	B. 基本了解	C. 不太了解	D. 不了解	小计
A. 优越	49 (33.11%)	58 (39.19%)	32 (21.62%)	9 (6.08%)	148
B. 良好	202 (13.75%)	734 (49.97%)	471 (32.06%)	62 (4.22%)	1469
C. 一般	526 (7.29%)	3347 (46.41%)	2898 (40.18%)	441 (6.11%)	7212
D. 贫困	511 (11.99%)	1887 (44.29%)	1583 (37.15%)	280 (6.57%)	4261

29. 习近平总书记在2014年"五四"讲话中对广大青年提出了修德哪"八字箴言"？[多选题]

家庭条件	A. 理想	B. 勤学	C. 实践	D. 修德	E. 创新	F. 明辨	G. 奉献	H. 笃实	小计
A. 优越	70 (47.30%)	79 (53.38%)	57 (38.51%)	80 (54.05%)	67 (45.27%)	52 (35.14%)	36 (24.32%)	54 (36.49%)	148
B. 良好	561 (38.19%)	1075 (73.18%)	643 (43.77%)	982 (66.85%)	737 (50.17%)	685 (46.63%)	388 (26.41%)	767 (52.21%)	1469
C. 一般	2647 (36.70%)	5262 (72.96%)	3230 (44.79%)	4825 (66.90%)	3829 (53.09%)	3342 (46.34%)	1961 (27.19%)	3995 (55.39%)	7212
D. 贫困	1817 (42.64%)	3008 (70.59%)	2035 (47.76%)	2763 (64.84%)	2420 (56.79%)	1800 (42.24%)	1335 (31.33%)	2277 (53.44%)	4261

参 考 文 献

[1] 马克思，恩格斯. 马克思恩格斯选集 [M]. 中共中央编译局，译. 北京：人民出版社，1995.

[2] 习近平谈治国理政 [M]，第一卷. 北京：外文出版社，2018.

[3] 习近平谈治国理政 [M]，第二卷. 北京：外文出版社，2017.

[4] 中共中央文献研究室. 十八大以来重要文献选编（上）[M]. 北京：中央文献出版社，2014.

[5] 中共中央文献研究室. 习近平关于青少年和共青团工作论述摘编 [M]. 北京：中央文献出版社，2017.

[6] 中共中央宣传部. 习近平新时代中国特色社会主义思想学习纲要 [M]. 北京：人民出版社，2019.

[7] 本书编写组. 十九大报告辅导读本 [M]. 北京：人民出版社，2017.

[8] 新时代公民道德建设实施纲要 [M]. 北京：人民出版社，2019.

[9] 新时代爱国主义教育实施纲要 [M]. 北京：人民出版社，2019.

[10] 教育部课题组. 深入学习习近平关于教育的重要论述 [M]. 北京：人民出版社，2019.

[11] 吴潜涛，等. 中国精神教育读本 [M]. 北京：人民出版社，2014.

[12] 沈壮海. 思想政治教育有效性研究 [M]. 武汉：武汉大学出版社，2016.

[13] 张国启. 秩序理性与自由个性——现代文明修身的话语体系与实践机制研究 [M]. 北京：人民出版社，2010.

[14] 熊春锦. 道德教育贵修身 [M]. 北京：团结出版社，2008.

[15] 公茂虹. 读懂中国梦 [M]. 北京：人民出版社，2013.

[16] 郝清杰. 磨砺 [M]. 合肥：安徽人民出版社，2015.

[17] 赵睿，刘建，陈楚瑶，等. 大学生职业教育工作研究与实践 [M]. 北京：中国文史出版社，2015.

[18] 本书编写组. 思想道德修养与法律基础 [M]. 北京：高等教育出版社，2015.

[19] 王卫红，杨悦，陈锋，等. 创新创业基础 [M]. 北京：北京师范大学出版社，2018.

[20] 姚军. 奋斗论 [M]. 苏州：苏州大学出版社，2013.

[21] 刘建军. 厚植爱国主义情怀的理论阐释 [J]. 思想理论教育，2019（9）：12-16.

[22] 韩振峰. 实现中华民族伟大复兴的内在逻辑及其启示 [J]. 马克思主义研究，2019（10）：31-35.

[23] 顾海良. 新时代高校思想政治教育的理论指导和发展理念——学习习近平新时代中国特色社会主义思想 [J]. 思想理论教育导刊，2018（1）：4-10.

[24] 黄蓉生. 切实担负起新时代赋予高校思想政治教育的新使命——学习党的十九大报告的几点初浅体会 [J]. 思想教育研究，2018（3）：6-9.

[25] 刘同舫. 康德道德观及其对现实道德教育困境的开解 [J]. 教育研究，2014（4）：77-84.

[26] 公茂虹. 论习近平新时代奋斗精神 [J]. 前线，2018（7）：4-10.

[27] 彭蓉. 培育时代新人要在培养奋斗精神上下功夫 [J]. 北京教育（德育），2019（4）：69-75.

[28] 宁树学. 大学生文明修身教育实践研究 [J]. 北华大学学报（社会科学版），2016，17（5）：136-139.

[29] 叶茂盛. "中国梦"背景下当代青年理想信念教育实现路径探析 [J]. 北京青年研究，2014（1）：65-70.

[30] 彭仁芝. 对当代大学生进行爱国主义与"三观"教育的意义与方法［J］. 教师，2017（12）：51-53.

[31] 候士兵. 高校思想政治理论课与大学生职业教育初探［J］. 思想理论教育导刊，2018（2）：141-144.

[32] 夏春雨. 大学生责任教育内容体系构建新论［J］. 社会科学战线，2008（1）：274-276.

[33] 蒋文亮. 当代大学生责任教育体系建构研究［J］. 山东青年政治学院学报，2011（1）：64-67.

[34] 侯玉环. 论新时代青年学生奋斗精神培育研究［J］. 思想理论教育导刊，2019（6）：53-57.

[35] 方年根. 论习近平青年修德观的重要来源［J］. 思想教育研究，2015（10）：31-35.

[36] 方年根. 论习近平青年修德观的科学内涵［J］. 思想教育研究，2016（3）：37-40.

[37] 方年根，戴黎桐. 立德树人与大学生文明修身教育［J］. 思想教育研究，2017（3）：108-112.

[38] 中共中央，国务院. 国家中长期人才发展规划纲要（2010—2020年）. 人民日报，2010-06-07（1）.

[39] 习近平. 在同各界优秀青年代表座谈时的讲话. 人民日报，2013-05-05（2）.

[40] 习近平. 青年要自觉践行社会主义核心价值观——在北京大学师生座谈会上的讲话. 人民日报，2014-05-05（2）.

[41] 习近平. 大力弘扬伟大爱国主义精神 为实现中国梦提供精神支柱. 人民日报，2015-12-31（1）.

[42] 习近平. 习近平在全国高校思想政治工作会议强调：把思想政治工作贯穿教育教学全过程 开创我国高等教育事业发展新局面. 人民日报，2016-12-09（1）.

[43] 中共中央，国务院. 关于加强和改进新形势下高校思想政治工作的意见. 人民日报，2017-02-28（1）.

[44] 习近平. 在北京大学师生座谈会上的讲话. 人民日报，2018-05-03（2）.

[45] 习近平. 在纪念马克思诞辰200周年大会上的讲话. 人民日报，2018-05-04（2）.

[46] 习近平. 习近平在全国宣传思想工作会议上强调 举旗帜聚民心育新人兴文化展形象 更好完成新形势下宣传思想工作使命任务. 人民日报，2018-08-23（1）.

[47] 习近平. 习近平在全国教育大会上强调 坚持中国特色社会主义教育发展道路 培养德智体美劳全面发展的社会主义建设者和接班人. 人民日报，2018-09-11（1）.

[48] 习近平. 在纪念五四运动100周年大会上的讲话. 人民日报，2019-05-01（2）.

[49] 王寒松. "中国梦"与当代大学生. 光明日报，2014-05-22（16）.

[50] 于频. 加强大学生文明修身教育的路径. 重庆日报，2017-04-21（16）.

[51] 本报评论员. 坚持把教师队伍建设作为基础工作——九论学习贯彻习近平总书记全国教育大会重要讲话精神. 中国教育报，2018-09-21（1）.

[52] 双传学. 大力弘扬伟大奋斗精神. 人民日报，2018-11-29（7）.

[53] 武贵龙. 奏响"三全育人"最强音. 光明日报，2019-02-26（6）.

[54] 韩震，林鸣，徐川. 奋斗精神，一种拼搏无往不胜. 光明日报，2019-09-24（6）.

[55] 习近平在全国教育大会上强调 坚持中国特色社会主义教育发展道路 培养德智体美劳全面发展的社会主义建设者和接班人. 人民网，（2018-09-11）[2020-03-25].
http：//edu. people. com. cn/n1/2018/0911/c1053-30286253. html.

[56] 习近平给北京大学学生回信：勉励当代青年勇做走在时代前面的奋进者、开拓者、奉献者. 人民网，（2013-05-05）[2020-03-12].
http：//cpc. people. com. cn/n/2013/0505/c64094-21367212. html？tag＝33474/cangsuo.

[57] 朱可辛. 奋力实现中华民族伟大复兴中国梦. 人民网,（2017-06-05）[2020-04-20].
http：//theory. people. com. cn/n1/2017/0605/c40531-29316905. html.

[58] 习近平提出,坚定文化自信,推动社会主义文化繁荣兴盛. 新华网,（2017-10-18）[2020-05-15].
http：//www. xinhuanet. com//politics/2017-10/18/c_1121820800. htm.

[59] 中共中央,国务院. 新时代爱国主义教育实施纲要. 中国政府网,（2019-11-12）[2020-05-10].
http：//www. gov. cn/zhengce/2019-11/12/content_5451352. htm.

[60] 中华人民共和国教育部. 教育部关于在大中小学全面开展廉洁教育的意见. 中国政府网,（2007-03-30）[2020-04-30].
http：//www. gov. cn/zwgk/2007-03/30/content_566681. htm.

[61] 中华人民共和国教育部. 高校思想政治工作质量提升工程实施纲要. 中国教育部网,（2017-12-06）[2020-04-27].
http：//www. moe. gov. cn/srcsite/A12/s7060/201712/t20171206_320698. html.

[62] 中国互联网络信息中心. 中国互联网络发展状况统计报告. 中国网信网,（2020-04-27）[2020-05-30].
http：//www. cac. gov. cn/2020-04/27/c_1589535470378587. htm.

[63] 习近平：把思想政治教育贯穿教育教学全过程. 新华网,（2016-12-08）[2020-03-20].
http：//www. xinhuanet. com/politics/2016-12/08/c_1120082577. htm.

[64] 国家中长期教育改革和发展规划纲要（2010-2020 年）. 中国教育部网,[2020-04-15].
http：//old. moe. gov. cn/publicfiles/business/htmlfiles/moe/info_list/201407/xxgk_171904. html? authkey＝gwbux.

[65] 辛鸣. 领航新时代中国特色社会主义的政治宣示——认真学习贯彻党的十九大精神之一. 中国社会科学网,（2017-10-26）[2020-03-18].
http：//orig. cssn. cn/dzyx/dzyx_llsj/201710/t20171026_3682372. shtml? COLLCC＝2560226643&.

[66] 中共中央,国务院. 中共中央 国务院关于全面加强新时代大中小学劳动教育的意见. 中国政府网,（2020-03-26）[2020-04-20].
http：//www. gov. cn/zhengce/2020-03/26/content_5495977. htm? trs＝1.

后 记

　　要说为何要做大学生文明修身教育研究,还得把记忆拉回到八年前。记得那是 2012 年 5 月,时任浙江省省长夏宝龙在一次参加全省高校会议时指出,寝室是大学生独立生活的起点,"一屋不扫何以扫天下","脏乱差"的寝室怎么可能培养出优秀的人才?❶ 于是,共青团浙江省委、浙江省教育厅、浙江省学联等单位于 2012 年 9 月联合发起以"我的寝室我的家"为主题的文明寝室创建活动。2016 年 1 月,为迎接 G20 杭州峰会的胜利召开,浙江省教育厅、共青团浙江省委、浙江省学联再次联合发起在全省高校开展"大学生文明修身"专题教育活动。几年来,浙江省高校大学生文明修身教育活动不断深入推进。

　　2016 年 7 月,笔者在看到浙江省哲学社会科学规划"社会重大舆情调研"专项课题申报通知之后,心中突然冒出一个想法,能否调查研究一下大学生文明修身教育活动情况。于是,我就在浙江省 15 所高校中做了大学生文明修身现状调查,并以成果要报的形式申报了专项课题。令人欣喜的是,不仅项目成功获得立项,而且研究成果还被《中共浙江省委宣传部工作简报》刊登,并得到时任浙江省委书记夏宝龙同志的肯定性批示。

　　2017 年初,带着这份成功的喜悦之情和对全国高校思想政治工作会议精神的学习感悟,我突然又异想天开能否趁热打铁研究一下全国大学生文明修身教育状况这个问题。鉴于 2016 年完成了教育部人文社科研究专项任务项目(中国特色社会主义理论体系研究)和浙江省

---

❶ 朱振岳:《浙江:文明寝室创建成为高校育人"第二课堂"》,人民网,2014-08-04。http://gs.people.com.cn/n/2014/0804/c188871-21869825.html.

哲学社科规划项目（社会重大舆情调研），于是 2017 年初我在此基础上申报了教育部人文社科研究高校思想政治工作专项任务项目，并于 7 月成功获得立项。经过近三年的努力，终于完成研究任务，形成这部个人专著。

全书试图在实证研究的基础上，分析新时代大学生文明修身教育的发展现状，强调新时代大学生文明修身教育的重要意义，阐明新时代大学生文明修身教育的目标导向，提出新时代大学生文明修身教育的重点内容，指明新时代大学生文明修身教育的实践路径，并将实证研究过程中获得的第一手宝贵资料附录书后，期盼有更多的同仁能从中获得更多裨益和启迪。倘若本书能为新时代大学生文明修身教育和大学生个人成长发展做出一点绵薄贡献、起到一点促进作用，我也就感到欣慰了。

诚然，这部著作是我的处女作，写作过程断断续续，个人心情十分忐忑。不过在大家的关心与鼓励下，最终总算是按期完成任务。在这里，我要衷心感谢中国高等教育学会副秘书长郝清杰研究员欣然为本书作序，衷心感谢郑永巧老师的热忱帮助，衷心感谢我的好友陈兆肆副教授、王延隆副教授的悉心指导，衷心感谢金鑫俊、顾维娣、汤亚玲、王晓梅、张文恺、孙文菁、丁艺雪、彭帆、刘佳、马良、张明、金怡、孙金权、金蓉家、郝俊潇、霍明、倪海滨、金聪伟等老师在信息统计、材料整理、文献查阅等方面的大力支持。

这里需要特别强调指出的是，在本书写作过程中，积极参考、借鉴和引用了一些专家、学者的研究成果和部分网络资料，在此表示崇高敬意和诚挚谢意！鉴于课题选题的特殊性，为方便著作审批出版，不得不忍痛割爱舍弃部分研究内容，这也给本书留下了一点遗憾。因本人才疏学浅，书中定有不少疏漏和不足之处，有些观点或许不够成熟，敬请专家、学者和读者批评指正。

本书的出版，正如标点符号的句号一样，既是一个圆满的结束，也是一个崭新的从零开始。我将秉承工匠精神开始新的探索研究,尤其要将新时代大学生文明修身教育这口井继续深挖下去,力争能够获得更多的"源头活水"。尽管学术之路充满艰辛和荆棘,但是我始终坚信,只要坚持不懈,定能拥有一片天地!

方年根
2020 年 5 月 31 日于杭州西溪里